Stefanie Holzer

Kultur.Geschichten Tirol

Abbildungen: Archive der Tirol Werbung, der erwähnten Tourismusverbände und Museen; Dina Mariner, Leo Baumgartner, Wulf Ligges, Daniel Schlorhaufer, Bernhard Aichner, Franco Coccagna, Jörg Moser, Robert Klien, Petra Streng/Günter Bakay, Bundesdenkmalamt, Monika Zanolin.

Herausgegeben von der Marke Tirol Management GmbH, Projektleitung: Bettina Schlorhaufer

© FOLIO Verlag Wien - Bozen 2000
Alle Rechte vorbehalten

Lektorat: Eva-Maria Widmair

Graphisches Konzept: Ulla Fürlinger
Realisierung und Satz: Aristos, Reinhard Keckeis
Gesetzt aus der Officina
Lithos: Aristos
Druck: Lanarepro

Stadtpläne: Kompass Verlag

ISBN 3-85256-141-8

Stefanie Holzer

Kultur Geschichten Tirol

Ein Reiseführer

folio verlag wien · bozen

Tirol im Überblick

Inhalt

Vorwort	8–9
Geschichtlicher Überblick	10–13
Außerfern	14–35
Das Oberland	36–81
Innsbruck	82–103
Die Umgebung von Innsbruck	103–129
Das Unterland	130–181
Osttirol	182–209

Das Gesicht unseres Landes	24–27
Tiroler Esskultur	44–48
Tiroler Bräuche im Jahreslauf	49–53
Denkmalschutz	100–101
Kunst in Tirol	116–119
Literatur in Tirol	152–156
Das Tiroler Musikleben	157–159
Über Flora und Fauna in Tirol	196–199
Bücher über Tirol	210–211
Ortsregister	212–215

Titelseite: Weerberg mit der Kirche St. Peter, Seite 5: Die Schwarzen Mander in der Hofkirche, Innsbruck

Kultur.Geschichten Tirol

Werte Leser!

Mit der Herausgabe des Reiseführers „Kultur.Geschichten Tirol" haben wir unter Federführung von Stefanie Holzer den Versuch unternommen, unser Land im Gebirge unter neuen Aspekten zu präsentieren. Der kulturgeschichtliche Wert unserer Heimat wird erstmals in Zusammenhang mit der Schönheit ihrer landschaftlichen Gestalt und mit ihrer historischen Entwicklung dargestellt. So bietet „Kultur.Geschichten Tirol" einen einzigartigen Einblick in das, worauf wir Tiroler so stolz sind. Tirol-Gäste laden wir ein, auf ihren Streifzügen durch unser Land Kurioses und Wissenswertes zu entdecken, und hoffen für unsere Leser die schönsten Seiten unseres Landes beschrieben zu haben.

Im Anschluss an die Kapitel zu den Orten und Regionen nennen wir alle Gaststätten der „Initiative Tiroler Wirtshauskultur". Ferner haben wir uns – um Sie auf typisch tirolische Einkaufserlebnisse aufmerksam machen zu können – nach handwerklichen Schaubetrieben im ganzen Land umgesehen.

Für weitere Informationen zu Wanderungen und alpinen Touren sowie allgemeine touristische Auskünfte stehen wir Ihnen gerne zur Verfügung.

Tirol Info, Maria-Theresien-Straße 55, A-6010 Innsbruck,
Tel: +43.512.7272, Fax: +43.512.7272-7
e-mail: tirol.info@tirolwerbung.at, www.tiscover.com/tirol

Mit freundlichen Grüßen
Josef Margreiter
Landestourismusdirektor von Tirol

Vorwort von Stefanie Holzer

Tirol hat sich als das „Land im Gebirge" in das allgemeine Bewusstsein eingegraben. So wurde das Gebiet zwischen Trient und Innsbruck in ältester Zeit genannt, bevor die Bezeichnung „Tirol" üblich wurde. Die tief eingeschnittenen Täler zwischen den hohen Bergketten werden bis in luftige Höhen von einem rauen, aber herzlichen Volksstamm bewohnt. Oft ist auch vom „heiligen Land Tirol" die Rede, was auf die Gottesfürchtigkeit der Tiroler Bezug nehmen soll; vielleicht ist diese Zuschreibung aber als das genaue Gegenteil zu verstehen: Nicht nur rang in Tirol über Jahrhunderte die weltliche Macht mit der kirchlichen um Einfluss, sondern in manchem Tal leisteten die Bewohner zäh Widerstand, wenn es galt, sich den Regeln der katholischen Religion zu unterwerfen. Auf vorchristlichen Kultplätzen wurden Kirchen oder Kapellen errichtet. Die heiligen Orte der Altvorderen wurden politisch klug in die neue Religion eingemeindet. Vielleicht ist gerade die große Anzahl von Kirchen, Kirchlein und Kapellen im Land ein Hinweis darauf, dass der Tiroler ursprünglich gar nicht so fromm war, wie er es mit der Zeit wurde.

Was immer die Ursache für den Reichtum an kirchlichen Baudenkmälern gewesen sein mag, fest steht, dass Tirols Bildhauer und Maler ihre Kunst abseits der Residenzstadt Innsbruck meist im kirchlichen Zusammenhang ausübten. Deshalb wird der Benutzer dieses Reiseführers bald feststellen, dass man um den Besuch von Kirchen nicht herumkommt, wenn man sehen will, was Tirol künstlerisch zu bieten hat. Dies bedeutet nicht, dass das Land nicht auch Kostbarkeiten profaner Kunst und Architektur aufzuweisen hätte.

Wer an die Kunst des Barock denkt, dem wird zuerst Italien einfallen. Das Stichwort Gotik ist mit Deutschland und Frankreich verbunden. Als Passland öffnet Tirol den Weg von Deutschland nach Italien. Künstlerische Einflüsse wanderten wie die Menschen von Süden nach Norden und umgekehrt. Selbstredend blieben die Künstler in Tirol von diesen Einflüssen nicht unberührt. Sie entwickelten ihre Kunst weiter und schufen mit ihrer Arbeit die Grundlage für das heutige Kulturleben in Tirol.

Das vorliegende Buch weist auf sehenswerte Kulturdenkmäler hin und versucht mit Geschichten und Legenden zu erhellen, welche historischen und kulturellen Kräfte das heutige Tirol geprägt haben. Der Leser entdeckt, dass nicht nur in Innsbruck, sondern auch in den entlegenen Tälern Spuren vergangenen Kunstschaffens zu erkunden sind. „Kultur.Geschichten Tirol" wendet sich an den kunsthistorisch interessierten Laien; es wurde versucht, die oft komplizierten Zusammenhänge möglichst allgemein verständlich darzustellen.

Dank

Dieser Führer wäre ohne die Unterstützung zahlreicher Personen nicht zustande gekommen: Der Idee für dieses Projekt ging der Auftrag der Tirol Werbung voraus, einen kleinen Kulturwegweiser für ganz Tirol zu erstellen. In Zusammenarbeit mit den Kunsthistorikerinnen Barbara Danzl und Sylvia Mader sammelte sich viel dort leider nicht verwertbares Material an. Dieses Übermaß sollte, so das Vorhaben, dem interessierten Publikum in Buchform zugänglich gemacht werden.

Ich reiste durch Tirol und las über das Land. Dank schulde ich all jenen, die mir gezeigt haben, wie reich an Kulturschätzen es ist: Allen voran sind, von Autoren früherer Tage abgesehen, die Landeskundler Gertrud Pfaundler, Laurin Luchner, Egon und Beatrix Pinzer, Martin Reiter, Robert Klien, Josef Walser und Alfred Tamerl sowie die Autoren der „Tiroler Ausstellungsstraßen" zu nennen, auf deren Publikationen ich mich gestützt habe. Nicht namentlich anführen kann ich die zahlreichen Autoren von Gemeindebüchern und Kirchenführern, deren Arbeiten ich für den vorliegenden Führer benutzt habe. Hilfreich bei der Beschaffung von Unterlagen waren viele Damen und Herren in den Tourismusverbänden. Besonders danken möchte ich den Pfarrerköchinnen, auf tirolisch Häuserinnen, die mir Kapellen und Kirchen aufgesperrt haben.

Ich danke den Koautoren Magdalena Hörmann, Othmar Costa, Gabriele Werner, Christine Riccabona, Walter Klier, Winfried Hofinger, Waltraud Mayr, Otto Nentwich, Franz Caramelle, Petra Streng und Günter Bakay für ihre Bereitschaft, meine Arbeit mit Aufsätzen zur Landesnatur abzurunden.

Das Außerfern und insbesondere Reutte haben mir durch Christa Schmid und ihre gastfreundlichen Eltern Egon und Hilde Schmid näher gebracht. Osttirol erschloss sich durch manchen Hinweis der Osttiroler in Innsbruck: Andreas Schett, Ingrid Fürhapter und Andrea Senfter. Johanna Felmayer danke ich für ihr Interesse an meiner Arbeit, für wertvolle Korrekturen und den Merksatz, dass es in der Kunst nichts gibt, was nicht etwas bedeutet.

Bettina Schlorhaufer und Ulla Fürlinger haben mir durch ihre kritische Lektüre meines Manuskripts geholfen. Annette Grager hat es übernommen, Telefonnummern und Adressen zu überprüfen. Walter Klier stand mir nicht nur auf vielen Erkundungsfahrten bei, sondern begleitete das langsame Werden des Textes, geduldig lesend und aufmerksam lektorierend. Allfällige Irrtümer und Fehler sind zur Gänze der Autorin zuzuschreiben.

Benutzerhinweis

Dieser Führer teilt Tirol in fünf Regionen: Außerfern, Oberland, Innsbruck und Umgebung, Unterland und Osttirol. Den Auflistungen einzelner Gemeinden mit ihren Sehenswürdigkeiten ist jeweils eine allgemeine Charakteristik der Region vorangestellt.

Im Anschluss an die Einzeldarstellungen der Orte finden sich „Tipps": Der Punkt ● weist auf kulturell Bemerkenswertes im engeren Sinn hin; der Stern ✻ zeigt kunsthandwerklich oder kulinarisch interessante Adressen an und das Plus ✚ „Tiroler Wirtshäuser", die sich um gepflegte Gastlichkeit bemühen. Die Abkürzung TVB steht für Tourismusverband.

Geschichtlicher Überblick

30 000 v. Chr.	Steinzeitliche Funde von Skeletten und bearbeiteten Knochen in der Tischoferhöhle im Kaisertal bei Kufstein bezeugen eine frühe Besiedlung des Alpenraums.
16/15 v. Chr.	Die Römer erobern das Alpengebiet. Das Gebiet Nordtirols wird Teil der römischen Provinz Rätien, Osttirol gehört zu Noricum.
50 n. Chr.	Die Via Claudia Augusta wird als wichtige Nord-Süd-Verbindung über den Reschen- und den Fernpass bis nach Augsburg ausgebaut.
200 n. Chr.	Der Weg über den Brenner wird zur wichtigsten Verbindungslinie über die Alpen. Die Römer errichten das Kastell Veldidena, aus dem später der Innsbrucker Stadtteil Wilten wird.
400 n. Chr.	Das Christentum – seit 380 römische Staatsreligion – verbreitet sich in Tirol. Die Patrozinien von St. Laurentius, St. Peter, St. Andreas und anderer frühchristlicher Heiliger weisen darauf hin.
550–600	Im Zuge der Völkerwanderung werden römische Siedlungen in Osttirol zerstört. Slawen siedeln im Lienzer Becken.
1187	Das mit Marktrechten der Grafen von Andechs ausgestattete „Insprucke" wird erstmals urkundlich erwähnt.
1258–1295	Meinhard II. von Görz-Tirol einigt Tirol.
1363	Mit dem Tode Graf Meinhards III., des einzigen Sohnes von Margarete Maultasch, erlischt das Haus Tirol-Görz. Tirol geht durch Erbschenkung an Herzog Rudolf IV., den Stifter, von Habsburg. Seine Brüder übernehmen die Regierung.
1406–1439	Herzog Friedrich IV. (Friedrich mit der leeren Tasche) verlegt die Residenz von Meran nach Innsbruck.
1446–1490	Landesfürst Sigmund der Münzreiche errichtet in Tirol viele Burgen, die seinen Namen tragen. Er verlegt die Münzstätte von Meran nach Hall in Tirol.

1490	Maximilian I. (ab 1508 Kaiser) wird Landesfürst von Tirol.
1500	Nach dem Tode des Grafen Leonhard von Görz fallen die Görzer Besitzungen an die Habsburger.
1500	Maximilian I. errichtet das Goldene Dachl.
1511	Maximilian I. erlässt das berühmte „Landlibell", eine Wehrordnung, die den Tirolern einerseits die Pflicht auferlegt, das Land selbst zu verteidigen, und sie andererseits davor bewahrt, in anderen Teilen des Reichs kämpfen zu müssen.
1519	Tod Kaiser Maximilians I.
1522	Nach der Aufteilung der habsburgischen Erblande auf die Enkel Maximilians, Karl V. und Ferdinand I., untersteht Tirol Ferdinand I.
1525	In Tirol kommt es unter der Führung von Michael Gaismair zu Bauernaufständen. Gaismairs Plan, in Tirol eine demokratische, lutherische Bauernrepublik zu errichten, scheitert.
1552	Kurfürst Moritz von Sachsen dringt mit seinem Heer in Tirol ein. Verwüstungen und Plünderungen sind die Folge.
1564–1595	Nach dem Tod Kaiser Ferdinands I. werden die österreichischen Länder unter seinen Söhnen aufgeteilt; seither hat Tirol wieder einen eigenen Landesfürsten: Erzherzog Ferdinand II. regiert in Innsbruck. Er initiiert die Gegenreformation.
1602–1618	Erzherzog Maximilian III., „der Deutschmeister", regiert Tirol.
1618–1648	Dreißigjähriger Krieg
1619–1632	Erzherzog Leopold V. regiert Tirol.
1632–1646	Claudia von Medici regiert mit Kanzler Bienner.
1665	Mit dem Tod der Söhne Claudia von Medicis sterben die Tiroler Habsburger aus. Tirol fällt wieder in die Zuständigkeit Wiens.

Geschichtlicher Überblick

1669	Gründung der Innsbrucker Universität
1703	Die Bayern fallen im Zuge des Spanischen Erbfolgekrieges in Tirol ein („Bayerischer Rummel"). Tiroler Schützenkompanien schlagen sie zurück. Errichtung der Annasäule.
1740–1790	Kaiserin Maria Theresia und Joseph II. reformieren die Verwaltung, die Landwirtschaft, das Steuer- und Bildungswesen; Einführung der allgemeinen Schulpflicht und Abschaffung der Folter.
1805	Im Frieden von Preßburg muss Österreich Tirol und Vorarlberg an Bayern abtreten. Tirol hört auf zu existieren. Religiöse Bräuche werden eingeschränkt und Rekruten werden ausgehoben. König Maximilian Joseph I. lässt das Theater renovieren und verhindert die Auslagerung der Statuen des Maximiliangrabmals aus der Hofkirche.
1809	Tiroler Freiheitskämpfe gegen die bayerische Besatzung. Anfängliche Erfolge der Tiroler unter der Führung von Andreas Hofer; am Ende wird der Aufstand niedergeschlagen; Andreas Hofer ist auf der Flucht.
1810	Andreas Hofer wird in Mantua erschossen.
1814/15	Das Ende der napoleonischen Herrschaft wird auf dem Wiener Kongress besiegelt. Tirol fällt wieder an Österreich zurück. Das Brixen- und das Zillertal und die Herrschaft Vils werden mit Tirol vereinigt.
1848	Revolution in Wien. Kaiser Ferdinand I. flieht nach Innsbruck. Ein Jahr später nimmt der Kaiser alle Liberalisierungsversprechungen wieder zurück.

2. Hälfte des 19. Jahrhunderts

Tirol wird verkehrsmäßig erschlossen: Ab 1858 fährt zwischen Kufstein und Innsbruck die Bahn. 1867 wird die Brennerbahn eröffnet. Die Giselabahn bringt ab 1875 Reisende in die Kitzbüheler Alpen. Die Arlbergbahn wird 1884 eröffnet. Deutscher und Österreichischer Alpenverein erschließen die Bergwelt.

1914–1918	Erster Weltkrieg
1919	Im Frieden von St. Germain werden Südtirol und das Trentino an Italien abgetreten.
1938	Einmarsch der deutschen Wehrmacht in Österreich; Tirol und Vorarlberg werden zu einem Reichsgau vereinigt, Osttirol wird zu Kärnten geschlagen.
1939–1945	Zweiter Weltkrieg. 1940 tritt Hitler Südtirol endgültig an Mussolini ab.
1945	Nordtirol untersteht der französischen, Osttirol der englischen Besatzungsmacht.
1946	Die Pariser Friedenskonferenz verweigert Südtirol das Selbstbestimmungsrecht und bestätigt die Brennergrenze.
1947	Osttirol wird wieder mit Tirol vereinigt.
1955	Österreich wird ein neutraler Staat nach dem Vorbild der Schweiz. Die Besatzungsmächte ziehen ab.
1964	Errichtung der Diözese Innsbruck. Die Olympischen Winterspiele finden in Innsbruck statt.
1976	Innsbruck ist zum zweiten Mal Austragungsort der Olympischen Winterspiele.
1994	EU-Beitritt Österreichs; die seit 1919 bestehende Staatsgrenze am Brenner verliert de facto ihre Bedeutung.

Außerfern

Topographie und Geschichte

Blick zum Hahntennjoch in den Lechtaler Alpen
Unten: Seite aus Kaiser Maximilians Jagd- und Fischereibuch

Die Straße über den Fernpass führt in einen besonderen Landesteil. Das Nordwesteck Tirols, das Außerfern, ist von Nordtirol aus nur über den **Fernpass** (1 216 m) ganzjährig erreichbar. Mit dem zwischen Lechtaler Alpen und Mieminger Bergen gelegenen Fernpass hat auch der Name der Region zu tun: Das „judicium extra Vern" scheint zum ersten Mal in einer Urkunde aus dem 13. Jh. auf.

Die Außerferner Gemeinden liegen alle in einer Seehöhe von über 800 m. Die Nordstaulage der **Nördlichen Kalkalpen** verhilft der Region zu ausreichend Niederschlägen, einem etwas kühleren Klima und damit zu sattem Grün. Auf diese Gegebenheiten spielt auch die Volksweisheit „Überm Fera braucht ma a Juppa mehra" an.

Geübten Bergfahrern sei, vom Inntal aus, die aussichtsreiche Route über das **Hahntennjoch** (1 894 m) empfohlen. Bei Imst zweigt die nur im Sommer geöffnete Bergstraße in die Lechtaler Alpen ab. Auf einer kurzen Strecke gewinnt die schmale und kurvenreiche Straße bis zur Passhöhe mehr als 1 000 Höhenmeter. Die erste Siedlung auf der anderen Seite ist Pfafflar. Die drei Ortsteile Pfafflar, Boden und Bschlabs sind aus Almen enstanden. Hier leben in großer Abgeschiedenheit insgesamt rund 140 Menschen.

Das Bschlaber Tal mündet zwischen Elmen und Häselgehr ins **Lechtal.** Eingebettet zwischen Allgäuer Alpen im Westen und Lechtaler Alpen im Osten, verläuft das Lechtal von Südosten nach Nordwesten. Der hellblau-türkise Lech ist im Oberlauf einer der letzten im Urzustand belassenen Flüsse Europas. Er mäandriert: Je nach Wasserstand sucht er sich in seinem breiten Bett frei seinen Lauf. Auf Schotterbänken hat ein für natürliche Flussauen typischer grün-silbriger Strauch, die Deutsche Tamariske, ein Rückzugsgebiet gefunden. Durch die in Abständen auftretenden Überschwemmungen bleiben ihr die Auen als Siedlungsraum erhalten.

Bei Weißenbach zweigt das laut dem bayerischen Reiseschriftsteller und Erforscher Tirols Ludwig Steub (1812–1888) „schönste Hochtal Europas", das **Tannheimer Tal,** in nordwestlicher Richtung ab. Der Lech fließt weiter nordostwärts nach Reutte, dem Hauptort des Außerferns, und nach Vils, der einzigen, allerdings mit rund 1 500 Einwohnern überschaubar gebliebenen Stadt des Außerferns.

Einige der schönsten Tiroler Seen finden sich im Außerfern; auf dem 290 ha großen **Plansee,** der seit langer Zeit durch einen kurzen Kanal mit dem **Heiterwanger See** verbunden ist, verkehrt sogar ein Linienschiff. An dieser Stelle sei Kaiser Maximilian I. erwähnt; der leidenschaftliche Waidmann liebte auch die Fischerei. Im Heiterwanger- und im Plansee fischte er zur Erholung nach der Hohen Jagd die hier Goldforellen genannten Saiblinge, die gemeinsam mit den Hirschen und Gämsen bei ausgiebigen Banketten an Ort und Stelle verspeist wurden. Goldforellen

Topographie und Geschichte — Außerfern

aus diesen beiden Seen wurden lebend in eigens konstruierten Fischbehältern (Panzen) nach Augsburg (in drei Tagen) und Innsbruck (in zwei Tagen) gebracht. Goldforellen werden in Außerferner „Tiroler Wirtshäusern" noch heute serviert.

Neben Plan- und Heiterwanger See sind der Vilsalpsee im gleichnamigen Naturschutzgebiet, der Haldensee im Tannheimer Tal und an der Bundesstraße zum Fernpass der Weißen-, der Blind- und der Fernsteinsee beliebte Ausflugs- und Naherholungsziele.

„Zwischentoren" ist ein sprechender Name. Er bezeichnet das Gebiet zwischen der Ehrenberger Klause, die im 13. Jh. südlich von Reutte als Straßensperre bei der Burg Ehrenberg errichtet wurde, und der Klause an der alten Straße bei Schloss Fernstein. Der höchste Berg Deutschlands, die Zugspitze (2 961 m), ist auch ein Außerferner Berg; das Ehrwalder Becken wird im Osten durch das Zugspitzmassiv begrenzt. Von Ehrwald, wo Ludwig Ganghofer gelebt hat, führt die österreichische Zugspitzbahn kühn auf 2 961 m hinauf.

Das Außerfern gehört zum alemannischen Kulturkreis. Die Nähe zu den Schwaben und zu Vorarlberg ist nicht nur sprachlich spürbar. Das Außerfern ist eine herb-schöne Gebirgsgegend, deren Bewohner sich wegen der Öffnung der Region nach Norden hin seit jeher zum Alpenvorland hin orientierten. Diese Region unterstand auch über längere Zeit dem Bischof von Augsburg. Dies erschließt sich dem aufmerksamen Reisenden u. a. daraus, dass die Patrone der Diözese Augsburg, Ulrich und Afra, und der Schutzheilige des Allgäu, St. Mang, auch im Außerfern verehrt werden. St. Mang hieß eigentlich Maginold; wegen seiner Wundertaten wurde sein Name zu Magnus, „der Große", verballhornt.

Ruine Ehrenberg südlich von Reutte

Der Einfluss Augsburgs hat über die Andechser bis nach Innsbruck ausgestrahlt: Das Innsbrucker Stadtrecht fußt auf dem augsburgischen.

Für militärische Zwecke errichteten die Römer eine Nord-Süd-Verbindung, die **Via Claudia Augusta.** Von 50 bis etwa 200 n. Chr. war diese römische Fernstraße von Meran über Reschen- und Fernpass nach Reutte und weiter nach Augsburg ein europäischer Hauptverkehrsweg. Ausgrabungen im Lermooser Moor brachten

Außerfern

Geschichte und Gesellschaft

Boden-Brandegg in den Lechtaler Alpen

Ganz oben: Bauernhaus mit Lüftlmalerei im Holzgau

mit dem so genannten Prügelweg ein Stück Via Claudia Augusta zutage: Übereinander geschichtete Lagen von Holzprügeln haben sich nahezu 2000 Jahre im Moor unter einer Humus- und Schotterdecke erhalten. Erst nach 200 n. Chr. wurde die Strecke über den Brenner für den Handel zunehmend wichtiger. Die Via Decia, ein wichtiger Fernverkehrsweg in Ost-West-Richtung, kreuzte sich am Fernpass mit der Via Claudia Augusta. Über diese Verbindung wurde im Mittelalter Salz aus Hall nach Bregenz gebracht.

Die Außerferner entwickelten nicht zuletzt entlang der Fernverkehrswege eine rege Handelstätigkeit. Salz und Korn waren die Güter, die manch einem Händler Reichtum brachten. Außerferner **Wanderhändler** gelangten mit einem bunt gemischten Sortiment aus fremder Handelsware und heimischen Produkten, wie Wetzsteinen, Geigen, Sensen, Leinen, Wolle, Bettfedern und Glocken, aus dem Lechtal bis in die Niederlande.

Im 18. Jh. wurde das Außerfern wirtschaftliches Notstandsgebiet – die landwirtschaftlichen Erträge auf 800 bis 1500 m Seehöhe reichten zu dieser Zeit nicht aus, um die Bevölkerung zu ernähren. Der Mangel trieb jede Saison rund 2000 Arbeiter, unter ihnen auch Kinder, ins benachbarte Bayern und nach Baden-Württemberg. Am Stegerberg und am Rossrücken bei Reutte wurde Gips abgebaut, der die Basis für das florierende Stuckateursgewerbe war. Die vielen geschickten Maurer, Steinmetze, Stuckateure, Schnitzer und Marmorierer arbeiteten jenseits der Grenze und brachten das daheim bitter entbehrte Geld nach Hause.

Während die **Saisonarbeiter** in der Fremde ihre Tracht bald ablegten, nutzten die Händler die Werbewirksamkeit der traditionellen Kleidung. Wieder zu Hause, zeigten sie stolz ihren in der Fremde erworbenen Wohlstand. Insbesondere das Lechtal wandelte sich: Prächtige Fassaden- oder Lüftlmalereien deuten an, dass sich auch im Haus drinnen viel änderte. Der „kaiserl. königl. Gubernialrat" und Schriftsteller Josef Staffler schilderte 1839, dass auch damals schon nicht alles Neue willkommen war: „Freilich klagt mancher alte Vater, dass der Sohn nebst dem fremden Gelde auch fremde Sitte nach Hause gebracht habe."

Das Außerfern ist vom **Barock** geprägt. Der mittelalterliche Wohlstand und die Kunst aus dieser Zeit wurden im Dreißigjährigen Krieg (1618–1648), der das Außerfern von allen Landesteilen weitaus am härtesten traf, weitgehend zerstört. Die in der Zeit der Gegenreformation wieder errichteten Kirchen zeigen deshalb ein nahezu einheitlich barockes Bild. Der südliche Teil war das Arbeitsgebiet von Künstlern aus dem Raum Imst, wie dem Schnitzer Anton Sturm, dessen pathetisch-tragische Skulpturen in der Pfarrkirche von Wängle (1705),

Künstler Außerfern

Bichlbach (um 1736) und in der Totenkapelle der Dekanatspfarrkirche Breitenwang zu sehen sind. Im Reuttener und im Vilser Becken sowie im Tannheimer Tal sind dagegen die Allgäuer zahlreich vertreten, so durch die Bildtafel (1625) von Johann Ludwig Ertinger aus Kempten und die Pietà (1713) von Josef Hops in der Vilser Annenkirche.

Bedeutende **Künstler** brachte die wohlhabende Familie Zeiller aus Reutte hervor: Der Erste in der Dynastie war **Paul Zeiller** (1658–1738), ihm folgten der „Kaiserliche Hofmaler" Johann Jakob Zeiller (1710–1783) und der „Hofmaler des Fürstbischofs in Brixen", Franz Anton Zeiller (1716–1794).

Von Paul Zeiller stammen die Deckenbilder in der Totenkapelle in Breitenwang und in der Zunftkirche in Bichlbach; unter seinen zahlreichen Altargemälden ragen jene in der St.-Anna-Kirche in Reutte, in der Ottilienkapelle in Wängle sowie in der Pfarrkirche von Elmen, Holzgau, Elbigenalp, Plansee, Obtarrenz und Berwang hervor. Typisch für sein Werk ist die dem italienischen Hochbarock verpflichtete, tonig-weich modellierende Farbgebung.

Johann Jakob Zeiller, der siebte Sohn des Paul Zeiller, war ein Mitarbeiter des großen Barockmalers Paul Troger. Wie sein Cousin Franz Anton Zeiller wurde Johann Jakob erst in späteren Jahren auch in seiner Heimat tätig. Neben den bedeutenden Arbeiten im Außerfern, wie der Ausstattung der Kirche in Elbigenalp und jener in Bichlbach und Fassadenmalereien in Reutte, sind vor allem seine großen Freskenzyklen in den bayerischen Klöstern Ettal und Ottobeuren zu nennen. Charakteristisch für Johann Jakob Zeillers Malstil ist ein klares, leuchtendes Kolorit.

Franz Anton Zeiller wurde in Augsburg und Wien, aber v. a. in Rom, Bologna und Venedig ausgebildet. Von ihm stammen u. a. die Gewölbebilder in der Pfarrkirche von Stams, Wängle und Bichlbach, außerdem ein großer Teil der Malereien am eigenen Wohnhaus in Reutte, dem Zeillerhaus.

Neben der Familie Zeiller taten sich der Telfer **Josef Degenhart** (1746–1800) und **Josef Anton Köpfle** (1757–1843) auch in der Lüftlmalerei hervor. Besonders schöne Beispiele ihrer Arbeiten sind in Reutte

Bschlabs mit Blick auf die Hornbachkette

Unten: Zeillerhaus in Reutte

Außerfern — Künstler

Lüftlmalerei an der Fassade des Heimatmuseums Holzgau
Unten: Josef Anton Koch, „Der Landsturm 1809"

und in den Lechtaler Gemeinden Holzgau und Elbigenalp zu finden. Degenhart und Köpfle brillierten in meist architektonisch bestimmter Illusionsmalerei.

Der berühmteste Außerferner Maler ist **Josef Anton Koch** (1768–1839) aus Obergiblen bei Elbigenalp. Der Sohn eines Bauern und Zitronenhändlers begann seine Karriere als Hüterbub. Als der Weihbischof aus Ausgburg zur Firmung nach Elbigenalp kam, wurde er auf das Talent des Knaben aufmerksam gemacht. Der Bischof ermöglichte es Koch, zuerst in Dillingen und später in Stuttgart an der Karlsschule zu studieren, die kurze Zeit vorher auch Friedrich Schiller besucht hatte.

Nach fünf Jahren fasste Koch den Entschluss, die Karlsschule zu verlassen, weil er „als Malergehilfe zu allerhand Quarkarbeit, z. B. Theatermalerei" herangezogen wurde. Da er überzeugt war, dass man ihm die Entlassung verweigern würde, weil er als Malergehilfe sehr nützlich war, riss er mit 22 Jahren in typisch tirolisch-widerständiger Weise nach Straßburg aus, „schnitt sich den statutenmäßigen Haarzopf ab und sandte ihn durch Post an die Akademie" nach Stuttgart zurück. 1794 reiste er mit Unterstützung eines englischen Mäzens nach Italien, wo er bis 1812 blieb. Meist lebte er in Rom, wo er Anschluss an die Nazarener fand. Als die Franzosen, denen Koch schon wegen der Vorgänge in seiner Heimat, insbesondere wegen der Hinrichtung Andreas Hofers, nicht gewogen war, Rom besetzten und dort eine diktatorische „liberté" einführten, übersiedelte er nach Wien. In der österreichischen Hauptstadt verkehrte er im Kreis um Friedrich Schlegel und Wilhelm und Alexander von Humboldt. In finanzieller Hinsicht jedoch war Wien ein Fiasko: „Meine Arbeiten wollten keinen rechten Anklang finden; es mangelte mir an Bestellungen." Koch fand es schwierig, sich, wie man heute sagen würde, zu vermarkten: „Es war mir nicht gegeben, mit dem Portefeuille herumzulaufen und mich und meine Arbeiten zu empfehlen. Gearbeitet habe ich immer gerne. Aber zum Komplimentieren und Schmeicheln ward ich nicht geboren." Also ging er 1815 mit seiner Familie wieder nach Rom, wo der Maler aus dem Außerfern ein in Künstlerkreisen hoch geachteter Mann war.

Gemälde von Josef Anton Koch, der seine Bilder mit „Koch Tyrolese"

Steeg   Außerfern

signierte, sind u. a. im Tiroler Landesmuseum Ferdinandeum in Innsbruck zu sehen. Heroische Landschaften, meist Alpenmotive, bestimmen Kochs romantische Malerei. Scharf umrissen und klar beleuchtet zeigt er realistisch gesehene Details in einem streng gefügten Bildaufbau. Trotz Studien vor Ort geht es bei Koch nie um topographische Bestandsaufnahmen, sondern um das Bilden „idealer Landschaften". Das Dante-Zimmer der Villa Massimo in Rom schmücken Fresken von Josef Anton Koch.

Im **musikalischen Bereich** setzt das Außerfern auf Bodenständiges. Die in Reutte beheimatete „Engel-Familie" machte das Außerfern in den 1960er Jahren in der Welt bekannt: Vater Fritz Engel reiste mit seinen sieben Kindern durch die Welt und mehrte mit einem gemischten Repertoire aus E-Musik und Volksmusik den Ruhm seiner Wahlheimat. Gegenwärtig macht das schräge Volks-Pop-Musik-Ensemble „Bluatschink" singend den Außerferner Dialekt in Österreich und Deutschland bekannt.

Einer der größten europäischen CD-Produzenten, die Firma Koch Digital Disc AG, betreibt ein Presswerk in Elbigenalp. In Höfen, am Eingang zum Lechtal, ist die Zentrale des Konzerns beheimatet, der Weltmarktführer im Bereich von CD-Prüfgeräten ist.

Der bedeutendste Arbeitgeber der Region sind die 1921 gegründeten Planseewerke. Mit der Sintermethode (Metallurgie) werden aus Metallen wie Wolfram, Tantal oder Molybdän, die einen sehr hohen Schmelzpunkt haben, hochwertige Metallprodukte produziert. Der Gründer der Planseewerke, Paul Schwarzkopf, erzählt in seinen Erinnerungen „Geschichten aus Molybdänemark", dass seine Firma von den Reuttener Gemeindevätern nicht willkommen geheißen wurde, da sie fürchteten, den sittsamen Reuttener Jungfern könnte von der zugezogenen Arbeiterschaft ungebührliche Aufmerksamkeit gezollt werden. Breitenwang war gastfreundlicher und durfte sich so jahrzehntelang allein über die Gemeindesteuern der Metallwerke freuen.

Metallprodukte aus den Planseewerken.

Lechtal

Steeg, 1 122 m, 701 Ew.

Steeg ist die südlichste Gemeinde im Lechtal. Sehenswert im Ortsteil Hägerau ist die Barockkirche St. Sebastian und Rochus. An der Decke des Langhauses stellte Josef Degenhart (1746–1787) die Verehrung des apokalyptischen Lammes durch die vier Erdteile dar. Das Blut des Lammes ergießt sich über den Erdball und tilgt die Sünden der Welt. Darüber schwebt ein Engel mit einer großen Schale voller brennender Herzen zum Himmel hinauf (Schlüssel bei Fam. Otto Walch, gegenüber der Kirche, Hägerau 19, 05633/5614).

Josef Degenhart gestaltete auch die Fassaden der Häuser Hägerau 12 und 23.

Tipp:

 Gasthof Stern, Dickenau 14, 05633/5644

Außerfern — Holzgau · Elbigenalp

Holzgau, 1 114 m, 462 Ew.

Holzgau ist das Zentrum der Außerferner Lüftlmalerei. Josef Degenhart und der aus Höfen bei Reutte stammende Josef Anton Köpfle (1757–1843) gestalteten das Ortsbild für die erfolgreich Handel treibenden Holzgauer: Die Fassade der

Hausfassade mit Lüftlmalerei, Holzgau

Rechts: Elbigenalp, Pfarrkirche, Johann Jakob Zeiller, „Triumph der Kirche durch das Erlösungsopfer Christi"

Häuser Nummer 32, 34/35, 49 bemalte Degenhart, jene von Nummer 50 und 53 Köpfle.

Sehenswert ist die Sebastianskapelle neben der neoromanischen Pfarrkirche zu Mariä Himmelfahrt. Neben der Martinskapelle in Elbigenalp ist dies der einzige vollständig erhaltene spätgotische Sakralraum im Lechtal. Der Bau aus dem Jahr 1487 ist zweigeschossig mit einer Unterkapelle mit Kreuzgratgewölbe und der dem hl. Sebastian geweihten Oberkapelle. Auf drei Wandflächen sind die ursprünglichen Fresken, Szenen aus der Legende des hl. Sebastian, erhalten geblieben.

Tipp:
● Heimatmuseum, Haus Nr. 35, 05633/5356 und 5283: bäuerliche Volkskultur.
Öffnungszeiten: Juni–Okt.: Mo., Di., Do., Fr. 10–12 h u. 16–17 h, Führung Mi. 9.30 h vom Dorfplatz aus; Nov.–Mai: Führung Mi. 9.30 h

Bach, 1 070 m, 708 Ew.

Umgeben von einem Friedhof mit ausschließlich schmiedeeisernen Grabkreuzen ist die Expositurkirche St. Josef im Weiler Stockach. Johann Jakob Zeiller malte gemeinsam mit dem von hier stammenden Josef Schuler das Deckenfresko, das figuren- und szenenreich durch große Farbintensität beeindruckt.

Tipp:
✚ Gasthof Post, Oberbach 44, 05634/6345

Elbigenalp, 1 039 m, 845 Ew.

Als Elisabeth von Bayern, Witwe König Konrads IV. und Mutter Konradins, des letzten Staufers, 1258 Meinhard II. von Tirol heiratete, brachte sie Elbigenalp als Heiratsgut mit.

Elbigenalp

Außerfern

Das Ortsbild von Elbigenalp ist wie jenes von Holzgau, Steeg, Häselgehr, Bach und Hägerau von Lüftlmalerei geprägt. Die 1674 weitgehend neu erbaute lichtdurchflutete Pfarrkirche St. Nikolaus am Ortsrand wurde von Johann Jakob Zeiller ausgemalt. Das Fresko im Hauptschiff zeigt in einem lichten Wolkenraum (nach dem Vorbild Paul Trogers) den Triumphwagen mit Christus und der hl. Ecclesia. Johannes der Täufer führt das von den vier Evangelisten gezogene Gespann.

Im Chorfresko ist der hl. Nikolaus dargestellt, der Patron der Kranken und Besessenen, von Hilfesuchenden umgeben. Den Heiligen rufen auch Einheimische in Lechtaler Tracht an. Hinter dem Gefängnisgitter rechts sind zwei seinerzeitige Elbigenalper Bürger, Paule und Michel, dargestellt, die sich dagegen ausgesprochen hatten, all zuviel Geld für die Verschönerung des Gotteshauses auszugeben. Zur Strafe setzte sie der Maler hinter Gitter.

Eine ebenfalls heitere Note hat das Fresko über der Orgelempore: Der hl. Nikolaus errettet einen christlichen Pagen vom Hof heidnischer Fürsten. Nikolaus hat den Knaben am Haarschopf gepackt und entschwebt mit ihm durch die Lüfte. Weder der Habitus der Heiden an der Festtafel noch der des Knaben macht den Eindruck, dass die Errettung als besonders dringlich empfunden worden sei. Dieses Fresko nannte der Maler Josef Anton Koch übrigens seine „erste Anregung zur Malerkunst".

Das älteste Ausstattungsstück der Kirche ist der Taufstein aus dem Jahr 1411. Erwähnenswert ist noch das so genannte Königinnenfenster, das Maria von Bayern, der Mutter Ludwigs II., gewidmet ist. Die gottesfürchtige Königin war des Öfteren in Elbigenalp zu Gast. Sie wohnte bei dem berühmten Lithographen, Maler und Graveur Anton Falger (1791–1876), dessen Totentanz in der Friedhofskapelle zum hl. Martin zu bewundern ist: „Laß mich noch da, ich bin noch klein, / Laß mich bei meiner Mutter sein", fleht das Kind, das der Tod soeben aus der Wiege, weg von der fürsorglichen Mutter genommen hat. Ungerührt lautet die Antwort: „Ich sehe nicht auf klein und groß. / Und jedem werde ich sein Loos." Auf 18 Holztafeln, die verschiedenen Ständen, vom Papst bis zum Totengräber, gewidmet sind, stellte Anton Falger um 1830 das unausweichliche Ende der menschlichen Existenz dar. Die Motive werden an der Friedhofsmauer als Fresken wiederholt.

Anton Falger gründete in Elbigenalp eine Zeichenschule, die später auch Stuckateure und Bildhauer ausbildete. Eine berühmte Schülerin war die zu ihrer Zeit viel beachtete Malerin Anna Stainer-Knittel (1841–1915), die vor allem Porträts und Blumenbilder malte. Bleibenden Ruhm

Hägerau, Expositurkirche, Josef Degenhart, Engel trägt eine Schale mit brennenden Herzen zum Himmel

Außerfern

Elmen

*Mathias Schmid, „Geierwally"
Rechts: „Schwabenkinder", die vom 17. bis ins 19. Jh. als Saisonarbeiter in die Schweiz und ins „Schwabenland" geschickt wurden*

hat sich Anna Stainer-Knittel als Vorbild für die Roman- und Filmfigur „Geierwally" erworben. Die unerschrockene Malerin hatte tatsächlich selbst ein Adlernest ausgenommen.

Aus Falgers Zeichenschule entwickelte sich die renommierte Schnitzerschule in Elbigenalp. Arbeiten der Schnitzschüler sind ganzjährig ausgestellt und z. T. auch verkäuflich. Entlang der Lechtaler Bundesstraße finden sich immer wieder Hinweise auf Holzschnitzer, die ihre Arbeiten zum Verkauf anbieten.

Von Bach in Richtung Elbigenalp fahrend, durchquert man den Weiler Obergiblen. Links, direkt an der Straße, steht das Geburtshaus von Josef Anton Koch. Über der Eingangstür des Hauses Obergiblen Nr. 9 ist eine Tafel mit einer Büste des Malers angebracht.
Tipp:
● Falger-Museum, Gemeindeamt, 05634/6270 und 6210: Werke von Josef Anton Falger.
Öffnungszeiten auf Anfrage
✳ Schnitzschule, Haus Nr. 57, 05634/6226 (Fr. Wolf) oder 05634/6270: Verkaufsausstellung und Schnitzkurse. Öffnungszeiten: tgl. 8–12 h u. 14–17 h

Elmen, 976 m, 399 Ew.

Sprichwörtlich sind „die schlauen Weiber von Elmen". Die gleichnamige Sage berichtet, dass die Elmener Frauen im Dreißigjährigen Krieg einen Angriff der Schweden mit einer List abwehrten: Da die Männer allesamt an strategisch wichtigen Stellen im Land postiert waren, hielten sich nur Frauen und Kinder zu Hause im Lechtal auf, als ein Angriff des Feindes gemeldet wurde. Beherzt schritten die Frauen zur Tat. An den Hängen über dem Tal stellten sie „Heinzen" oder „Huanza" genannte „Heumandln" (zum Trocknen von Gras) auf, zogen ihnen einen Mantel an und setzten einen Hut oben drauf. Als es dunkel wurde, entzündeten sie eine große Zahl von Wachtfeuern und täuschten so erfolgreich die feindlichen Schweden. Die zogen sich angesichts der vermeintlichen Übermacht zurück. Die Sage will es, dass seither in Elmen die Frauen vor ihren Männern zum Messopfer gehen.

Josef Georg Witwers (1719–1795) Figuren von Kaspar, Melchior und Balthasar auf dem Altar der Pfarrkirche zu den Hll. drei Königen wirken in der Kirche dieses hübschen Bauerndorfs besonders prächtig. Ihnen zur Seite stehen Engel des ebenfalls aus Imst stammenden Bildhau-

ers Franz Xaver Renn (1715–1790). Das Deckenfresko (1801) des Höfener Malers Josef Anton Köpfle im Langhaus stellt u. a. das Jüngste Gericht mit einem Höllenschlund dar; an der rechten Langhauswand findet sich ein Kruzifixus von Bartlmä Steinle aus Bayern, dessen berühmteste Arbeit der beeindruckende Hochaltar im Stift Stams ist.

In der Totenkapelle spricht wieder ein Falger-Totentanz die letzten Dinge an: „Lass mich noch leben in der Stadt, wo man so viel Vergnügen hat!", sagt die Bürgerin zum Tod, der ihr unnachgiebig entgegnet: „Du musst auch fort wie alle Leut. Ich mache nur den Erben Freud."

Bschlabertal

Pfafflar, 1 314 m, 142 Ew.

Die nach der idyllischen Sommersiedlung Pfafflar benannte Gemeinde besteht aus den Fraktionen Pfafflar, Boden und Bschlabs. Über die kurvenreiche, „für Wohnanhänger gesperrte" Hahntennjochstraße, die in eine beeindruckende Bergkulisse eingebettet ist, erreicht man als Erstes die Sommersiedlung Pfafflar. Mit 14 Holzhäusern ist Pfafflar – der Name leitet sich vom lateinischen „pavularium" für Futterstand ab – die älteste und eine weitgehend ursprünglich gebliebene Höhensiedlung in Tirol. Boden ist die Kirchweilersiedlung und Bschlabs (von „pos l'aves" = „hinter den Wassern") gilt als älteste Siedlung im Lechtal. Ganz eigen sind die ein- und zweigeschossigen gezimmerten Häuser mit den weißen Mörtelfugen zwischen den Rundhölzern. Da das Wahllokal in Bschlabs immer bereits zu Mittag schließt, kommen erste Hinweise auf den Wahlausgang – so genannte „exit polls" – in Tirol häufig aus dem Bschlabertal.

Tannheimer Tal

Das Tal besteht eigentlich aus zwei Tälern. Bei Weißenbach führt die Straße über die Engstelle des Gaicht-Passes hinauf nach Nesselwängle. Linker Hand erheben sich hier die Allgäuer Alpen, rechts die Tannheimer Berge mit der berühmten Roten Flüh. Hinter Nesselwängle ist die Wasserscheide erreicht, die die Einheimischen den „Buck" nennen. Der Weißenbach fließt nach Osten, die Vils nach Westen, bis sie vor dem Oberjochpass nach Norden abbiegt, um südlich von Pfronten wieder ins Außerfern einzutreten und in den Lech zu münden, knapp bevor dieser seinerseits in Richtung Füssen das Land verlässt.

Elbigenalp, Totenkapelle, Joh. Anton Falger, „Totentanz"

Grän, 1 138 m, 583 Ew.

Das Votivbild aus dem Jahr 1797 an der Emporenbrüstung in der klassizistischen Expositurkirche zum hl. Wendelin mitten im Ort ist berühmt. Die Tafel zeigt eine Bittprozession zum hl. Wendelin, dem Patron des Viehs, der das Tannheimer Tal mehr-

Das Gesicht unseres Landes

Das äußere Erscheinungsbild Tirols, seine Oberfläche, ist geprägt von seiner Geschichte und der Arbeit des Menschen, dessen Einfluss überall erkennbar ist, angefangen bei der Größe und Form der Äcker, die von römischen Soldaten im Inntal angelegt wurden, bis weit hinauf – wo schließlich das Klima dem Pflanzenwachstum ein Ende setzt.

Die senkrechte Gliederung des Landes, von tiefen Tälern bis zu den Bergspitzen, macht seine Schönheit aus. Eine Folge davon ist aber auch, dass nur wenig Platz für Siedlung, Verkehr und Landwirtschaft bleibt. Tirol besteht, sagte ein Grundzusammenleger* mit guter Landeskenntnis, „nur aus ein paar Kegelbahnen".

Als Tirol am Beginn der Neuzeit voll besiedelt war, gab es für die Überzähligen mehrere Möglichkeiten:
- Sie konnten auswandern, was sie zu Tausenden auch getan haben.
- Sie konnten Bergleute oder Arbeiter in anderen Berufen werden.
- Sie konnten ins Kloster gehen.
- Sie konnten bei ihrem Bruder am Hof Knecht oder Magd werden, mit noch viel weniger Rechten als die abhängigen Bauern.
- Sie konnten, zumal es an der Wende vom Mittelalter zur Neuzeit viel wärmer als heute war, nach oben ausweichen. Manche ehemalige Dauersiedlung an der Obergrenze des Siedlungsraums ist heute in eine Alm umgewandelt (wie z. B. das Gleirschtal im Sellrain) oder sie wächst, von ihren Besitzern verlassen, einfach zu und wird wieder zu Wald.

Ansicht eines Tiroler Tales
Ganz oben: Bauer beim Mähen

Der Kampf gegen den Wald

Kultivieren hieß bis in unser Jahrhundert, Waldflächen in eine andere – die Bauern sagen: höhere – Kulturform umwandeln, in Wiesen oder Äcker. Nach der letzten Eiszeit, die in den Alpen vor mehr als 10 000 Jahren zu Ende ging, war nahezu das ganze Land von Wald bedeckt. Die Flussauen und die Schwemmkegel der Seitenbäche waren die einzigen Flächen, die von Forstgehölzen frei waren.

Der Wald reicht auch dort, wo der Mensch die Waldgrenze nicht herabgedrückt hat, verschieden weit hinauf. Im Unterland, wo wenige Bergspitzen über 2 000 m hoch sind, liegt die Waldgrenze deutlich niedriger als im Westen Tirols oder in Osttirol. Aber fast überall hört der Wald – auch ohne menschlichen Einfluss – sehr bald auf. Die Forschung meint, dass es Pilze sind, die sich in der Höhe den Bäumen gegenüber durchsetzen.

Nur an wenigen Stellen im Land ist die Waldgrenze eine natürliche – dort etwa, wo Felsblöcke das Anlegen von Almen verhinderten. Sonst aber wurde fast überall im so genannten Oberstock des Landes, wo die steilen Flanken der Täler in flachere Geländeformen übergehen, gerodet, um Weideland zu gewinnen.

Eine einmal gerodete Alm muss ständig vor dem Zuwachsen bewahrt bleiben. Der „Almputzer" war früher eine von mehreren Arbeitskräften auf der Alm. Er musste den ganzen Sommer über Almrosen und andere Unkräuter ausreißen oder abschneiden, Entwässerungsgräben offen halten und Steinmauern ausbessern.

Die Tätigkeit der Putzer führen heute zum Teil Wildtiere aus, von denen es derzeit so viele gibt wie nie zuvor. Heute wird das Wild gefüttert – ein Widerspruch in sich – und seine Feinde wie Luchs, Wolf und Bär sind weitgehend ausgerottet. Dieser überhöhte Wildstand wird langfristig das Gesicht unseres Landes prägen: Wenn die vom Wild bevorzugten Tannen und Laubhölzer weiterhin so heftig verbissen werden, bleiben nur Fichtenwälder übrig.

Tirol ist vielgestaltig

So wie es nicht nur eine einzige Tiroler Mundart gibt (was Gäste manchmal glauben), so ist auch die Land(wirt)schaft keineswegs einheitlich. Die meisten Grenzen verlaufen dabei nicht entlang des Alpenhauptkammes, sondern von Nord nach Süd. Im Westen gibt es im Durchschnitt wesentlich kleinere Bauerngüter als im Osten. Das hängt in erster Linie mit der Besiedlung des Landes zusammen. Bei den Baiern im Osten erbte und erbt den Hof der älteste Sohn, während den Geschwistern sehr wenig bleibt. Die Romanen im Westen teilten Feld und Haus und Stall unter mehreren Kindern auf, bis zur totalen Zersplitte-

Rothirsch
Links: Spazierweg im Wald

Museum Tiroler Bauernhöfe, Kramsach
Unten: typisches Tiroler Bauerngartl

rung. Sogar die Wohnhäuser und die Ställe wurden aufgeteilt. So steht der typische Unterländer Hof breit und behäbig inmitten der dazugehörigen Felder. Im Oberland überwiegen Haufendörfer mit völlig zersplitterten und kaum rationell zu bearbeitenden Fluren – wenn nicht inzwischen die Grundzusammenlegung Abhilfe geschaffen hat.

Ob die Bauernhäuser aus Holz oder Stein gebaut sind, hängt nicht nur damit zusammen, welches Material vorgefunden wurde. Im einzigen deutschsprachigen Tessiner Dorf sind die Häuser aus Holz; die Häuser der romanischen Tessiner im Nachbardorf, wo es genauso wenig Holz gibt, sind aus Stein gebaut. In weiten Teilen des Tiroler Oberlandes haben die Teilung der Güter und der damit gestiegene Holzbedarf zu einer krassen Entwaldung geführt. Der Bezirk Landeck zählt zu den waldärmsten Bezirken Österreichs.

Bergwerke als Holzverbraucher

Die Geschichte des Waldes im Tiroler Westen, bis hinein in das Schweizer Engadin, hat allerdings nicht so sehr der Tiroler Bauer geschrieben, sondern das Haller Salzbergwerk, das bis ins 19. Jh. im Holz seinen einzigen Brennstoff hatte. Damals wurden in der Regel ganze Talflanken von oben bis unten radikal abgeholzt. In Hall sperrte ein großer Rechen zum Auffangen der Baumstämme den Inn ab, der die aus dem Oberland heruntergeflößten Stämme aufhielt. Wegen der Holztrift und nicht etwa, weil der Inn in Hall so viel mehr Wasser hätte als in Innsbruck, galt der Inn immer ab Hall als schiffbar.

Von der Selbstversorgung zur Marktwirtschaft

Noch bis in die Mitte des 20. Jh. war die Landwirtschaft in Tirol auf Selbstversorgung der Bauern ausgerichtet. Durch den Verkauf von Zuchtrindern – v. a. in den Wiener Raum und in andere Ackerbaugebiete – kam Geld auf die Höfe. Dennoch blieb Geld immer Mangelware. Es fehlte in dem Maße, dass sich in manchen Gebieten die Bauern weigerten, den Wald ins Eigentum zu übernehmen – um nicht auch dafür Grundsteuer zahlen zu müssen. Angebaut wurde alles, was nur einigermaßen Erträge brachte; selbst in kalten Gebieten mit sehr viel

Niederschlag, wie in den Bezirken Reutte oder Kitzbühel, wurde Getreide angebaut. Dieses Bild hat sich in der Zwischenzeit vollkommen geändert. Heute finden sich in Tirol ganze Täler ohne Getreide-, Erdäpfel-, Gemüse- und Obstanbau. Diese Entwicklung hat das Gesicht der Agrarlandschaft ganz wesentlich beeinflusst und damit auch Sitten und Gebräuche sowie die Sprache. Bauernkinder, die noch nie einen Pflug oder Geräte zur Getreideernte gesehen haben, wissen natürlich auch nicht, wie diese Werkzeuge geheißen haben.

Die möblierte Landschaft

Der Bauer lagerte früher das Heu in kleinen Stadeln, im Westen auch „Pillen" genannt, von denen auf jedem Feld mindestens einer stand. Aus diesem Zwischenlager wurde das Heu im Winter zum Hof gebracht. Mancherorts allerdings zog man mit dem Vieh von Stadel zu Stadel, was den Vorteil hatte, dass der Mist dort entstand, wo er zur Düngung gebraucht wurde.

Der moderne Besitzer eines vollmechanisierten Ein-Mann-Betriebes dagegen bringt das Heu mit dem Ladewagen zum zentralen Futterraum. Damit wird die „Möblierung" der Landschaft mit zumeist hölzernen Stadeln überflüssig; sie verfallen zusehends.

Die vom Menschen gestaltete Landschaft ist nicht statisch zu sehen. Eine Lärchenwiese, die man sich selbst überlässt, wird in einer Menschengeneration zum Mischwald. Ein Feuchtgebiet, das nicht regelmäßig gemäht wird, verbuscht. Almen verwildern. Extreme Naturschützer sagen, die Natur hole sich nur zurück, was der Mensch umgestaltet oder verunstaltet habe.

Die Mehrheit beklagt jede Veränderung: Die Erinnerung an die Landschaften der Kindheit möchte die Landschaft so erhalten, wie sie war, als der Betrachter aufwuchs. Änderungen sind aber das Zeichen von Leben. Es wird sie immer geben in einem so lebendigen Wesen, wie es eine Kulturlandschaft wie Tirol nun einmal ist.

Heustadel
Ganz oben: Heumandln in Vals
Links: alter Baum

Winfried Hofinger
Leiter der Pressestelle in der Landeslandwirtschaftskammer Tirol

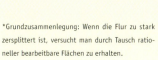

*Grundzusammenlegung: Wenn die Flur zu stark zersplittert ist, versucht man durch Tausch rationeller bearbeitbare Flächen zu erhalten.

Außerfern

Tannheim · Jungholz

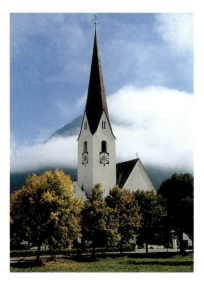

Dekanatskirche zu den hll. Petrus und Paulus, Breitenwang
Rechts: Pfarrkirche zum hl. Martin, Wängle, Innenraum

fach vor in Bayern wütenden Viehseuchen bewahrt hat. Die Inschrift „Der Kreuzgang der ganzen Pfarrey brachte ein Lebendes Opfer aus dem Mittlere Trittl herbey, eine sv. Kuh dem Hirten Wendelin" legt den Schluss nahe, dass hier noch im 18. Jh. ein Tieropfer dargebracht wurde.
Tipp:

✱ Tannheimertaler Bergkäserei Biedermann, Haus Nr. 3, 05675/6028: Bergkäse, Butter.
Öffnungszeiten: Mo.–Do. 9 h Videovorführung, Gruppenführung auf Anfrage

Tannheim, 1 097 m, 1 043 Ew.

Die barocke Pfarrkirche zum hl. Nikolaus gehört zu den größten Landkirchen in Tirol. Sie wurde von dem aus Haldensee stammenden Prager Stadtbaumeister Andreas Hafenegger erbaut, der ein Mitarbeiter von Johann Jakob Herkomer (vgl. Dom zu St. Jakob in Innsbruck) war. Der Turm beherbergt das einzige vollständig erhaltene Geläute – bestehend aus vier Glocken, gegossen zwischen 1561 und 1580 – aus der Werkstatt des berühmten Glocken- und Büchsengießers Gregor Löffler (1490–1565) aus Hötting in Innsbruck.
Tipp:

● Heimatmuseum, Kienzen Nr. 7, 05675/6532: bäuerliches Leben, Wohnkultur und Handwerk, Musikzimmer.
Öffnungszeiten: Juni–Okt.: Mi., Fr. 13.30–17 h, Weihnachten u. Ostern: Mi. 13–16 h

✚ Gasthaus Enzian, Unterhöfen 97, 05675/6527

Jungholz, 1 054 m, 297 Ew.

Die Gemeinde ist eine tirolische Exklave in Bayern, die nur an einem Vermessungspunkt am 1 636 m hohen Sorgschrofen mit dem Tannheimer Tal verbunden ist. Hier gilt österreichisches Recht, doch bezahlt wird – bis der Euro kommt – in DM.
Tipp:

✱ Sennerei Wertach, Ostrachstraße 40, 0049/8365/1333 (Fr. Knoll): Herstellung von Emmentaler und Weißlacker.
Öffnungszeiten: Führungen Di. 14 h

Außerfern

Höfen · Pflach

Reuttener Becken

Höfen, 868 m, 1 244 Ew.

Das realgeteilte Haus des Höfener Kirchen- und Lüftlmalers Josef Anton Köpfle am Hofweg 10–11/13 ist sehr renovierungsbedürftig. Aus Reutte kommend, biegt man von der Bundesstraße bei der ersten Abzweigung in den Ort ein, fährt gerade weiter und zweigt bei der ersten Möglichkeit nach rechts ab. Das unauffällige weiße Haus bietet an seiner Stirnseite und der gegenüberliegenden Längsseite Köpfle-Malereien aus dem Jahr 1816. In einer für das Publikum nicht zugänglichen Stube in der Erdgeschosswohnung befindet sich eine von Köpfle mit Blumen bemalte Kassettendecke.
Tipp:
✚ Gasthof Lilie, Alte Bundesstraße 19, 05672/63211

Wängle, 882 m, 879 Ew.

Der Name leitet sich von „Wang" ab, was so viel wie „offene, nicht bebaute Wiese" bedeutet. Prächtig ist die anstelle einer gotischen Kirche 1702/04 errichtete barocke Pfarrkirche zum hl. Martin, deren Inneres von der Familie Zeiller gestaltet wurde. Franz Anton Zeiller malte die Fresken im Chor (letztes Abendmahl) und im Langhaus (Mannawunder), die Altargemälde stammen von Paul Zeiller und die Kreuzwegbilder von Balthasar Riepp (1703–1764), der Paul Zeillers Schwiegersohn und somit Johann Jakob Zeillers Schwager war.

Eine kuriose Sehenswürdigkeit, erreichbar mit dem Fahrrad oder zu Fuß, befindet sich nördlich von Wängle/Hinterbichl: „St. Mangs Sessele" ist eine kleine sesselartige Vertiefung im Fels, direkt an dem Sträßchen, das nach Oberletzen führt. Der hl. Magnus hat sich der Legende nach hier auf einer Missionsreise ins Außerfern einmal ausgeruht. Wahrscheinlich handelt es sich bei „St. Mangs Sessele" um einen vorchristlichen Opferplatz.
Tipp:
✚ Gasthof Kröll, Dorfstraße 24, 05672/62377

Pflach, Hüttenbichl, 840 m, 1 110 Ew.

Auf einem Hügel steht malerisch die auch Hüttkapelle genannte St. Ulrichskapelle. Sie gehörte zur Schmelzhütte Pflach. Kaiser Maximilian I. hatte 1509 den Augsburger Gewerken Höchstetter das Recht eingeräumt, am Säuling zu schürfen und in Hüttenbichl das Schmelzwerk zu betreiben. Die Höchstetter errichteten die Kapelle. Sie waren neben den Fuggern die wichtigsten Darlehensgeber Maximilians.

Der um 1515 enstandene Flügelaltar des Augsburger Malers Leonhard Beck im spätgotischen Chor macht den Übergang zur Renaissance deutlich. Der gemalte Gnadenstuhl wird von den Augsburger Stadtpatronen St. Ulrich und St. Afra flankiert (Schlüssel bei Max Radl, Hüttenbichl 6, 05672/65120).

„St. Mangs Sessele" nördlich von Wängle

Unten: Pfarrkirche zum hl. Martin, Wängle

Außerfern

Vils · Reutte

Vils, 826 m, 1 516 Ew.

Im Jahr 1327 wurde Vils – zweitkleinste Stadt Tirols nach Rattenberg – zur Stadt erhoben. Sein Status als „Freiungsstadt" brachte Vils das Recht, von anderen Gerichten Bedrängten Asyl zu gewähren. Nach einer Legende gelobte der im Füssener Kerker einsitzende Pfrontener Bildhauer Nikolaus Babel (1643–1728), die Ausstattung der barocken Stadtpfarrkirche zu Maria Himmelfahrt zu vervollständigen, würde es ihm gelingen, aus dem Gefängnis nach Vils zu entkommen. Der Kruzifixus und die beiden Seitenaltäre aus der Zeit um 1680/90 in der Stadtpfarrkirche bezeugen, dass die Flucht glückte. Beim Sprung aus dem Fenster soll sich der Bildhauer an den Beinen verletzt haben und auf allen vieren kriechend nach Vils geflohen sein.

Hans Burgkmair, „Seltsame Dinge"

Unterhalb der Burgruine Vilseck zieht die in ihrem Innenraum schlichte Kirche zur hl. Anna Wanderer und Brautpaare gleichermaßen an. Bemerkenswert ist im Inneren des in der Anlage romanischen Kirchleins u. a. die Pietà von Johann Hops.

Ein bedeutender Sohn der Stadt Vils ist Balthasar Springer. 1505/06 fuhr er im Auftrag des Augsburger Handelshauses Welser von Lissabon aus um Afrika herum bis nach Indien, um diesen soeben entdeckten Seeweg zu erproben und Pfeffer nach Hause mitzubringen.

Tipp:
● Museum der Stadt Vils, 05672/ 62488 (Herr Schrettl): Exponate zur Weltreise des Balthasar Springer, zum Geigenbau, zum Zunftwesen; sakrale Kunst.
Öffnungszeiten: Juli–Aug.: Do. 18–20 h, So. 10–12 h, erster Do. im Monat 18–20 h, erster So. im Monat 10–12 h, im Advent So. 10–12 h, Nov. und Dez. geschlossen

Reutte, 853 m, 5 644 Ew.

Die Marktgemeinde ist und war das Handels- und Wirtschaftszentrum der Region. Im 17. Jh. gab es hier bereits eine Haar- und Flachsstampfe, im 18. Jh. kam die Papierfabrik Falger dazu, im 19. Jh. folgten, was man heute Textilbetriebe nennen würde: Leinenfaktorei, Baumwollspinnerei und Baumwollweberei. Das 20. Jh. brachte das Elektrizitätswerk und im Jahr 1921 gründete Paul Schwarzkopf im benachbarten Breitenwang die Metallwerke Plansee.

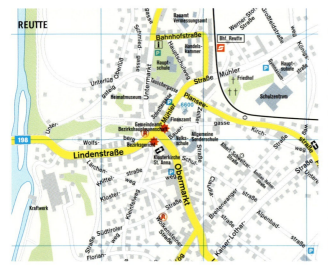

Reutte — Außerfern

Eine wesentliche Grundlage des Wohlstands war seit jeher der Warenverkehr: Reutte war Rodort. Das bedeutete, dass alle Waren im Ballhaus abgeladen werden mussten und am nächsten Tag von Fuhrleuten in der Reihenfolge der Rodordnung weiterbefördert wurden. Damit verdienten nicht nur die Fuhrleute, sondern auch Schmiede, Sattler, Seiler, Wagner, Wirte – und der Landesfürst, der den Zoll einheben ließ.

„Es gibt wenige Orte in Tirol, die von allem Anfang an so anheimeln, wie Reutte. Wer längere Zeit bleibt, empfindet den Eindruck mit jedem Tag angenehmer", urteilte der bayerische Reiseschriftsteller Heinrich Noe (1835–1896). Dieses „Angenehme" kommt von der gediegenen Atmosphäre des Marktes Reutte. Entlang der Straße errichteten die Handelsherren teils mächtige Mittelflurhäuser mit reichen Fassadenmalereien.

Das Zeiller-Haus am Zeillerplatz 2 war das Anwesen der Familie Zeiller, einer der durch rege Handelstätigkeit (Salz) zu Wohlstand gekommenen Familien, die in mächtigen Ansitzen und Stiftungen ihre Position in der Region verdeutlichten. Die Lüftlmalerei stammt von Franz Anton Zeiller. Neben der reichen architektonischen Scheinmalerei sind die Tierdarstellungen über dem gemalten Gesims der Nordwand besonders reizvoll. Im Reuttener Heimatmuseum erfährt man, dass der Maler sich über zwei Nachbarinnen geärgert haben soll. Die ältlichen Damen hätten an seinen Malereien Anstoß genommen und seien zur Strafe als Äffchenpaar mit dem Einkaufskorb abkonterfeit worden.

Prächtige Fassadenmalereien finden sich auch an den Häusern Obermarkt 75 (Gasthof Schwarzer Adler) und Untermarkt 16 (Brauerei Goldene Rose). Sehenswert ist weiters das Hausensemble am Obermarkt.

Die Franziskanerklosterkirche St. Anna wurde 1864 nach einem Brand neu erbaut: Wie für eine Franziskanerkirche typisch, ist ihre Fassade nüchtern gehalten. Vom ehemals spätgotischen Hauptaltar ist nur die Anna Selbdritt (1515) von Jörg Lederer erhalten geblieben, ansonsten ist die Kirche karg barock ausgestattet. Sehenswert ist auch die Kreuzigungsgruppe (1725) am linken Seitenaltar von Anton Sturm aus Fendels.

Südlich von Reutte, auf einem Felsen, befindet sich die nur zu Fuß erreichbare Burgruine Ehrenberg. Die Burg war 1290 von Graf Meinhard

Ehrenberger Klause bei Reutte
Links: Dengl-Haus, Reutte

Außerfern

Reutte · Breitenwang

Heimatmuseum „Grünes Haus", Reutte
Rechts: Nesselwängle

II. von Görz-Tirol als Grenzfestung angelegt worden. Ab 1600 wurde Ehrenberg zur weitläufigsten Burg in Tirol ausgebaut. Heute ist die Ruine ein beliebtes Ausflugsziel mit schöner Aussicht auf den Markt Reutte und Umgebung.

Auf dem Hahnenkamm im Westen von Reutte findet sich in 1 700 bis 1 800 m Höhe der Alpenblumengarten. Ab Höfen braucht man zu Fuß dorthin etwa zwei Stunden, mit der Reuttener Bergbahn sind es nur ein paar Minuten zum 6 ha großen Alpinum mit rund 500 verschiedenen Pflanzenarten. Die Hauptblütezeit geht von Juni bis September.

Tipp:
● Heimatmuseum, „Grünes Haus", Untermarkt 25, 05672/72304: Kultur- und kunstgeschichtliche, volkskundliche Sammlungen.
Öffnungszeiten: 1. 5.–31. 10.: Di.–So. 10–12 h u. 14–17 h, Mo. geschlossen
● KulturZeit Reutte – Außerfern, Kulturinitiative Huanza, 05672/72304 (Sonja Erjautz): Konzerte, Auftragswerke, Ausstellungen und integrative Workshops im September und Oktober.

Breitenwang, 850 m, 1 600 Ew.

Sehenswert ist das Gebäudeensemble, bestehend aus der barocken Dekanatskirche zu den hll. Petrus und Paulus mit der nördlich anschließenden Auferstehungskirche, dem Dekanatsgebäude und dem Friedhof. Architektonisch interessant ist die 1722–28 in der Füssener Bautradition erbaute Auferstehungskirche. Hell, geradezu heiter wirkt der Zentralbau, bis man in der mit weißen Stuckmedaillons geschmückten Hohlkehle Szenen aus dem Totentanz von Thomas Seitz aus dem 18. Jh. entdeckt. Zur Osterzeit wird ein Heiliges Grab von Balthasar Riepp aufgestellt.
Tipp:
✚ Hotel Dorfwirt Ernberg, Planseestraße 50, 05672/62533

Heiterwang · Bichlbach — Außerfern

Zwischentoren

Heiterwang, 994 m, 547 Ew.

Der Name des Ortes leitet sich von „Ayter" und „Wang" ab, was zusammengesetzt so viel wie „nesselreiche Wiese" bedeutet. Wenn Brennnesseln wachsen, bietet der Boden reichlich Stickstoff, und ein reiches Stickstoffangebot lässt darauf schließen, dass hier schon sehr lange Zeit Vieh geweidet hat.

Einen Halt wert ist der Gasthof Post, rechts an der Straße in Richtung Bichlbach. Die Fassade des imposanten Mittelflurhauses ist mit Malereien vom Anfang des 18. Jh. geschmückt. Erzherzog Sigmund und Kaiser Maximilian fischten gern im Heiterwanger See, der für seine hier Goldforellen genannten Saiblinge weitum bekannt war. Sigmund hatte sich die Fischrechte vor den Stiftsherren von Stams gesichert, die ihrerseits höchst erpicht auf Fisch waren, da sie damals auf Fleisch ganz verzichteten.

Bichlbach, 1 079 m, 897 Ew.

In der barocken Pfarrkirche St. Laurentius finden sich wiederum Zeiller-Fresken, in diesem Fall von Franz Anton und Johann Jakob Zeiller. Im Chor sehen wir die Wunderbare Brotvermehrung, im Langhaus die Verurteilung und Verherrlichung des Kirchenpatrons Laurentius. Der Kreuzweg wird Paul Zeiller zugeschrieben. Das den Kirchenparton Laurentius darstellende Altarblatt stammt vom Schwiegersohn Paul Zeillers, Johann Balthasar Riepp (1703–1764).

Kulturgeschichtlich größere Bedeutung kommt der Zunftkirche St. Josef zu. Bichlbach war Sitz der Maurer- und Zimmerleutezunft im Gerichtsbezirk Ehrenberg. Mitte des 17. Jh. gab es erste Bestrebungen zur Gründung einer eigenen Zunft für Handwerker, die sich 1697 konstituierte und bis zur Einführung der Gewerbefreiheit 1849 bestand. Zu Beginn des 18. Jh. waren 1 200 bis 1 300 von insgesamt etwa 6 000 männlichen Außerfernern als Maurer, Steinmetz oder Zimmermann in der Bichlbacher Zunftliste geführt – was die große Bedeutung des Bauhandwerks im Außerfern deutlich macht.

Die außen schlichte Zunftkirche in Bichlbach wurde nach Plänen von Johann Jakob Herkomer (vgl. Dom von Innsbruck) unter der Leitung des Tannheimers Andreas Hafenegger, der später Stadtbaumeister in Prag wurde, erbaut. Die St.-Josefs-Kirche ist die einzige Zunftkirche in Österreich und im süddeutschen Raum. Sie wird – nicht nur von Zimmerleuten – gern als Hochzeitskirche ausgesucht. Das gesamte Freskenprogramm Paul Zeillers ist von den Bruderschaftspatronen Maria und Josef geprägt.

Der Hochaltar der Zunftkirche (um 1710) zählt zu den schönsten und dekorativsten im Außerfern. Eingebunden in das reiche Akanthusrankenwerk sind die von Putten gehaltenen Wappenschilder (Wappen der Zunft, Tiroler Landeswappen und

Zunftkirche Bichlbach, Wundmalchristus von Andreas Thamasch

Außerfern

Lermoos

*Zugspitzbahn in Ehrwald
Unten: Pfarrkirche St. Katharina, Lermoos, Innenraum*

österr. Bindenschild). Das Dekor aus Akanthusblättern, das sich um Schmucktafeln windet und in Gebälkstücke eingebunden ist oder als Rahmung für Gemälde verwendet wurde, ist stilbildend für die Zeit um 1700. Dieser mit der Architektur des Altars verbundene Zierrat ist auch eng verwandt mit der Tischlerkunst im Landecker und Imster Raum. Auch hier finden sich Motive wie reiches Knorpelwerk, Voluten, Engelskopf- und Kartuschenappliken. Der Schnitzer des Hochaltars ist urkundlich nicht nachweisbar. Ganz oben auf dem 10 m hohen Altar steht der hl. Michael mit rosigen Backen und dem siegreichen Flammenschwert. Er führt den gehörnten „Bichltuifl" an der Kette.

Am Chorbogen der Zunftkirche prangt unübersehbar ein Pestkreuz. Der 2,30 m große Wundmalchristus des bedeutenden Tiroler Barockbildhauers Andreas Thamasch (1639–1697) wird mit durch die Geißelung grauenhaft malträtiertem Körper gezeigt (vgl. Oberland, Kaunertal/Kaltenbrunn).

Dieser Christus ist so geschunden, dass er auch die Bezeichnung „Tropfheiland" führt. (In der Hauptsaison ist die Kirche tagsüber offen; andernfalls Information bei TVB Bichlbach, 05674/5354.)

Ehrwalder Becken

Lermoos, 994 m, 1 048 Ew.

Das Moor im Ehrwalder Becken, das für Lermoos namensgebend war, soll durch einen gewaltigen nacheiszeitlichen Bergsturz vom Loreakopf entstanden sein. Die Felsmassen hätten das Becken zwischen Lermoos, Ehrwald und Biberwier vom Inntal abgeschnitten und so die Entstehung eines Sees verursacht. Diesen See wollte Erzherzog Ferdinand II. (vgl. Schloß Ambras, Innsbruck) im Moos wieder entstehen lassen. Die Bauern brauchten jedoch die Weideflächen und wandten sich an Ferdinands Gattin Philippine Welser, die ihrem Mann das Projekt wieder ausredete.

Die Pfarrkirche St. Katharina in Lermoos ist ein barocker Zentralbau mit achteckigem Grundriss. Die Fresken im Gewölbe stammen vom Veroneser Maler Giuseppe Gru. Die hl. Katharina verteidigt das Christentum vor König Maxentius.

In der Unterkirche sind neben Skulpturen von Josef Georg Witwer, die die Passion Christi darstellen, zwei übermannshohe Rokoko-Grabkreuze von Franz Guem aus Ehrwald zu bewundern.

Tipp:
✚ Gasthof Juchhof, Juch 2, 05673/2205

Ehrwald · Biberwier — Außerfern

Ehrwald, 994 m, 2 563 Ew.

Der Salzhandel brachte den Ehrwalder Daubenmachern ein gutes Einkommen. Im 16. Jh. lieferten sie bis zu 300 000 Fassdauben jährlich nach Hall. Spätestens mit dem Bau der Zugspitzbahn im Jahr 1926, die über zwei Zwischenstationen von 1 225 m auf 2 950 m hinaufführt, ist Ehrwald zu einem attraktiven Ferienort geworden.

Der Schriftsteller Ludwig Ganghofer (1855–1920) hat sich ebenso wie der Dirigent Clemens Krauss (1893–1954), auf den übrigens das weltbekannte Neujahrskonzert der Wiener Philharmoniker zurückgeht, Ehrwald als Domizil erkoren.

Künstlerisch bedeutend war die Ehrwalder Familie Guem, die drei Generationen von begabten Schlossermeistern hervorbrachte. Franz Guem (1755–1815) schmiedete fein gearbeitete Grabkreuze (vgl. Lermoos, Grins) sowie Wirtshausschilder und Fensterkörbe.

Tipp:
● Heimatmuseum, Innsbrucker Straße 16, 05673/2406: bäuerliches Gebrauchsgut, Flachsverarbeitung, Pfeifenspitzen, Hornkämme.
Öffnungszeiten: Anfang Juni–Ende Sept.: Do. 17–19 h, Führung auf Anfrage
● Zugspitzbahnmuseum, 05673/2309: Entstehungsgeschichte der Zugspitzbahn.
Öffnungszeiten: Weihnachten bis Ostern und Pfingsten bis Allerheiligen während der Betriebszeiten der Zugspitzbahn.

Biberwier, 989 m, 613 Ew.

Der alte Bergwerksort Biberwier ist, wie auch Ehrwald und Lermoos, im 13. Jh. aus Schwaighöfen entstanden. Der Name hat tatsächlich mit Bibern zu tun, die noch um 1800 in der Region heimisch waren. Die römische Via Claudia Augusta führte durch Biberwier. Bei Grabungen im Jahr 1952 fand man hier auch eisenzeitliche Eisenbarren und Fibeln, was auf eine vorgeschichtliche Nutzung des Nord-Süd-Transitweges über den Fernpass hindeutet.

Die klassizistische Pfarrkirche zum hl. Josef beherbergt Altarfiguren von Franz Xaver Renn (1784–1875), der der Imster Maler- und Bildhauer-Dynastie der Renn entstammte und bei seinem Landsmann Franz Zauner aus Kaunerberg/Falpetan in Wien an der Akademie Bildhauerei studierte.

Ortsansicht von Ehrwald
Unten: Haus des Schriftstellers Ludwig Ganghofer, Ehrwald

Das Oberland
Topographie und Geschichte

Blick von Piller in das Oberland
Rechts: Votivgabe, Museum Fließ

Steil aufragende, z. T. sehr schroffe Berge und tief eingeschnittene Täler charakterisieren das Tiroler Oberland westlich von Innsbruck. Bei Finstermünz erreicht der Inn, aus dem Schweizer Engadin kommend, Tirol. Westlich des Flusses liegt die **Silvretta** im äußersten südlichen Zipfel des Landes, daran anschließend der Gebirgsstock der **Samnaungruppe,** der steil in das Paznauntal abfällt. Zwischen dem Paznaun- und dem Stanzertal ragt die **Verwallgruppe** auf.

Östlich des Inntales, das unterhalb von Landeck von Nord-Süd auf Ost-West umschwenkt, beherrschen die **Ötztaler Alpen** mit dem höchsten Berg Tirols, der Wildspitze (3 768 m), und die **Stubaier Alpen** mit dem Zuckerhütl (3 507 m) das Bild.

Nördlich des Inns schließen die **Lechtaler Alpen,** die **Mieminger Berge** und das **Wettersteinmassiv** an. Alle drei gehören zu den Nördlichen Kalkalpen; Verwall, Silvretta, Samnaun, Ötztaler und Stubaier dagegen sind Teil der aus Urgestein (Granit und Gneise) aufgebauten Zentralalpen.

Die sonnigen Terrassen und Hänge des obersten Inntales waren schon in prähistorischer Zeit besiedelt. Das bezeugen Waffen- und Werkzeugfunde, die sich heute großteils im Tiroler Landesmuseum Ferdinandeum befinden. Ein urgeschicht-

licher Weg führte aus dem obersten Inntal über den Piller Sattel ins Pitztal. Dort ist ein großer **Brandopferplatz** zu besichtigen, wo auf einem Steinaltar seit der Bronzezeit (etwa 1500 v. Chr.) Tiere, später Waffen, Schmuck und Münzen geopfert wurden (vgl. Funde im Museum in Fließ). Auch Quellen und Moore galten in ur- und frühgeschichtlicher Zeit als heilige Plätze. So fand man auch im Hochmoor östlich des Passes an einem Rundwanderweg Opfergaben und **bronzezeitliche Schalensteine,** deren Bedeutung noch rätselhaft ist. Vermutungen gehen dahin, dass es sich um kultische Objekte oder aber um Fixpunkte in einem prähistorischen Orientierungssystem handelt. Auch in römischer Zeit war der Reschenpass ein wichtiger Alpenübergang (vgl. Via Claudia Augusta im Außerfern).

Typisch für das Oberland ist die **Realteilung** von Besitz. Nicht wie im Unterland, wo ein Erbe, meist der äl-

36

Geschichte und Gesellschaft

Das Oberland

teste Sohn, den Hof übernahm, erbten im Oberland alle Kinder zu gleichen Teilen. Dies führte über die Jahrhunderte zu einer wirtschaftlich untragbaren Zerstückelung von Haus und Hof. Im Museum Tiroler Bauernhöfe in Kramsach ist der stattliche Trujer-Gregörler-Hof aus Fließ zu besichtigen, der von allem Notwendigen eine doppelte Ausführung aufweist: im Erdgeschoss und im ersten Stock je eine Küche, eine Stube und eine Schlafkammer.

Fuhrleute und Wirte an den Verkehrswegen zum **Reschen-** und zum **Arlbergpass** verdienten durch die Handelstätigkeit gutes Geld. Mit der Landwirtschaft allein waren keine Reichtümer zu erwerben. Deswegen gingen vom 17. bis ins 19. Jh. jeden Frühling Saisonarbeiter aus dem Oberland ins Rheintal, in die Schweiz und ins „Schwabenland". Auch manches Kind musste sich als Hüterbub selbst erhalten. Bei Zams stand bis zum Autobahnbau die so genannte „Rearakapelle". Bis zu dieser Kapelle wurden die **Schwabenkinder** begleitet und dort nahm man (rean = weinen) tränenreichen Abschied. Der württembergische Schriftsteller Carl Theodor Griesinger beschreibt die Kinder aus Tirol: „Es sind zweibeinige Thierchen ohne Federn, nach platonischer Definition. In der That sind sie so sehr ohne Federn, dass auch der geschickteste Leutepreller an ihnen nichts mehr zu rupfen finden würde."

Erst der Bau der **Arlbergbahn** (1880–84) und die damit einhergehende Industrialisierung um 1900 verbesserten die Lage der aufgrund von Kinderreichtum und Realteilung verarmten Bevölkerung in wirtschaftlicher und sozialer Hinsicht.

Der hl. Christophorus ist der Patron der Reisenden und Pilger. Von der hölzernen, vier Meter hohen Christophorus-Statue in der Kapelle im Arlberghospiz schnitten sich die

Weiler bei Ried (Region Landeck)

ausziehenden Kinder ein Stück ab, auf dass der Heilige Gefahren von ihnen abwende und das Heimweh lindere. Der entsprechend ramponierte Christophorus ist bei einem Brand im Jahr 1957 zerstört worden. Das Heimatmuseum in St. Anton hat nur mehr verkohlte Holzreste vorzuzeigen. Der hl. Christophorus war und ist bei den Fassadenmalern landauf, landab ein beliebtes Motiv.

Das Inntal ist am Eingang ins **Ötztal** durch einen gigantischen Bergsturz zu einer Trümmerlandschaft geworden. Der Tschirgant, „ein tonnen-

Das Oberland — Topographie und Geschichte

Felder am Kaunerberg (im Kaunertal)
Unten: Burg Laudeck, Ladis

förmiges Kalkgebirge", ist, nach dem Schriftsteller und Priester wider Willen Beda Weber (1789–1858), „unsanft und nachteilig für die Erfreulichkeit ins Gelände hineingestellt". Damit nicht genug, bedeckt doch das Material eines nacheiszeitlichen Bergsturzes vom Tschirgant herab den Talboden mit Geröll, sodass hier hauptsächlich trockenheitsresistente Kiefern wachsen.

Der Zugang zu den Ötztaler Alpen erfolgt durch Kauner-, Pitz- und Ötztal. Das Ötztal ist mit seinen 60 km das längste Seitental des Inntals. In fünf Stufen, die eiszeitliche Rückzugsstadien des Gletschers markieren, steigt das Tal nach Süden an, um sich bei Zwieselstein in das Gurgler und das Venter Tal zu gabeln. Wiewohl das Ötztal wirtschaftlich auf den Fremdenverkehr ausgerichtet ist, prägt die Landwirtschaft vor dem Hintergrund hoher Berge das Bild. Ein besonderer Platz ist der Weiler Farst hoch über Umhausen. Auf 1 520 m drängen sich Bergbauernhöfe in extremer Lage, die bis in die 70er Jahre nur zu Fuß erreichbar waren.

Ötz-, Pitz- und Kaunertal sind im Sommer das Ziel von **Bergwanderern** und **Alpinisten.** Die Schifahrer werden nicht nur im Winter angelockt; die Skigebiete auf dem Kaunertaler Gletscher, dem Pitztaler Mittelbergferner und dem Rettenbach- und Tiefenbachferner bei Sölden im Ötztal sind nahezu ganzjährig in Betrieb.

Die Alpengletscher gehen derzeit mehrheitlich zurück. In der Geschichte jedoch sind sie immer wieder bedrohlich vorgestoßen. Ihren letzten Höchststand erreichten sie in der Mitte des 19. Jh. Der Vernagtferner bei Rofen im Ventertal z. B. hat immer wieder die Rofener Ache aufgestaut, sodass sich hinter einem Eisdamm ein **Eissee** bildete. Wurde der Wasserdruck zu groß, brach der See in das Tal aus und richtete schreckliche Verwüstungen an. 1678 ereignete sich einer der furchtbarsten Ausbrüche des Eissees: Kurz vor der Katastrophe soll der Gletscher pro Tag zwei Meter weiter in das Rofental vorgestoßen sein. Dazu gesellte sich ein starkes Gewitter. Als der Eisdamm nachgab, stürzten Wasser- und Geröllmassen alles verheerend ins Tal. Wer überlebte, war überzeugt, dass der Teufel bei diesem Unglück seine Finger im Spiel gehabt hatte. So wurde einem Wandersburschen, der sich bei einem Wirt über das Essen beklagt hatte, der Prozess gemacht. Wäre er nicht mit dem Teufel im Bunde und damit für die Katastrophe verantwortlich gewesen, hätte er gewiss keine Beschwerde geführt. Angesichts der verheerenden Schäden im Tal wurde der Bursche für schuldig befunden und hingerichtet.

Bei Imst zweigt das **Gurgltal,** wo vor Jahrhunderten schon Erzherzog Sigmund der Münzreiche Erholung suchte, in Richtung Außerfern ab. Von Nassereith führt die Straße über den Holzleithen-Sattel auf das wunderschön gelegene Mieminger Plateau und wieder hinunter ins Inntal nach Telfs.

Künstler   Das Oberland

Manche der einst stolzen **Burgen**, die großteils aus dem 13. und 14. Jh. stammen, sind heute Ruinen. Sie zeugen noch von der ehemals starken Befestigungskette durchs ganze Oberland: im Norden beginnend mit Vilseck und Ehrenberg im Außerfern, folgen Fernstein gleich südlich des Fernpasses, Starkenberg bei Tarrenz, die Kronburg oberhalb von Zams, Schrofenstein im Wald nördlich von Landeck, die Burg Landeck selbst, Bideneck über Fließ, Berneck bei Kauns, Laudeck in Ladis, Sigmundsried in Ried, Finstermünz am Inn und Naudersberg kurz vor der Passhöhe. Burgen waren regionale Zentren der Verwaltung, Gerichtsbarkeit, Steuereinhebung und Verteidigung.

Einige dieser Burgen sind in Privatbesitz und für Besucher nicht zugänglich. In den Sommermonaten steht Interessierten die weithin sichtbar auf einem Fels über dem Inntal thronende Ruine Kronburg mit Klostergasthaus und Kirche ebenso offen wie die eindrucksvoll situierten Burgen Berneck in Kauns am Eingang zum Kaunertal und Laudeck in Ladis.

Das Oberland ist besonders reich an künstlerischen Begabungen auf dem Gebiet der **Malerei** und der **Bildhauerei**: Michael Lechleitner aus Grins (1608–1669), der u. a. den wunderschön geschnitzten Seitenaltar in der Landecker Burschlkirche schuf, war Schüler des Landecker Bildhauers Hans Patsch, der wiederum von Batholomäus Steinle († 1628) aus Weilheim in Bayern beeinflusst war. Steinle schuf den beeindruckenden Hochaltar in Stams und den Gekreuzigten in der Pfarrkirche von Elmen.

Der bedeutendste Barockbildhauer Tirols, **Andreas Thamasch** (1639–1697), stammt aus See im Paznauntal. Thamaschs Formensprache steht nicht in der Oberländer Tradition; sein Bildungsweg führte ihn in die berühmte Schwanthaler-Werkstatt in Ried im Innkreis. Man nimmt an, dass Thamasch das Werk des einflussreichsten Barockkünstlers Giovanni Lorenzo Berninis gekannt hat. Thamaschs Skulpturen zeigen expressive Bewegtheit, die Falten der Kleidung sind zahlreich und weich. Seine Hauptwerke sind die Figuren in der Fürstengruft und die Pietà im Stift Stams, die Wundmalkruxifixe in Bichl-

Kronburg oberhalb von Zams
Links: Schloss Wiesberg mit Trisannabrücke

Das Oberland — Künstler

bach und in Kaltenbrunn, der Kalvarienberg in Rietz sowie das Vesperbild in der Volderer Karlskirche.

Andreas Kölle (1680–1755) aus dem sonnigen Fendels war mittelbar ein Thamasch-Schüler; von ihm stammt u. a. die Kanzel in der Stiftskirche in Stams.

Johann Ladner (1707–1779) aus Kappl (ebenfalls im Paznaun) wandte sich nach seinen Wanderjahren in der Schweiz verstärkt der Holzbildhauerei zu. Ladner-Skulpturen schmücken das Paznauntal und den Vorarlberger Raum. Ladner war ein gefragter Künstler, den im Alter ein hartes Schicksal traf: Der Künstler erkrankte, wie Andreas Rudigier in seiner Monographie ausführt, 1778 „an Gesichtskrebs", einer „äußerst ekelerregenden Krankheit". Bis auf zwei Töchter ließen ihn seine Kinder im Stich, sodass nach seinem Tod Ladners Witwe Sorge trug, dass Vermögen und Haus nur auf ihre zwei treuen, unverheiratet gebliebenen Töchter aufgeteilt wurden.

Burg Bideneck oberhalb von Fließ

Aus Imst stammen die Maler- und Bildhauerdynastien der **Witwer** und der **Renn**, deren Arbeiten im gesamten Oberland und Außerfern zu sehen sind. Mehrere Generationen der Familie **Keil** aus Umhausen im Ötztal waren Maurer und Baumeister, die eine große Zahl von Kirchen und Kapellen in der Region gebaut haben. Keil-Stuck-Kunstwerke sind u. a. am Gasthof Krone in Umhausen und an der Pestkirche am Kropfbühel in Längenfeld zu sehen.

Unter den Oberländer Malern sind besonders **Mathias Schmid** (1835–1923) aus See im Paznaun und **Theodor von Hörmann** aus Imst hervorzuheben. Schmids Name wird oft im Zusammenhang mit Franz von Defregger (vgl. Osttirol) genannt. Schmids bekanntestes Bild ist wohl die „Vertreibung der Zillertaler Protestanten im Jahre 1837". Der antiklerikale Genremaler war aber auch ein begabter Landschaftsmaler und Porträtist.

Schmids erster Malauftrag war kirchlicher Natur. „Sein Meister erhielt eines Tages einen Brief des Kuraten von See. Er solle mit seinen Farben kommen und der nackten Eva, die in der Kirche von See auf dem Gewölbe dargestellt war, einen roten Mantel verpassen. [...] Also schwang sich der Malerlehrling auf das Gerüst und hatte nun die barocke Eva vor sich, deren schönen Körper er überpinseln sollte. Er ging zögernd ans Werk und malte zuerst statt des Mantels zarte grüne Ranken, die den nackten Körper kaum verdeckten. Unten stand der Herr Kurat und rief immer wieder hinauf: 'Es klöckt no nit!' [Es reicht noch nicht!] So blieb Schmid nichts anderes übrig, als das erste Elternpaar in eine Blätterstaude zu hüllen, so dass nur noch die Köpfe herausschauten" (zitiert nach Alfred Tamerl im AV-Jahrbuch, Bd. 124). Leider wurde dieses kuriose Bild später entfernt.

Theodor von Hörmann (1840–1895) war wegen starker Kurzsichtigkeit im Alter von 44 Jahren als Hauptmann in Pension gegangen, um

sich verstärkt der Malerei zu widmen. Er verbrachte einige Jahre seines Lebens in Frankreich und wurde nach seiner Rückkehr zu einem herausragenden österreichischen Vertreter des Impressionismus. Das Tiroler Landesmuseum Ferdinandeum in Innsbruck und die Österreichische Galerie Belvedere in Wien besitzen eine Reihe von Hörmann-Bildern.

Oberes Gericht
Vom Reschenpass nach Landeck

Nauders, 1 394 m, 1 574 Ew.

In Nauders, dem letzten Ort vor der italienischen Grenze, wo sich das Tal kesselartig weitet, befindet sich in unmittelbarer Nähe von Schloss Nauders (Gerichtsburg mit Kerker und Folterinstrumenten) ein kunsthistorisches Kleinod, die älteste erhaltene Kirche Tirols, die Leonhardskapelle – ein kleiner rechteckiger Raum mit halbrunder Apsis für den Altar, in der für romanische Landkirchen typischen Bauform. 1951 wurden im Inneren romanische Fresken (Christus als Weltenrichter) freigelegt, die im 12. Jh. entstanden sind. An der rechten Langhauswand wurden jene spätgotischen Fresken, die lange Zeit die romanischen überdeckt hatten, wieder aufgebracht. (Der Schlüssel für die Kirche ist bei Fam. Maria Jennewein, Schloss 2, 05473/87491, gegenüber der Kirche erhältlich.)

Zwischen Nauders und Finstermünz findet sich das einzige altösterreichische Sperrfort Nordtirols. Nur bei Führungen ist die in den Felsen hineingebaute Festung Nauders aus dem 19. Jh. zu besichtigen. Der mächtige, fünfgeschossige Steinquaderbau umfasst 77 Räume und einen umbauten Raum von 9 200 m³. Wie die Franzensfeste nördlich von Brixen war dieses Bauwerk ein Teil der kaiserlich-königlichen „Alpenfestung". Bedrohlich senkt der Doppeladler am Giebel seine Köpfe.

Etwas weiter nördlich im Inntal befindet sich die Ruine Finstermünz, deren imposanter Brückenturm mitten im tosenden Inn steht. Die Tiroler Landesfürsten ließen nach und nach die Zoll- und Grenzfestung ausbauen, bis 1850 mit dem Bau der Straße über Nauders die Burg am Inn ihre Aufgaben verlor.

Tipp:
● Schloss Naudersberg, 05473/87252 (Frau Köllemann)

Leonhardskapelle bei Schloss Nauders, Innenraum
Links: Theodor von Hörmann, „Der Maler im Blumengarten"
Unten: Festung Nauders

Das Oberland — Pfunds

Burgruine Alt-Finstermünz am Inn
Unten: Richterhaus in Pfunds

Öffnungszeiten: Anfang Juni–Ende Sept. u. Ende Dez.–Ende April: Führungen So. u. Feiert. 11 h, Mi. 17 h, Di. u. Fr. 16.30 h
● Festung Nauders, 05473/87220 (TVB): Führungen durch die Verteidigungsanlage.
Öffnungszeiten: Anfang Juni–Ende Sept. u. Ende Dez.–Ende April: Mi. u. So. jeweils 15 h, für Gruppen ab 20 Personen auch nach Vereinbarung
● Alt Finstermünz, 05473/87242 (Hr. Thoma): geführte Wanderungen von Anfang Mai bis Oktober nach Vereinbarung.

Pfunds, 970 m, 2 493 Ew.

Pfunds ist aus dem Ortsteil Stuben links vom Inn und dem rechtsufrigen „Dorf" zusammengewachsen. Stuben lässt durch seine mächtigen Häuser mit Steinportalen, Erkern, Stützpfeilern und Holzgiebeln Spuren der frühneuzeitlichen Wirtschaftsblüte im 16. Jh. erkennen.

Imposant ist das ehemalige Richterhaus von 1579. Der mit den Wappen der hier ansässigen Richter und mit weise-komischen Sinnsprüchen („Schweig still und denkh vill", „Meine Lüx und Katzen haben zu Murrn/ und zu khratzen", „gottes Grafft und Rebensafft ist mein buolschaft", „Alle Ding ein Weill, Aber nit ewig") bemalte Hausgang im ersten Obergeschoss steht zur freien Besichtigung. In diesem Gebäude wurde 1795 der heute kaum mehr bekannte Dichter Johann Chrysostomus Senn geboren, der aufgrund seiner Begabung nach Wien aufs Gymnasium geschickt wurde. Dort lernte er u. a. Franz Schubert kennen, der Senns Gedichte „Selige Sehnsucht" und „Schwanengesang" vertonte. Senn ist eine jener tragischen Gestalten der österreichischen Geschichte, die vom berüchtigten Metternichschen Überwachungsstaat im Vormärz (1815–1848) arg gepiesackt wurden: Er wurde revolutionärer Umtriebe verdächtigt, mehr als ein Jahr in Untersuchungshaft gehalten und danach mit dem Verbot belegt, durch Privatstunden Geld zu verdienen. Schließlich hat man ihn nach Tirol heimgeschickt, wo den Dichter Armut und zunehmende Abscheu vor der Welt quälten.

Sehenswert ist die Stubener **Liebfrauenkirche** mit gotischen Wandmalereien und dem ebenfalls gotischen Flügelaltar, der in einen schwarzgoldenen Barockaltar integriert wurde. Jörg Lederer (um 1470–1549/50), der die spätgotische Maria mit Kind, flankiert von den hll. Katharina und Barbara, geschnitzt hat, gilt als herausragender Künstler der Allgäuer

Ried · Ladis — Das Oberland

Spätgotik. Die „heiligen Madeln" Katharina und Barbara sind im Verein mit der hl. Margareta auch Teil des Freskenprogramms der Kirche.

An der Innbrücke zwischen Stuben und Dorf steht der viergeschossige „Turm". Kaiser Maximilian I. erwarb den nach dem Erbauer „Wolf" benannten Turm und baute ihn zum „Wehrturm" aus. 1499, während des Engadiner Krieges, nahm der Kaiser selbst hier Quartier. Bei dieser Gelegenheit konnte der weise Landesfürst auch eine Streitigkeit zwischen den Pfundsern und den Nauderern schlichten, bei der es um die Nutzung der im idyllischen Radurschtal gelegenen Radurschalm ging.

Tipp:
+ Gasthaus Berghof, Greit 364, 05474/5254
+ Gasthof Traube, Hauptstraße 10, 05474/5210

Ried, 876 m, 1 199 Ew.

Auf dem Talboden – Ried bedeutet „versumpftes Gebiet" – bestand schon im 13. Jh. der Turm von Schloss Sigmundsried, von dem aus die Herren von Ried die Reise- und Handelstätigkeit kontrollierten. Sigmund der Münzreiche ließ die Burg 1471 zu einem Jagdschloss ausbauen.

Aus Ried stammt der Maler Caspar Jele (1814–1893), ein Meister des nazarenischen Stils. Die Pfarrkirche zum hl. Leonhard besitzt neben Freskenresten aus dem 15. Jh. ein Jele-Madonnenbild.

● Schloss Sigmundsried, 05472/6421 (TVB); ab Sommer 2000 für Besucher zugänglich.

Auf einer Straße mit elf äußerst spitzen Kehren erreicht man aus dem Inntal die Hochfläche um **Ladis**, **Fiss** und **Serfaus**. Für Spaziergänge und Wanderungen wie geschaffen, gewährt die Gegend eine wunderbare Aussicht auf die Gipfel der Ötztaler Alpen. Die Region gehört zu den beliebtesten Wintersportgebieten im Land.

Ladis, 1 189 m, 544 Ew.

Auf einem ausgesetzten schiefrigen Felsen thront die Burg Laudeck, Witwensitz von Elisabeth von Görz-Tirol, über dem Inntal. Der Volksmund rät Menschen, die von Zahnschmerzen gequält werden, einmal die Burg Laudeck zu umrunden, dann tue gewiss nichts mehr weh, weil der Absturz ins Tal allem Leiden ein sicheres Ende bereite.

Sehenswert in Ladis sind die **Fassadenmalereien** (16. und 17. Jh.) auf dem Stocker- und dem Recheler-haus im Dorfzentrum. Hinzuweisen

Fassadenmalerei am Stockerhaus, Ladis

Unten: Wehrturm in Pfunds an der Innbrücke zwischen Stuben und Dorf

Tiroler Esskultur

Tiroler Gerichte? Heute stellen wir uns vor, das müssten immer schon besonders bodenständige Speisen gewesen sein, aus der bäuerlichen Küche, für schwer arbeitende Menschen. Aber das stimmt nur zum Teil. Tirol war immer ein Durchzugsland und der Austausch zwischen Nord und Süd brachte neue Lebensmittel, Gewürze und Zubereitungsvarianten. Es ist nicht leicht zu klären, was als genuine „Tiroler" Küche zu gelten hat. Tatsache ist, dass es relativ früh – schon vor der heute viel geläufigeren „Wiener Küche" – eine eigenständige „Tiroler Küche" gab. Das kann man nicht nur im alten Sacher-Kochbuch nachlesen; schon aus viel früheren Zeiten gibt es etwa Aufzeichnungen über Rezepte, die am Hof in Innsbruck verwendet wurden.

Weite Verbreitung erlangte das Kochbuch der berühmten Herrin von Schloss Ambras Philippine Welser (1527–1580), aus dem heute wieder Rezepte zur Anwendung kommen. Tirol gehörte zu ihrer Zeit zu den reichsten Gegenden Europas und nicht nur der Hof, sondern auch die Eigner des Schwazer Silber- und Kupferbergbaus und die Haller Waffenschmiede waren Teil der „international community". Daher fand die Tiroler Küche als eine der ersten Provinzküchen in deutschen Kochbüchern Erwähnung.

Eierschwammerln mit Knödel
Unten: Kiachl

Heute sind Gerichte wie Tiroler Knödel, Tiroler Strudel, Tiroler Sauce und alle Garnituren à la tyrolienne feste Begriffe in der internationalen Gastronomie. So manches Gericht, das heute der Wiener oder ganz allgemein der österreichischen Küche zugeschrieben wird, ist ursprünglich in Tirol beheimatet; so war beispielsweise der Tafelspitz (oft in Rotwein gesotten) fester Bestandteil der Tiroler Küche, bis ihn die Wiener Küche für sich entdeckte.

Die Tiroler Bauern und Handwerker und später auch die Arbeiter hielten an einer einfachen und gehaltvolleren Kost fest, die genau auf ihre Bedürfnisse abgestimmt war. Viele Bauernwirtschaften waren alles andere als reich; mit Butter und Schmalz ging man sparsam um. Standen allerdings Festtage oder besonders schwere körperliche Arbeit ins Haus, wurde die Verpflegung ebenfalls „foaster", üppiger. Das Schmalzgebackene hatte Hochsaison, es gab – und gibt – Kiachl, Krapfen, Nuies (Neues), Schmalz und Strauben.

Die Zubereitung der landestypischen Gerichte hat sich im Lauf der Zeit genauso gewandelt wie die Küchentechnik. Variationen in der Zubereitung der Gerichte – etwa Unterschiede zwischen Ober- und Unterland, Nord- und Osttirol – können uns auch nicht wirklich erstaunen. Wirtinnen, Bäuerinnen und Hausfrauen lernten das Kochen von ihren Müttern, auch das übrige Küchenpersonal kam nicht so weit herum, dass es andere Gegenden und Zubereitungsarten hätte kennen lernen können. „Das" Rezept für einen Tiroler Knödel gibt es trotzdem nicht. Wer in einer mündlich überlieferten Tradition kochen lernt, hält sich an das, was er oder sie gesehen hat, genaue Mengenangaben sind überflüssig, weil die Köchin ja sieht, „wie's sein muss", und dieses Wissen auch wieder an ihre Lehrlinge weitergibt. Auch detaillierte Angaben zur Zubereitung gibt es nicht. Wenn ein Knödel die Hauptzutaten enthält und nicht allzu sehr von der landläufigen Geschmacksvorstellung über Tiroler Knödel abweicht, also nach Speck und Wurst schmeckt, darf er als Tiroler Knödel gelten. „Tiroler Knödel" heißt er übrigens nur im „Ausland" (also auch jenseits des Arlbergs und des Passes Thurn); in Tirol ist der Tiroler Knödel ein „Speckknödel" oder eben einfach ein „Knödel", ohne Zusatz, weil der Tiroler Knödel hierzulande der Normknödel ist.

Für alle Tiroler Speisen gilt: Traditionell werden einheimische Agrarprodukte verwendet, also was auf den Feldern und in den Gärten wächst, dazu Fleisch aus lokaler Zucht und Wild aus den Wäldern. Die Fischerei spielt wieder – wie in der frühen Neuzeit – eine bedeutendere Rolle. Aber auch Import-Lebensmittel werden z. T. schon sehr lange in Tiroler Haushalten verwendet, so Polenta und Reis.

Graukäse, Bauernspeck, Obstler und Krautinger – vier landestypische Produkte

Tiroler Graukäse ist ein nahezu fettfreier Sauerkäse aus Magermilch und kann getrost als Tiroler Landeskäse bezeichnet werden. Es gibt zwei Grundtypen, einmal den speckig-grauen, innen weiß und fest, mit ausgeprägt säuerlichem Geschmack (Zillertaler Typus), und den speckig-gelb marmorierten. Daneben käsen natürlich viele Bauern selbst und man kann den Graukäse in den unterschiedlichsten Geschmacksnuancen und Reifegraden kosten. Zum Rohessen und für das „Sauer Anmachen" mit Essig, Öl und Zwiebelringen eignet sich der Speckige besser, der topfige Typ wird v. a. im Zillertal für die zahlreichen Käsegerichte verwendet. Hier kennt man ihn als Füllung für die Kasnudeln und die Krapfen und als Zwischenlage für die „Schisslnudeln" (Schüsselnudeln).

Speckselche

Tiroler Esskultur

Tiroler Bauernspeck wird noch immer wirklich von Bauern hergestellt und auf Bauernmärkten verkauft. Die Schweine werden im Herbst geschlachtet, das Fleisch legt man in eine milde Salzlösung. Das Besondere daran ist die Würzung; sie enthält in Tirol fast immer Wacholder, so genannte Kranewittbeeren. Das gepökelte Fleisch wird in der Rauchkuchl oder in der hauseigenen „Selch" langsam kalt geräuchert. Dem Räucherfeuer werden Buchenholz, Weinstock- und Wacholderzweige beigemengt. Dadurch erhält der Speck sein besonderes Aroma. Bauernspeck gibt es in ganz Tirol, schließlich bestand überall die Notwendigkeit, Fleisch für längere Zeit haltbar zu machen. Der Speck ist immer „durchwachsen", so genannten Schinkenspeck mit einem sehr geringen Fettanteil gibt es erst seit relativ kurzer Zeit. Der Speck wird immer mit Schwarte und einem durchgezogenen Strick zum Aufhängen verkauft und so auch am besten gelagert – in luftiger Höhe und geschützt vor Mäusen.

Serviert wird der Speck erst neuerdings in hauchdünnen Scheiben. Nach der traditionellen Methode bekommt entweder jeder Esser ein scharfes Messer und der Speck wird in mundgerechten Stücken „abgefieselt" oder er wird von der Gastgeberin in zündholzdünne Streifen geschnitten und von den Gästen mit der Hand genommen. So kommt das unterschiedliche Aroma der Fleisch- und Fettschichten am besten zur Geltung. Wichtig ist das Brot. Meistens ist es aus Roggenmehl und verlangt ähnlich bedächtiges Kauen wie der Speck selbst.

Bauernobstler brannte früher jeder Bauer selbst, und zwar aus dem Obst, das im hauseigenen „Bangert" (Baumgarten) vorhanden war, also aus Äpfeln, Birnen, Zwetschken, aber auch aus Holunder. Deshalb waren die Geschmacksunterschiede zwischen den einzelnen (meist 50%igen) Bauernobstlern sehr groß. Es versteht sich von selbst, dass dieser starke Schnaps als Medizin verstanden und im „Kaschtl" in der Stube unter Verschluss gehalten wurde. Mit Blüten oder Wurzeln angesetzter Schnaps wurde als Heilmittel verwendet. Berühmt ist die Arnika-Einreibung gegen Verstauchungen. Getrunken hat man Schnaps früher aus kleinen Fläschchen, die sich nach oben stark verengten, aus so genannten „Budelen", über den ganzen Tag verteilt, um Schnupfen abzuwehren oder einen verdorbenen Magen wieder zu beruhigen.

Krautinger aus der Wildschönau

In diesem Hochtal gedeihen kaum Obstbäume, also gab es nur wilde Beeren, die man brennen konnte. Beeren ergeben zwar einen hervorragenden Schnaps, aber der Bedarf an Hochprozentigem konnte damit nicht gedeckt werden. Man brannte also Schnaps aus Rübenkraut; das sind Rüben, die genau wie Sauerkraut gehobelt, eingesalzen und durch Milchsäuregärung haltbar gemacht werden. Der „Krauteler" schuf aber fiskalische Probleme, denn man konnte die erlaubte Brennmenge nicht einfach nach der Zahl der Obstbäume be-

Der „Krautinger"

stimmen. Also wurde eine Abordnung zur Kaiserin Maria Theresia nach Wien geschickt. Diese ließ sich, als aufgeklärte Herrscherin, die sie war, von der medizinischen Notwendigkeit des Krautschnapses überzeugen und erteilte ein Monopol-Brennrecht, das unlängst sogar von der EU bestätigt wurde. Tatsächlich wirkt der Krautinger, obwohl (oder weil?) sein Geruch nicht unbedingt als einschmeichelnd zu bezeichnen ist, auf die Darmflora regulierend. Nicht nur Einheimische verwenden ihn bei Verdauungsstörungen; die Wildschönauer Bauern können den Bedarf nicht decken. Obwohl der Krautinger nicht gerade preiswert ist, übersteigt die Nachfrage das Angebot.

Tiroler Apfelschmarren

Regionale Besonderheiten

Jede Tiroler Talschaft hat eine eigene Regionalküchenvariante entwickelt, die sich an den verfügbaren Zutaten orientierte und daran, wie eng der Kontakt der Talschaft zur „großen Welt" war. Deshalb erscheint uns heute die Zillertaler Bauernküche als die ausgeprägteste Variante. So fanden Zillertaler Krapfen und greane Hunte (Spinatspatzln) den Weg auf die Speisekarten vieler Tiroler Wirtshäuser. Von den traditionellen Rinderrassen konnte sich das Tuxer Rind halten. Obwohl im 19. Jh. als Fleischrind bis nach Russland exportiert, wurde es nach dem Zweiten Weltkrieg fast vollständig vom Fleckvieh verdrängt. Erst in den letzten Jahren steigen die Viehbestände wieder an.

Die bürgerliche Küche und die Wirtshausküche

Das Tiroler Bürgertum orientierte sich in seiner Esskultur v. a. an Italien, denn von dort wurden die besonders geschätzten Produkte wie Früchte und Gewürze, z. B. Zimt, Nelken, Muskat, aber auch besondere Weine und Weinbeerln oder andere Trockenfrüchte importiert. Speisen, die in Schwaz, Hall und Innsbruck bei den Bürgerfamilien beliebt waren, fanden bald auch den Weg in die Wirtshäuser: Gerstlsuppe, Räucheräsche oder Hirschgulasch sind keine Bauerngerichte und das „Bauernschöpserne" mit im Rohr mitgebratenen Erdäpfeln ist trotz seines Namens auch ein bürgerliches Gericht. Gerne nahmen die Wirtshäuser die süßen Nachspeisen wie Moosbeernocken und Kerschenschmanggerl (Schmarren mit Kirschen) in ihr Angebot auf.

Tiroler Esskultur

Die Neue Tiroler Küche und das Neue Tiroler Wirtshaus

Der Massentourismus fördert die Esskultur im Allgemeinen nicht. Auch in Tirol verschwanden in den 60er Jahren viele traditionelle Gerichte und wurden durch „Touristenfutter" ersetzt. Doch die Esskultur einer Region basiert nicht auf dem Tourismus und nicht darauf, was einige Feinspitze wollen, sondern auf der Bedeutung des guten Essens für die breite Bevölkerung. Und in diesem Punkt hat sich seither viel geändert. Die Neue Tiroler Küche konnte sich entwickeln, weil es genügend Menschen gab, die regionale Gerichte wollten, und zwar mit besten Grundprodukten, deren Eigengeschmack durch die Zubereitung nicht überdeckt, sondern erst voll zur Geltung gebracht wird. Dazu gibt es in Tirol auch Produzenten, die diese Grundprodukte liefern, und als überzeugte Bio-Anhänger sind die Tiroler Konsumenten – Hausfrauen wie Köche und Wirtinnen – bereit, beste Qualität zu kaufen. Übrigens wirkt dieses Qualitätsbewusstsein auch über Tirol hinaus: Der Tiroler Spitzenkoch Werner Matt hat am Beginn der 80er Jahre maßgeblich die Neue österreichische Küche bestimmt und Tiroler Köche sind ohnehin weltweit im Einsatz.

Die Tiroler Gastlichkeit hat sich auf breiter Ebene entwickelt. Wer heute nobel essen will, geht in eines der echten Gourmet-Wirtshäuser mit höchstem Standard, was die Verarbeitung der Produkte und die Kreativität der Küche angeht. Dort findet man feinste Saucen und schmackhafte Kreationen, immer fußend auf

Gasthof Traube in Schnann am Arlberg

der Tradition. Wer's deftiger mag, geht in ein g'standenes Dorfwirtshaus, wo traditionelle Speisen serviert werden. Seit etwa zehn Jahren gibt es die Initiative für Wirtshauskultur, die neben einer ausgezeichneten Küche auch das Wirtshaus als Begegnungsort für Einheimische und Gäste pflegt.

Wenn Sie also an einem Haus das grüne Schild mit dem Lindenblatt – eine Reminiszenz an das alte Wirtshauszeichen des grünen Baums – sehen, kehren Sie ein, Sie werden es nicht bereuen.

Waltraud Mayr
Professorin an der Tourismusschule Villa Blanka

Otto Nentwich
Koch in Ruhe, Tester für Tiroler Wirtshäuser

Tiroler Bräuche im Jahreslauf

Tirol ist reich an Bräuchen, die andernorts schon nicht mehr existieren. Diese Bräuche orientieren sich zum Großteil am kirchlichen Kalenderjahr und sind meist an bestimmte Orte gebunden. Sie prägen in ihrer bunten Vielfalt das gesellschaftliche Leben des Dorfes. Lebendig bleiben diese Bräuche, weil sie sich stets weiterentwickeln, weil neue Elemente aufgenommen werden und so ihr identitätsstiftender Reiz auch in der Gegenwart erhalten bleibt.

Am Anfang des Kalenderjahres dominiert die reichhaltige Tiroler Fastnacht* das regionale Brauchgeschehen. Meist um den 6. Januar beginnt das bunte Treiben in den Gemeinden, das mit den großen Umzügen seinen Höhepunkt erreicht. Innerhalb der alpenländischen Fastnacht zählen die Tiroler Maskenbräuche mit Sicherheit zu den farbenfrohsten und an Motiven und Gestalten vielfältigsten. Hervorzuheben sind hier das Schleicherlaufen in Telfs, das Schemenlaufen in Imst, das Schellerlaufen in Nassereith, das Wampelerreiten in Axams, das Blochziehen in Fiss und das Mullerlaufen in den Gemeinden rund um Innsbruck. In den genannten Orten hat die Fastnacht den Charakter eines großen Schaubrauches angenommen, der alle vier bis fünf Jahre – in Abwechslung mit den anderen Gemeinden – im jeweiligen Ort stattfindet. Bezeichnend für die großen Tiroler Fastnachtsbräuche ist, dass nur Männer aktiv daran teilnehmen dürfen.

Telfer Schleicher
Unten links: Thaurer Spiegeltuxer
Unten rechts: Axamer Wampeler

Diese Fastnachtsaufführungen haben sich im Laufe der Jahrhunderte stets weiterentwickelt. Eine erste wesentliche Veränderung erfolgte in der Renaissance, in der die Kostüme und Maskierungen nach dem Vorbild des höfischen und städtischen Lebens und der immer üppiger werdenden Theaterproduktionen aufwändiger gestaltet wurden. Vor allem aber das Barock hat dann in seiner opulenten Fülle so manche Spuren hinterlassen. Kleinere Fastnachtsver-

anstaltungen, die in den letzten Jahren wieder belebt oder neu eingerichtet worden sind, finden in vielen Tiroler Orten statt: in Umhausen (Ötztal), in Arzl, Wald und Wenns (Pitztal), in Heinfels und Lienz (Osttirol), in Schwaz und Baumkirchen oder in Reutte (Außerfern), um nur einige zu nennen. Charakteristisch für diese Veranstaltungen (egal, ob nun im kleineren, dörflichen Rahmen oder in Form eines über die Grenzen hinaus bekannten Umzuges) ist die sarkastisch-ironische Auseinandersetzung mit den Begebenheiten im Dorf, aber auch mit den überregionalen politisch-sozialen Vorfällen des vergangenen Jahres.

Mit dem Beginn der Fastenzeit am Aschermittwoch endet zwar das buntturbulente Treiben, nicht jedoch das Brauchgeschehen. Seit etwa zehn bis fünfzehn Jahren werden in vielen Tiroler Gemeinden (u. a. in Schönberg, Fulpmes, Hall, Innsbruck, Patsch, Schwaz) wieder Heilige Gräber aufgestellt. Am Karfreitag baut man diese phantasievollen Nachbildungen der Grabeskirche von Jerusalem auf und lässt sie meist bis zum Ostermontag oder zum darauf folgenden Wochenende stehen. Die Heiligen Gräber sind Zeugnisse von bildhafter Volksfrömmigkeit und gelten seit dem 18./19. Jahrhundert quasi als Ersatz für die früher so zahlreichen Passions- und Osterspiele. Die österlichen Auferstehungsfeiern am Ostersamstagabend erfreuen sich in den Tiroler Gemeinden großer Anteilnahme der Bevölkerung.

Heiliges Grab in Mariastein

Eine außergewöhnliche Flurprozession findet am Sonntag nach Ostern in der Osttiroler Gemeinde Virgen statt. Dabei wird ein weißer, mit Seidenbändern und Blumen (früher sogar mit Wachskerzen!) geschmückter Widder von der Nachbargemeinde Prägraten in feierlicher Prozession zur Wallfahrtskirche Maria Schnee in Virgen geführt. Der Ursprung dieses eigenartigen Brauchs dürfte in einem Pestgelöbnis aus dem 17. Jh. liegen.

Der erste Sonntag im Mai steht im Zillertal ganz im Zeichen des „Gauderfestes". Von weit her kommen „Ranggler", um miteinander zu raufen. Für eine oft mehr als ausgelassene Stimmung sorgt dabei das extra zu diesem Anlass gebraute Bier mit doppeltem Alkoholgehalt. Zum Gauderfest gehört seit einigen Jahren ein großer Festumzug, der jedes Mal unter ein bestimmtes historisches Motto gestellt wird und meist Bezug auf regionale Begebenheiten nimmt.

Im Mai und Juni ist das Brauchgeschehen in ganz Tirol von Prozessionen geprägt, die wegen der Farbenpracht der verschiedenen Trachten und wegen der tief empfundenen Religiosität weithin bekannt sind.

Am Fronleichnamstag findet im Brixental der so genannte „Antlassritt" statt. Es handelt sich dabei um einen Flurumritt mit dem Allerheiligsten. Dabei sammeln sich Reiter mit ihren Pferden in Brixen im Thale und bewegen sich unter Führung des Pfarrers (ebenfalls hoch zu Ross!) zur so genannten „Schwedenkapelle" in die Nachbargemeinde Kirchberg (Weiler Klausen), wo ein nahe stehender Maibaum umritten wird. Die Evangelienlesung bei der Kapelle und die nachfolgende Pferdesegnung bilden den Höhepunkt dieses Brauches.

Prozessionen

Am Herz-Jesu-Sonntag (dem zweiten Sonntag nach Fronleichnam) werden in ganz Tirol Bergfeuer entzündet. Als so genannte Erinnerungsfeuer sollen die unzähligen Feuer, angelegt in Ketten oder als christliche Motive wie Kelch, Kreuz, IHS u. ä., an das Gelöbnis von 1796 erinnern. In diesem Jahr versprach sich nämlich das Land Tirol feierlich dem Herzen Jesu und suchte so Schutz gegen die einfallenden französischen Truppen.

Am 14. September (bzw. am 1. Sonntag danach) findet in Eben am Achensee eine besondere Prozession zu Ehren der hl. Notburga statt, die durch ein junges Mädchen dargestellt wird. Notburga zählt zwar nicht zu den kanonisierten Heiligen, erlangte aber in Tirol als die „Bauernheilige" schlechthin besondere Anerkennung. Gewissermaßen kann man sie als erste „Gewerkschaftsheilige" sehen, da sie entgegen der Forderung ihres Dienstherrn die Feierabendruhe einhielt.

Dem eher ruhigen Herbst folgt die an Bräuchen reiche Advents- und Weihnachtszeit. Um den 6. Dezember, also den Tag des hl. Nikolaus, hat sich in ganz Tirol ein reichhaltiges Brauchtum entwickelt. Hervorzuheben sind hier etwa die Nikolausspiele in Reith bei Alpbach, Stans bei Schwaz oder Hart im Zillertal. Im Zentrum der einst in den Stuben der einzelnen Bauernhöfe aufgeführten Spiele steht primär nicht der Gaben bringende Nikolaus mit seinen Engeln; von größerer Bedeutung sind vielmehr Szenen, die den Kampf des Menschen zwischen Gut und Böse symbolisieren und meist in die vergangene Alltagswelt der bäuerlichen Bevölkerung eingebettet sind. Etwas rauher und unheimlicher gestaltet sich das Krampus- oder Perchtentreiben. Bereits einige Tage vor dem 6. Dezember ziehen dunkle Gestalten in Fellkleidung mit Furcht erregenden Larven (Masken) durch die Dörfer, um die Bevölkerung, insbesonders Kinder und Frauen, zu erschrecken. Einen besonderen Brauch stellt dabei das so genannte Klaubaufgehen in Matrei in Osttirol dar. Am 4., 5. und 6. Dezember ziehen in Felle gekleidete, Schellen tragende und mit Holz- und Metalllarven versehene Krampusse oder Perchten durch den Ort. In

Tiroler Bräuche im Jahreslauf

Klaubaufmasken aus Matrei in Osttirol
Unten: Weihnachtskrippe
Rechte Seite: Steinerner Fenstersturz

kleinere Gruppen unterteilt, versuchen sie, die Zuschauer auf den Boden zu werfen. Als unheimliche Gestalten ziehen auch in Breitenbach und Kundl (Unterinntal) um den Nikolaustermin Perchten durch den Ort. „Krampusläufe" in geordneten Umzügen, bei denen auch der Nikolaus nicht fehlen darf, erfreuen sich anderenorts, wie etwa in Haiming oder Igls, zunehmend größerer Beliebtheit.

Die letzten drei Donnerstage vor Weihnachten sind die so genannten „Klöpfelnächte". Da gehen meist als Hirten verkleidete Musikanten von Haus zu Haus und singen Adventslieder, um die baldige Ankunft des Heilands zu verkünden. Dieser v. a. im Unterinntal verbreitete Brauch wird häufig in eigenen Aufführungen einem breiteren Publikum zugänglich gemacht und durch weihnachtliche Hirtenspiele ergänzt. Was wäre aber das weihnachtliche Brauchtum in Tirol ohne die Krippen! In fast allen Kirchen werden geschnitzte und bemalte Krippenfiguren vor einem alpin-ländlichen oder orientalischen Hintergrund aufgestellt. Eine umfassende Auswahl aus der reichen Tiroler Krippenkultur zeigt in eigenen Ausstellungsräumen das Tiroler Volkskunstmuseum in Innsbruck. In der Umgebung von Innsbruck (hier besonders in Thaur, Götzens und Axams) besteht auch die Möglichkeit, große Hauskrippen in Privathäusern zu besichtigen. Lebensgroße Krippenfiguren in so genannten Bretterkrippen finden sich seit einigen Jahren nicht nur in Kirchen, sondern auch auf öffentlichen Dorfplätzen (wie z. B. in Oetz im Ötztal).

Manche Bräuche sind in Tirol in Vergessenheit geraten – viele sind aber auch neu belebt worden. Gerade das Nebeneinander von traditionellem Gedankengut auf der einen und Anpassung an Aktuelles auf der anderen Seite trägt zur Lebendigkeit der Tiroler Brauchlandschaft bei.

Petra Streng und Günter Bakay, Vokus

* Bereits um 1600 hat sich auch „Fasnacht" (ohne t) unter Hinweis auf die umgangssprachliche Ausdrucksform entwickelt. Da sich Fastnacht aber auf die Nacht bzw. die Tage vor der Fastenzeit bezieht, hat sich in der volkskundlichen Wissenschaft der Begriff „Fastnacht" (mit t) durchgesetzt.

Das Oberland

Fiss · St. Georg ob Tösens

ist auf die öffentlich zugängliche Sauerbrunn-Mineralwasser-Quelle in Obladis. Die Bewohner des Oberen Gerichts schwören auf die gesundheitsfördernde Wirkung des erfrischenden „Säuerlings".
Tipp:
● Burg Laudeck, 05472/6601 (TVB): Burganlage.
Öffnungszeiten: Juli u. Aug.: Mi. 9, 9.45, 10.30 u. 11.45 h; nur mit Führung

Wallfahrtskirche Zu unserer lieben Frau Mariä Himmelfahrt, Serfaus, Innenraum
Ganz unten: Reliquienschrein aus St. Georg ob Tösens, Serfaus

Fiss, 1 438 m, 922 Ew.

Architekturinteressierten ist, abgesehen von der spätgotischen **Pfarrkirche zum hl. Johannes dem Täufer,** der Ortskern mit stattlichen Mittertennhöfen, Mittelflur- und Durchfahrtshäusern zu empfehlen. Die relativ enge Bebauung, Rundbogenportale, geschnitzte Bundwerkgiebel, vorgebaute Treppenaufgänge mit dem etwas erhöhten Wohngeschoss, ein- und mehrgeschossige Erker und die so genannten Backofenerker sind typisch für die ursprünglich rätoromanisch besiedelte Region.

Das aus dem 17. Jh. stammende, in den 1930er Jahren von Hans Illmer umgebaute Wirtshaus zum Weißen Lamm beweist, dass Moderne und Tradition durchaus harmonieren können.

Das Oberland pflegt seine Fastnachtsbräuche. Alle vier Jahre im Februar findet alternierend in Fiss (nächster Termin 2004) und in Fliess (nächster Termin 2002) das „Blochziehen" statt: Eine 30–40 m hohe Zirbe, das ist der Bloch, wird, nachdem „Bajatzl" und „Schaller" den Weg für den Bloch von Dämonen befreit haben, von Maskierten durch das Dorf gezogen und geschoben. Eine der Wurzeln dieses Brauchs dürfte darin liegen, dass die Ahnen im Frühling vor dem Säen mit dem Blochpflug die Erde aufgerissen haben.

Serfaus, 1 429 m, 1 210 Ew.

Eine besondere Atmosphäre erzeugt das Ensemble der direkt neben der romanisch-gotischen Wallfahrtskirche **Zu unserer lieben Frau im Walde** stehenden Pfarrkirche **Zu unserer lieben Frau Mariä Himmelfahrt** in Serfaus. Aus dem 14. Jh. stammt die Darstellung Jesu als Weltenrichter und des alles verschlingenden Höllenrachens in der Wallfahrtskirche. Am Hochaltar befindet sich das Gnadenbild, eine romanische, 1962 gefasste Marienstatue mit Kind (um 1300). Serfaus gehört zu den ältesten Marienwallfahrtsorten in Tirol. Die Pfarrkirche war ursprünglich gotisch, wurde jedoch später barockisiert.
Tipp:
✚ Gasthof Tirolerhof, Untere Dorfstraße 33, 05476/6236

St. Georg ob Tösens, Ortsteil von Serfaus

Nach einem kurzen, aber steilen Anstieg erreicht der Spaziergänger von Tösens aus die gotische **Kirche St. Georg,** die im Mittelalter eine be-

St. Georg ob Tösens

liebte Wallfahrtskirche war. Auf einem Reliquienschrein ist eine Kopie der ältesten erhaltenen Tafelmalerei in Tirol zu besichtigen. Das Original des Schreins aus der Zeit um 1250 – es zeigt neben Christus und den zwölf Aposteln die erste bekannte Darstellung von Franziskanermönchen im deutschen Sprachraum – ist im Tiroler Landesmuseum Ferdinandeum ausgestellt.

Der Legende nach soll ein Kardinal, der auf der Reise zum Konstanzer Konzil (1414–1418) im Weiler Tschuppach bei Tösens krank darniederlag, der nächstgelegenen Kirche, St. Georg, den Schrein mit kostbaren Reliquien, u. a. „eineinhalb Schienbein des hl. Georg", vermacht haben. Der damals lebendige Glaube an die Wunderkraft dieser Reliquie ließ die Wallfahrt entstehen. Der hl. Georg war bis zur Zeit Kaiser Josephs II. (1741–1790) der Tiroler Landesheilige.

Im späten Mittelalter wurden die Kircheninnenwände vollständig mit Passions- und Heiligenszenen ausgemalt. An der rechten Langhauswand rammt St. Georg dem Drachen die Lanze in den Schlund. Bang warten

im Hintergrund, neben einer höfischen Dame im blauen Kleid, die Drachenkinder auf den Ausgang des Kampfes. Seit der Barockzeit sind die Reliquien im damals neu errichteten Hochaltar untergebracht. Eine Tafel informiert, welche Reliquien, abgesehen von den bereits erwähnten eineinhalb Schienbeinen des Kirchenpatrons, hier verwahrt sind: „Als vom Hl. Kreuz grab, Haar der Mutter Gottes, Kleid, und ein Schlair, so sie selbst gesponnen hat. Johann dem Taufer eine Ribbe, Kinbein und Kleid, Petrus Kinbein, Andreas Jacob dem grössern eine Ribbe ..." (Der Schlüssel für die Kirche ist oberhalb der Kirche, bei Familie Müller, Serfaus 4, abzuholen.)

St. Georg ob Tösens, Serfaus, rechte Langhauswand: St. Georg mit dem Drachen
Links: St. Georg ob Tösens, Serfaus, Außenansicht

Das Oberland   Fendels · Fließ

Pfarrkirche Fließ
Unten: Brandopferplatz Piller Höhe oberhalb von Fließ

Ein kleiner Spaziergang von Tösens aus führt zur so genannten Römerbrücke, die eigentlich aus dem 17. Jh. stammt. Auf der orographisch linken Innseite, wo früher die Straße nach Süden verlief, überspannt sie in einem keck gemauerten Bogen am felsigen Abhang einen kleinen Innzufluss.

Fendels, 1 352 m, 247 Ew.

Hoch über dem Tal liegt Fendels, der Geburtsort des Barockbildhauers **Andreas Kölle** (1680–1755). Kölle war der volkstümlichste der spätbarocken Oberländer Bildhauer. Nach seiner Lehre bei Schwanthaler in Ried im Innkreis machte er in Fendels eine Werkstatt auf, die seine Söhne weiterführten. Zu den beeindruckendsten Kölle-Kunstwerken zählen die Seitenaltäre und die Kanzel in Stift Stams. Fendels war, bis es zweimal, 1939 und 1972, einem Brand zum Opfer fiel, ehemals ein typisch rätoromanisches Dorf mit eng zusammengebauten Häusern.

Etwa eine Stunde zu Fuß oberhalb von Fendels finden sich am „Wiesele" Mauerreste einer verfallenen Einsiedlerkirche.

Prutz, 866 m, 1 623 Ew.

„Der Herrgott läßt's regnen über Gerechte und Ungerechte, nur über die Prutzer nicht", weiß der Volksmund über die niederschlagsarme Region zu spotten. Prutz wurde bereits 1028 als Brückenort „Bruttes" erwähnt.

Imposant ragt der Turm der Pfarrkirche Mariä Himmelfahrt empor. In der Johanneskapelle, direkt angebaut an die mit barocker Deftigkeit ausgestaltete Totenkapelle, findet sich die älteste Darstellung der **hl. Kümmernis** (1350) Tirols. Der Legende nach handelt es sich bei der Heiligen um eine Prinzessin, die nur einen Christen zum Bräutigam zu nehmen gewillt war. Um einer Zwangsvermählung mit einem Heiden zu entgehen, flehte sie Gott um die Gnade der Hässlichkeit an. Als ihr daraufhin tatsächlich ein gehöriger Bart wuchs, ließ sie der erboste Vater kreuzigen. (Schlüssel zur Kapelle im Pfarramt, Voranmeldung erbeten, 05472/6224.)

Fließ, 1 073 m, 3 011 Ew.

Überall in den Alpen spielt man gerne Karten. In Fließ wurden schon vor 500 Jahren doppeldeutsche Karten gemischt. Beim Ausbau des **Heimatmuseums** fand man hinter einer Rokoko-Täfelung von 1723 eine frühgotische Täfelung von etwa 1360. Zwischen diesen Täfelungen und von einer dicken Staubschicht geschützt hatten neun mit einem Holzmodel gedruckte Spielkarten ein halbes Jahrtausend überdauert. Faksimiles der Karten sind im Heimatmuseum zu sehen. Dieses Museum zeigt in erster Linie bronze- und eisenzeitliche Funde aus der Region. An Schloss Bideneck vorbei, steil den Hang hinauf führt das Sträßchen zur Piller Höhe (1 600 m), wo sich direkt an der Straße ein Brandopferplatz befindet. In der Bronzezeit wurden Tiere geopfert, in der jüngeren Eisenzeit ging

Kauns — Das Oberland

man dazu über, den Göttern Waffen, Münzen, Fibeln und andere Schmuckgegenstände darzubringen. Ganz in der Nähe des Brandopferplatzes ist der so genannte „Gache Blick" (gach = jäh), von wo aus sich eine atemberaubende Aussicht hinunter ins Tal und auf die umgebende Bergwelt erschließt.

Zum Rastmachen bietet sich dem Kulturinteressierten der Gasthof Schwarzer Adler mit einer Stube aus dem 16. Jh. an.

Tipp:
● Archäologisches Museum, Am Dorfplatz, 05449/5224 (TVB): Kult und Glaube in der Bronze- und Eisenzeit; geführte Wanderungen auf der Römerstraße Via Claudia Augusta. Öffnungszeiten: Juni–Okt.: So. u. Feiert. 10–12 h, Führung Mi. 17 h und nach Vereinbarung

Kaunertal

Bei Prutz mündet das Kaunertal in das Inntal. Am Eingang liegt die Gemeinde Kauns. Das hintere Kaunertal umfasst die namensgleiche Gemeinde (1 287 m, 585 Ew.), die aus den Ortschaften Feichten und Kaltenbrunn besteht. Ein beliebtes Ausflugsziel ist die erste Schutzhütte einer deutschen Alpenvereinssektion auf österreichischem Boden, das Gepatschhaus im Talschluss über dem Gepatschstausee. Der Stausee weist den mit 153 m höchsten Felsschüttdamm Österreichs auf. Der Gepatsch-Ferner speist den Stausee, der 140 Mio. m³ Wasser fasst. Der Gepatsch-

Ferner wurde erstmals im Jahre 1501 von Kaiser Maximilian I. erstiegen.

Kauns, 1 050 m, 443 Ew.

Hoch über dem Tal schaut die 1225 erstmals erwähnte **Burg Berneck** ins Land. Sehenswert in der mittelalterlich von Fachwerk geprägten Burganlage sind Fresken aus dem 15. Jh. in und an der Bartholomäuskapelle.

Wie viele Tiroler Dörfer ist auch Kauns einmal von einer Feuersbrunst heimgesucht worden. Zwei der wenigen erhaltenen alten Häuser sind die Schlosshäuser mit Fassadenmalereien aus dem 17. Jh. Unter vielem anderen ist auf dem Haus Nr. 49 der legendäre Wilderer „Wiesenjaggl", der vor 500 Jahren die Region unsicher

Burg Berneck im Kaunertal
Unten: Gepatsch-Stausee am Ende des Kaunertals

Das Oberland

Kaunerberg · Landeck

Wundmalchristus in der Kirche Mariä Himmelfahrt, Kaltenbrunn
Ganz oben: Wallfahrtsort Kaltenbrunn im Kaunertal

gemacht haben soll, dargestellt, wie er auf eine Gämse zielt.
Tipp:
● Burg Berneck, 05475/2920: Burganlage und Fresken in der Burgkapelle.
Öffnungszeiten: Juli–Sept.: Fr. u. Sa.
✚ Gasthof Falkeis, Kauns 47, 05472/6225

Kaunerberg, 1 200 m, 352 Ew.

Die Gemeinde besteht aus mehr als 20 Ortsteilen, ohne ein Zentrum zu haben. Nennenswert ist der Ortsteil Falpetan, denn von dort stammt der Bildhauer Franz Zauner (1746–1822). Aufgewachsen in einer fünfköpfigen Kinderschar, war der Bauernbub nicht nur Professor an der Wiener Akademie, sondern wurde später auch noch zum Edlen von Falpetan erhoben. In Tirol ist von Zauners Werk nur das Grabmal des Malers Johann Georg Grasmair in der Wiltener Basilika zu sehen.

Tipp:
✚ Wirtshaus Zum Wiesejaggl, Falpaus 105, 05472/2518

Kaunertal/Kaltenbrunn, 1 260 m

Als Buße für einen Mord bei einem Turnier in Mailand erbaute im 13. Jh. ein Edelmann die erste Kirche aus Stein, in der das von Hirten aufgefundene Gnadenbild Heimat fand. Kaltenbrunn ist seit dem 14. Jh. ohne Unterbrechung Ziel von Wallfahrern. Die bestehende Kirche Maria Himmelfahrt wurde um 1500 erbaut. Aus dem Jahr 1556 ist ein Landsknechtlied mit dem Titel „Unsere liebe Frau vom Kalten Brunn" überliefert. Sehenswert neben dem Gnadenbild, einer Madonnenstatue mit Kind, sind der gequälte Wundmalchristus (1697) von Andreas Thamasch, die Stuckarbeiten der Gebrüder Gigl (vgl. u. a. Helblinghaus und Altes Landhaus in Innsbruck) sowie die Altarfigur des hl. Josef und jene des hl. Joachim von Andreas Kölle aus Fendels.

Inntal

Landeck, 805 m, 7 362 Ew.

Landeck verdankt sein heutiges Erscheinungsbild der Industrialisierung um die Jahrhundertwende. Damals wurden die Textil AG und das Karbid-Werk der Donauchemie gegründet. Letzteres zeigt z. T. noch heute die dekorativen Fassaden der Entstehungszeit. Der damals erreichte Wohlstand schlug sich in repräsentativen Bauten u. a. im Stadtteil

Landeck   **Das Oberland**

Angedair und in der Malser Straße nieder. Als Beispiel seien die Fresken des Kufsteiner Malers Erich Torggler (1899–1938, vgl. Innsbruck, Weinhaus Happ) an der Außenfassade der „Lichtspiele" genannt.

Am rechten Innufer thront in erhöhter Lage die Burg, Zentrum des ehemaligen Gerichtsbezirks, in der das Landecker Heimatmuseum untergebracht ist. Etwas unterhalb der Burg steht die beeindruckende gotische Pfarrkirche **Unsere liebe Frau Mariä Himmelfahrt.** Als einzige Nordtiroler Basilika weist sie das für diese Bauform typische erhöhte Mittelschiff mit Fenstern oberhalb der anschließenden Seitenschiffe auf.

Das Gewölbe im Inneren, die Portallaibungen, die Maßwerkfenster und die Grabplatten sind von einheimischen Steinmetzen in höchster Qualität geschaffen worden. Ein großes Bild aus dem 17. Jh. zeigt die Gründungslegende der Landecker Pfarrkirche: Bär und Wolf haben zwei allein gelassene Kinder geraubt. Mit Hilfe der „Muttergottes im Baum" werden sie den verzweifelten Eltern zurückgebracht, die als Dank die Kirche errichten lassen. Beachtung verdient auch der gotische Altar (1513), nach den Stiftern Schrofensteiner Altar genannt, von dem Innsbrucker Bildhauer Sebald Bocksdorfer.

Unbedingt sehenswert ist im Ortsteil Perfuchs die auf einem Felsstock erhöht stehende **Burschlkirche**, zu deren Innenausstattung u. a. eine kunstvolle Schnitzarbeit von Michael Lechleitner aus Grins gehört. Der figuren- und zierratreiche rechte Seitenaltar aus Zirbenholz blieb seit 1652 unbehandelt. Michael Lechleitner (1608 oder 1614–1669) gilt als der wichtigste Meister des Frühbarock im Oberland. Der Margarethenaltar in Pians und das Altärchen in der Maria-Schnee-Kapelle in Pasnatsch-Ischgl stammen ebenfalls von ihm.

Am südlichen Ende der Malser Straße findet sich das Richterhaus. Die Fassade zeigt reiche Dekorations-

Älteste Spielkarten Tirols aus Fließ
Links: Schloss Landeck mit Landeck

Das Oberland

Stanz · Grins

und Wappenmalereien aus dem 16. Jh., wie sie für Häuser mit öffentlicher Funktion üblich waren.
Tipp:
● Schlossmuseum Landeck, Schlossweg 2, 05442/63202: älteste Spielkarten des deutschen Sprachraums, Schlosskonzerte.
Öffnungszeiten: 23. 5.–11. 10.: tgl. 10–17 h

Stanzertal
Von Landeck auf den Arlberg

Die Rosanna entspringt im Verwallgebirge. Nach der Rosannaschlucht südwestlich von St. Anton fließt sie in östlicher Richtung, bis sie sich bei Schloss Wiesberg mit der Trisanna zur Sanna vereinigt.

Stanz, 1 040 m, 591 Ew.
Eine halbe Gehstunde außerhalb von Stanz ragt hoch über dem Talboden mitten im Wald die Burgruine Schrofenstein auf, die seit dem Beginn des 19. Jh. verfiel. Erst 1947 wurden Räume im Bergfried wieder bewohnbar gemacht.
Stanz ist der Geburtsort des berühmten Barockbaumeisters Jakob Prandtauer (1660–1726), des Erbauers von Stift Melk in Niederösterreich. Das Haus Nr. 57, den ehemaligen Gasthof Löwen, ziert eine Gedenktafel. Prandtauer war neben sieben Töchtern der einzige Sohn eines Bergbauern. In Schnann erhielt Prandtauer bei Georg Asam die Ausbildung zum Maurergesellen.

Dank seiner sonnigen Lage gedeihen in Stanz die viel gerühmten Stanzer Zwetschken.

Grins, 1 006 m, 1 220 Ew.
Grins, eines der schönsten Dörfer Tirols, wurde zweimal durch einen Brand vernichtet, aber stets im alten Stil wieder aufgebaut. Vor dem Aufstieg zum Arlberg machten im Mittelalter die Fuhrleute in Grins Station. Die so genannte Römerbrücke, die den Mühlbach überspannt, ist in Wirklichkeit spätgotischen Ursprungs.

In der **Pfarrkirche St. Nikolaus** sind neben den Seitenaltarfiguren von Andreas Kölle die heiteren Deckenfresken des bayerischen Malers Matthäus Günther (1705–1788) bemerkenswert. Hervorzuheben ist die Huldigung der vier Erdteile an die Kirche, wobei Afrika durch einen nicht ganz nach der Natur geratenen Elefanten und eine überraschend breitmaulige Löwin symbolisiert wird. Die schönen Stuckaturen stammen von Franz Singer.

Dem Ehrwalder Schmiedekünstler Franz Guem wird das an der Nordseite der Kirche befindliche schmiedeeiserne Rokoko-Grabkreuz der Familie Falch zugeschrieben.

Durstige seien auf den öffentlichen Brunnen in der Ortsmitte hingewiesen: Heilkräftiges Mineralwasser ergießt sich in den Trog.

Burg Schrofenstein oberhalb von Stanz
Ganz unten: Pfarrkirche St. Nikolaus in Grins, Detail des Deckenfreskos mit Löwin von Matthäus Günther

Pians · St. Anton — Das Oberland

Pians, 856 m, 850 Ew.

Die **Margarethenkapelle** liegt auf der Anhöhe östlich des Ortskerns. Sehenswert ist der italienisch beeinflusste prächtige Freskenschmuck von 1400/1420. Die Fresken zeigen u. a. Christus als Weltenherrscher in der Mandorla, die klugen und die törichten Jungfrauen in Vierpassornamenten sowie Jesus und den Satan als Gärtner. In dieser Kapelle soll Papst Johannes XXIII. auf dem Weg zum Konstanzer Konzil (1415) eine Messe zelebriert haben (Schlüssel im Gemeindeamt, 05442/62010).

Der Speckerzeuger Handl hat in Pians seinen Sitz.

Tobadill, 1 138 m, 515 Ew.

Bei Schloss Wiesberg fließen Trisanna (aus dem Paznaun) und Rosanna (aus dem Stanzertal) zusammen. Wichtig für die Reisenden neuerer Zeiten war der Bau der Arlbergbahn in den Jahren 1880–1884 und der 1978 fertig gestellte 14 km lange Straßentunnel. Die Eisenbahnbrücke über die Trisanna wurde 1884 „als Wunderwerk der Technik" errichtet, 1964 wurde sie erneuert. Die Trisannabrücke mit dem im 13. Jh. erstmals erwähnten Schloss Wiesberg ist ein beliebtes Fotomotiv.

Strengen, 1 012 m, 1 246 Ew.

Die **Pfarrkirche zum hl. Martin** besitzt eine ehemals bei Prozessionen mitgetragene Figurengruppe, den so genannten heiligen Wandel. Das Besondere daran ist, dass die Figurengruppe zum einen die irdische – Maria, Jesuskind und Joseph – und zum anderen die himmlische Dreifaltigkeit – Gottvater, Hl. Geist und Sohn Gottes – zeigt. Urheber des heiligen Wandels ist Andreas Thamasch aus See im Paznauntal.

St. Anton, 1 284 m, 2 730 Ew.

Heinrich „Findelkind" (etwa 1340–1420), so genannt, weil seine Eltern unbekannt waren, zog über den Arlberg, wo er als Hirte in Dienst genommen wurde. Zehn Jahre lang beobachtete er die unsagbaren Mühen der Reisenden über den Arlberg, die nicht selten auf der beschwerlichen und gefahrvollen Wegstrecke den Tod fanden. Mit 15 Gulden Startkapital gründete Heinrich Findelkind das Arlberghospiz und die Christophorus-Bruderschaft. Nach Findelkinds Tod erlebte das Hospiz ein wechselvolles Schicksal, bis es, 1644 erneuert, nach einem Brand im Jahr 1957 als Hotel neu aufgebaut wurde. Auch die Christophorus-Bruderschaft

Heiliger Wandel in der Pfarrkirche zum hl. Martin, Strengen
Unten: Thöni-Haus in St. Anton am Arlberg

Das Oberland

See

Weiler Egg bei Kappl
Ganz oben: Ski- und Heimatmuseum,
St. Anton am Arlberg

prosperiert. Sie erfreut sich zahlreicher und prominenter Mitglieder.

Der Skitourismus hat in St. Anton Tradition: Der Skipionier Hannes Schneider hielt schon vor dem Ersten Weltkrieg die ersten Skikurse am Arlberg ab. 1928 wurde zum ersten Mal das berühmte Kandahar-Rennen ausgerichtet. St. Antons große Geschichte wird im Heimat- und Skimuseum beleuchtet.
Tipp:
● Ski- und Heimatmuseum, Arlberg-Kandahar-Haus, 05446/2475: Originalgegenstände und alte Fotos aus der Pionierzeit des Skilaufs. Öffnungszeiten: 20.6.–20.9.: tgl. 10–18 h, Mi. geschl.; 18.12.–1. Woche nach Ostern: tgl. 15–22 h, So. geschl.
● Arlberger Kulturtage, Verein für kreatives St. Anton, 05446/2276 (Peppi Spiss): Ausstellungen und Konzerte jährlich im April.

Paznauntal

Das Paznauntal beginnt dort, wo Rosanna (Stanzertal) und Trisanna zusammenfließen. Für Nichtbergsteiger bietet die Silvretta-Hochalpenstraße, die das Paznauntal seit 1954 mit dem Vorarlberger Montafon verbindet, die beste Aussicht auf das Silvrettagebiet, ein Dorado der Skitourengeher. Ernest Hemingway beschreibt in seiner Kurzgeschichte „Ein Gebirgsidyll" – neben der bekannten Anekdote über die den Winter über eingefroren aufbewahrten Leichen, die erst im darauf folgen-

den Frühling im Tal beerdigt werden konnten –, wie es ist, im Mai Ski zu fahren: „In der Silvretta war das Skilaufen gut gewesen, aber es war eben Frühlingsskilaufen; der Schnee war nur frühmorgens und dann wieder abends gut. Die übrige Zeit wurde er von der Sonne verdorben. Wir hatten beide die Sonne satt. Man konnte sich vor der Sonne nicht retten."

See, 1056 m, 1050 Ew.

Aus See am Beginn des Paznauntales stammt der Maler Matthias Schmid (1835–1923). Er war das sechste von acht Kindern eines Bauern. Mit 15 ging er zum „Tuifelemaler" Gottlieb Egger nach Tarrenz in die Lehre, später wurde ihm ein Stipendium zugesprochen, das ihm den Besuch der Akademie in München erlaubte. In München freundete sich Schmid mit Franz von Defregger (vgl. Osttirol) an.

Ebenfalls aus See gebürtig ist Tirols bedeutendster Barockbildhauer Andreas Thamasch (1639–1697). Thamasch hatte vor seiner Bildhauerausbildung bereits eine Tischlerlehre absolviert. Er baute dann auch seine Altäre zur Gänze selbst. Thamasch-Skulpturen sind u.a. in Kaltenbrunn im Kaunertal (Wundmalchristus), in der Zunftkirche von Bichlbach (Tropfheiland), in der Fürstengruft in der Stiftskirche von Stams, am Kalvarienberg in Rietz (Kreuzgruppe) und in der Karlskirche in Volders (Pietà) zu sehen.

Für seinen Heimatort schnitzte er einen hl. Sebastian als Prozessionsfi-

Kappl · Ischgl   Das Oberland

gur der 1690 gegründeten Sebastiansbruderschaft.

Kappl, 1 256 m, 2 611 Ew.

Die Gemeinde besteht aus den Orten Kappl und Langesthei; Kappl selbst wiederum aus vielen, manchmal noch sehr ursprünglich gebliebenen Weilern. Ein berühmter Sohn der Gemeinde ist der Bildhauer Johann Ladner (1707–1779), der für die **Pfarrkirche zum hl. Antonius** das künstlerisch wertvolle Marmorgrab des Kuraten Adam Schmid schuf. Berühmt sind die „Kappler Juden" genannten römischen Soldaten vor der Geißelsäulenchristuskapelle an der Friedhofsmauer.

Tipp:
✚ Gasthof Hirschen, Lochau 239, 05445/6208

Ischgl, 1 376 m, 1 637 Ew.

Über Ischgl meint man bereits alles zu wissen. Schließlich sind Open-Air-Popkonzerte mit Stars wie Tina Turner oder Elton John auf der Idalpe in 2 487 m Höhe nicht zu überhören. Die wenigsten wissen jedoch, dass Ischgl in seiner prachtvollen **Pfarrkirche zum hl. Nikolaus** eine besondere Reliquie besitzt: Im Altar ist ein um 1500 in Silber gefasster Knochen des hl. Stephanus aufbewahrt, der aus dem Reliquienschatz Karls des Großen stammen soll. Die Altarfiguren, auch der mit stolzem Schnauzbart dargestellte hl. Mauritius, stammen von Josef Georg Witwer, die Pietà in einer Kapellnische am Friedhof von Johann Ladner. Etwa zehn Gehminuten steil oberhalb der Kirche befindet sich auf dem Kalvarienberg eine Kreuzigungsgruppe von Johann Ladner aus dem Jahr 1763.

Allfällige Kritik am Erscheinungsbild des Feriendorfes Ischgl weist ein gereimter Spruch an der Fassade des Gasthofs Goldener Adler summarisch zurück: „Es wird kein Ding so schön gemacht / Es kommt ein Spötter der's verlacht / Wärst du früher gekommen, / hätt ich Rat von dir genommen. / Drum gehe hin und schweige Still / es baut ein jeder wie er will."

Die Maria-Schnee-Kapelle im Weiler Pasnatsch zieren ein nur 1,5 m hohes barockes Altärchen des Grinner Bildhauers Michael Lechleitner und eine Kopie der Schwarzen Gnadenmadonna von Einsiedeln.

Wie auf allen Paznauner Friedhöfen stehen auch in Ischgl Grabkreuze anstelle von Grabsteinen. Am Westeingang zum Friedhof der Pfarrkirche ist im Boden ein so genannter

Expositurkirche zum hl. Sebastian, Mathon
Unten: Pfarrkirche zum hl. Nikolaus, Ischgl, Reliquie des hl. Stephanus

Das Oberland — Galtür · Zams

Pfarrkirche Mariä Geburt, Galtür
Unten: Kronburg am Nordhang des Venet oberhalb von Zams

"Beinlbrecher" eingesetzt, ein Gitter, das den Schafen das Darüberlaufen verleidet.
Tipp:
✚ Gasthof Tannenhof, Ebene 101, 05444/5472

Galtür, 1 584 m, 773 Ew.

Große Teile des im hinteren Paznauntal gelegenen Galtür, dessen Name sich vom lateinischen „cultura" für „gerodetes Land" herleitet, wurden im katastrophalen Lawinenwinter 1998/99 zerstört. Berühmt ist seither auch der hoch aufragende spitze Turm der Wallfahrts- und Pfarrkirche Mariä Geburt, die von den verheerenden Lawinen verschont blieb. Das Innere der Kirche schmücken zahlreiche Figuren von Johann Ladner aus Diasbach in Kappl, eine Kanzel mit reichem Rokoko-Schnitzwerk aus der Werkstatt von Josef Georg Witwer aus Imst und das Chorfresko (Anbetung der Hirten) von Johann Wörle (1737–1803), ebenfalls aus Imst. Das Gnadenbild im Altar, die gotische Statue „Maria, Fürsprecherin der Armen", wurde bereits 1360 urkundlich erwähnt.

Inntal
Von Landeck nach Osten

Zams, 767 m, 3 336 Ew.

Die Pfarrkirche von Zams fiel im Jahr 1911 einem Brand zum Opfer. Das Gotteshaus wurde ein Stück weiter westlich neu errichtet, der Turm, der verschont geblieben war, wurde allerdings aus Kostengründen in seiner alten Form belassen und so hat Zams einen frei stehenden Kirchturm.

Jederzeit einen Ausflug wert ist die Kronburg am Nordhang des Venet, östlich oberhalb von Zams. Die Kronburg, das ist die pittoreske, weithin sichtbare Burgruine auf einem frei stehenden Felskopf, die Wallfahrtskirche Mariahilf südlich darunter und das dazugehörige Wallfahrtsgasthaus. Die Aussicht von der Burg auf die umgebende Bergwelt und das Klosterensemble lohnt den Aufstieg. Dieser Platz hat schon sehr früh Menschen angezogen, wie Funde aus einer prähistorischen Siedlung beweisen.

Schönwies

Das Oberland

Tipp:
* Brennerei Kössler, Stanz 57, 05442/61200 (Hr. Kössler): Herstellung einer großen Auswahl an Edelbränden, u. a. Trauben-, Beerenschnaps, Schnaps aus Malzbier. Besichtigung nur in Gruppen von max. 10–15 Personen möglich. Voranmeldung erbeten.
+ Post-Gasthof Gemse, Hauptplatz 1, 05442/62478

Schönwies, 737 m, 1 601 Ew.

Bemerkenswert an dem in idyllischer Lage über dem Dorf situierten spätgotischen **Kirchlein St. Vigil** bei Obsaurs ist die kleine spätgotische Kanzel aus Holz mit flachen Laub- und Blüten-Schnitzereien. Außen und innen schmücken die Kirche zahlreiche Fresken aus der Zeit von 1500 bis 1650. Ungewöhnlich ist der weibliche Drache an der Außenwand mit einem unübersehbaren Gesäuge; unterhalb der Kreuzigungsgruppe sind sieben weibliche Heilige, die „Sieben Zufluchten", dargestellt; die dem Tal zugewandte Nordseite wurde mit einem weithin sichtbaren Christophorusfresko dekoriert.

St. Vigil ist Nordtirols einzige Verehrungsstätte der drei Jungfrauen Ambett, Gwerbett und Wilbett. Eine Legende berichtet, die drei seien burgundische Prinzessinnen im 11 000 Jungfrauen zählenden Gefolge der hl. Ursula gewesen, die vor Attila, dem Hunnenkönig, flohen. Wo die im 3. Jh. in England geborene Heilige mit den Jungfrauen rastete, entsprang nicht nur alsbald eine Quelle, sondern es begann auch noch ein Kirschbaum zu blühen.

Möglicherweise leiten sich die eigenartigen Namen dieser drei heiligen Jungfrauen von der keltischen Trinität Mondmutter, Sonnenmutter

St. Vigil bei Obsaurs in Schönwies
Unten: Kirche Mariä Reinigung bei Falterschein

Das Oberland

Arzl im Pitztal

Prophetenfigur aus der Kirche St. Mauritius, Wenns, Tiroler Landesmuseum Ferdinandeum

und Erdmutter her. Ambett, Gwerbett und Wilbett wurden von der katholischen Kirche nie als Heilige anerkannt. Es wäre gut möglich, dass die heidnischen Jungfrauen zu christlichen umgedeutet wurden: Gemäß der Anweisung von Papst Gregor dem Großen († 604), „heidnische Feste nicht einfach zu verbieten, sondern statt dessen zu versuchen, ihnen einen christlichen Sinn zu geben", könnten die Obsaurer Jungfrauen in der christlichen Jungfrauentrias Margarete, Barbara und Katharina aufgegangen sein. Der bekannte Spruch „Margaretha mit dem Wurm, Barbara mit dem Turm, Katharina mit dem Radl, das sind die drei heiligen Madl" klingt jedenfalls wie eine Gedächtnisstütze, mit deren Hilfe die Gläubigen sich an die neuen Namen der Heiligen erinnern sollen.

Bemerkenswert ist neben der „Winkelmuttergottes", einer romanischen Madonnenfigur, der Hochaltar von Johann Schnegg aus Arzl. (Schlüssel bei Fam. Pohl, 05418/ 5176, Obsaurs 2; dieses Haus zeigt auf seiner Stirnseite eine Kopie der Cranach-Madonna.)

Pitztal

Das Pitztal verläuft auf rund 45 km leicht geschwungen von seiner Mündung bei Arzl im Norden bis zum Talschluss bei Mittelberg. Die Pitze hat sich tief eingeschnitten, steile Wald- und Felshänge reichen mitunter bis ins Tal.

Arzl im Pitztal, 880 m, 2 779 Ew.

Am Eingang zum Pitztal liegt Arzl. Der Name hängt entweder mit „arc" für „Erz" zusammen oder leitet sich von „arcella" für „kleine Burg" ab. Bei Grabungen auf dem Burgstall über Arzl fand man Belege für eine frühe Besiedelung. Römische Befestigungsreste lagen über hallstattzeitlichen Spuren einer bäuerlichen Siedlung und bronzezeitlichen Keramikfunden.

Die Pfarrkirche zu den hll. Ingenuin und Albuin zeigt Fresken (im Chor die Marienkrönung unter geschweiften Sternen) des noch jungen Emanuel Raffeiner (1881–1923), eines der letzten großen Kirchenmaler, dessen Meisterwerk etwas innabwärts in Roppen zu bewundern ist. Eigen ist der Verbindungsgang zwischen Widum und Pfarrkirche, der auf der Höhe des ersten Stockes die Dorfstraße quert.

Arzl rühmt sich eines weiteren, spektakulären Übergangs: Über die Pitzenklamm spannt sich (137,7 m lang) mit einer Höhe von 94 m Europas höchste Fußgängerbrücke.

Der aus Arzl stammende Bildhauer Johann Schnegg (1724–1784) machte Karriere in Bayreuth und am Hof Friedrichs des Großen in Berlin, bevor er nach dem Tod seiner Frau, von Heimweh gepackt, wieder in die Heimat strebte und dort arbeitete. Die Kirche von Arzl besitzt ein Schnegg-Kruzifix.

Tipp:

✱ Schuler Josef, Wald 53, 05412/ 65188: Kerbschnitzereien, Bauerntruhen. Öffnungszeiten: tgl., Anmeldung erbeten.

Wenns · St. Leonhard im Pitztal — Das Oberland

Wenns, 982 m, 1 979 Ew.

Im Tiroler Landesmuseum Ferdinandeum sind zwei der eindrucksvollen, streng säulenhaften romanischen Prophetenfiguren (13. Jh.) aus dem nicht mehr bestehenden Kirchlein St. Mauritius zu bewundern.

Berühmt ist das **Platzhaus** in Wenns, der heutige Gasthof Stern: Reiche Renaissancemalereien kombinieren hier biblische und profane Themen.

Wenns ist der Geburtsort von Christian Josef Tschuggmall (1785–1845), der mit seinem „Mechanischen Kunsttheater" (vollautomatische Marionetten, z. B. Pierrot, Weintrinker, die seiltanzende Madame Blondine) auf abenteuerliche Weise ganz Europa bereiste. Die Figuren dieses Theaters können im Münchner Stadtmuseum besichtigt werden.

Wer nicht von Fließ einen Abstecher auf die Pillerhöhe und zum „Gachen Blick" gemacht hat, könnte nun von Wenns aus den Brandopferplatz auf der Piller Höhe besuchen (vgl. Fließ).

Jerzens, 1 107 m, 923 Ew.

Die spätbarocke Pfarrkirche mit nazarenischen Altarblättern von Caspar Jele (1814–1893) ist dem hl. Gotthard geweiht. Dies stellt in Tirol eine Besonderheit dar, die man sich damit erklärt, dass Jerzens von Walsern besiedelt wurde.

Platzhaus in Wenns

St. Leonhard im Pitztal, 1 366 m, 1 483 Ew.

St. Leonhard ist die viertgrößte Gemeinde Tirols; sie zieht sich 34 km lang durch das Pitztal. Kenner moderner Architektur sind auf den Weiler Mandarfen hinzuweisen, wo das Architektenehepaar Alois und Elena Neururer im Alpinhotel und im Hotel Vier Jahreszeiten ebenso zeitgemäße wie ansprechende Hotelarchitektur geschaffen hat.

Die Wildspitze, mit 3 768 m der höchste Berg Nordtirols, liegt im Gemeindegebiet von St. Leonhard.

Tipp:

✻ Alte Mühle in St. Leonhard, 05413/87362 (Hr. Schranz): Getreidemühle, Sägewerk, Wasserkraftwerk.

Öffnungszeiten auf Anfrage

Das Oberland — Imst

Laurentiuskapelle (Hintergrund) am Kalvarienberg, Imst
Rechts: Pfarrkirche Mariä Himmelfahrt, Imst
Unten rechts: Grab Heini Sikora im Friedhof der Pfarrkirche von Imst

Inntal

Imst, 827 m, 8 542 Ew.

Das erst 1898 zur Stadt erhobene Imst – im Mittelalter hatten sich die Imster geweigert, eine Stadtmauer zu bauen – liegt auf früh besiedeltem Boden. Bronze- und eisenzeitliche Funde, die um 500 n. Chr. auf römischen Fundamenten erbaute romanische Laurentiuskapelle am „Bargl" (Kalvarienberg) und die erste urkundliche Erwähnung des Ortes als „oppidum Humiste" im Jahr 763 belegen die Kontinuität der Besiedelung.

Imst brannte im Jahr 1822 völlig nieder. Im Zusammenhang damit steht wohl die auffällig große Zahl von Brunnen im Stadtzentrum. Die imposante spätgotische **Pfarrkirche Mariä Himmelfahrt** wurde nach diesem Brand neu gewölbt und im 19. und 20. Jh. regotisiert.

Die Außenansicht dominieren der hoch aufragende Turm, der abgestufte Giebel und der breite gemalte Maßwerkfries unterhalb des Dachgesimses. An der Außenseite blieben Reste von gotischen Fresken (um 1500), u. a. Darstellungen von Szenen aus dem Imster Bergbau, erhalten. Der Turm der Imster Pfarrkirche ist mit 86 m der höchste Kirchturm

Tirols und der dritthöchste Österreichs. Auf dem Friedhof bei der Pfarrkirche zeigen reich dekorierte Rokokokreuze die Schmiedekunst des 18. Jh. Rührend ist ein unscheinbares Holzkreuz am Nordosteck der Kirche, das Pepi Hauenzwickel für seinen verunglückten Zirkusartistenkollegen Heini Sikora mit dem Datum „28. August 1928" aufstellen ließ: „Artisten, seltsame Leute, Kam erst gestern, ging schon heute, wagt auf dem Seile sein Leben bloss, Künstlerleben – Künstlerlos."

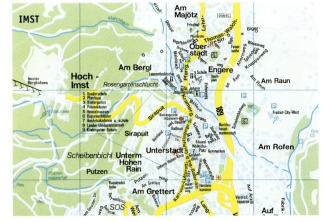

Imst | Das Oberland

Das Innere der dreischiffigen Hallenkirche beeindruckt mit den auf Halbsäulen ruhenden Stern- und Rippengewölben. Im Chor sind qualitativ hochwertige Arbeiten der Tiroler Glasmalerei- und Mosaikanstalt zu sehen. Die neugotische Kanzel stammt vom Imster Bildhauer Franz Xaver Renn.

Auf dem Weg von der Pfarrkirche zur Johanneskirche durch die Pfarrgasse passiert man schöne Rokoko-Fensterkörbe an der Fassade des Klosters der Barmherzigen Schwestern, ein Sgraffito (1975) an der Fassade der Konditorei Gasser, das auf die Fastnachtsbräuche Bezug nimmt, und die originelle Eingangstür zum Haus Nr. 23, eine Schnitzarbeit des Tarrenzer Bildhauers Karl Ludwig Siber (1887–1955), die zwei Arbeiter darstellt.

Die **Johanneskirche** wurde, wie große Teile des Ortes, nach dem Brand von 1822 wieder errichtet. Im Inneren ist auf den linken Seitenaltar aus dem 17. Jh. hinzuweisen: Die ruhige Zuversicht im Ausdruck des hl. Michael wird kontrastiert von der nahezu grotesk wirkenden Überraschtheit im Gesicht des besiegten Satans.

Hinter der Johanneskirche führt der Weg zu einer Sehenswürdigkeit ganz anderer Art: Unmittelbar vom Stadtzentrum spaziert man in die bekannte Rosengartenschlucht, an deren Beginn höchst pittoreske Höhlenhäuser in den Konglomeratfelsen hineingebaut sind. Der Bach tost in der wildromantischen Schlucht, die man, teils auf Stegen und in den Fels gehauenen Stufen, sicher begehen kann.

Erwähnt sei der berühmte Imster Fastnachtsbrauch, der Schemenlauf, der alle drei Jahre – nächster Termin 2002 – unter reger Teilnahme der Bevölkerung stattfindet. Bemerkenswert ist, dass Hermann Gmeiner 1948 in Imst das erste SOS-Kinderdorf gründete.

Bekannt sind die Imster Vogelhändler, auch aus der Operette „Der Vogelhändler" von Carl Zeller, in der es heißt: „Gelbe Vögl trag ich aus – goldne Vögl (Dukaten) bring ich z'haus." Kanarienvögel richtete man zum Singen ab, um sie dann in Käfigen auf einem Tragegestell, der Kraxe, nach Deutschland, Italien, Russland und bis in den Orient und nach Amerika zu transportieren und dort zu verkaufen.

Der in Imst geborene Maler Theodor von Hörmann (1840–1895) war einer der ersten Impressionisten in Österreich (Bilder im Tiroler Landesmuseum Ferdinandeum). In Tirol setzte sich der neue Malstil erst kurz nach 1900 mit Josef Wopfner, Rudolf Nißl und Hans Josef Weber-Tyrol richtig durch.

Im Heimatmuseum findet sich u. a. eine Anna Selbdritt (1515) von Jörg Lederer, dem Meister der Allgäuer Spätgotik.

Tipp:
● Heimatmuseum, Ballgasse 1, 05412/691010 (TVB): sakrale und profane Kunst, krippen, Imster Fastnacht, Wirtschaftsgeschichte, z. B. Vogelhandel.

Höhlenhäuser am Eingang der Rosengartenschlucht bei Imst
Unten: Anna Selbdritt von Jörg Lederer, Heimatmuseum Imst

69

Das Oberland

Tarrenz · Nassereith

Öffnungszeiten: Ab Sommer 2001 wieder zu besichtigen.
● Bäuerliche Gerätesammlung der landwirtschaftl. Landeslehranstalt Imst, Meraner Str. 6, 05412/66346-0 (Heinrich Nager): bäuerliche Arbeitsgeräte.
Öffnungszeiten: Sept.–Ende Juni, Anmeldung erforderlich.
✷ Kunstgewerbliche Weberei Schatz, Karrösten 18, 05412/65809 (Fr. Schatz): Tischwäsche aus Naturfaser (Baumwolle und Leinen), Schafwoll- und Fleckerlteppiche.
Öffnungszeiten: Mo.–Fr. 8–12 h u. 13.30–18 h, Sa. 8–12 h; für Gruppenführungen Anmeldung erbeten.

Gurgltal

Tarrenz, 836 m, 2 480 Ew.

Im 14. Jh. errichtete das mächtige Geschlecht der Starkenberger die Burg Alt-Starkenberg. Als über den Landesherrn Friedrich IV. (1382–1439) die Reichsacht verhängt wurde, weil er als Generalhauptmann des Gegenpapstes Johannes XXIII. dessen Flucht aus Konstanz ermöglicht hatte, erhoben sich die Starkenberger gegen Friedrich. Er wurde allerdings wieder als Tiroler Landesherr eingesetzt und rächte sich in der Folge an den Untreuen. Die Starkenberger verloren ihren gesamten Besitz, die Burg Alt-Starkenberg verfiel. Der Name Starkenberg ist heute auf kulinarischer Ebene ein Begriff: Im Sudhaus von Schloss Neu-Starkenberg wird das meistprämierte Bier Österreichs gebraut.

Der Dadaismus, eine Künstlerbewegung, die sich vorgenommen hatte, den bürgerlichen Kulturbegriff in Frage zu stellen, machte auch Station in Tirol: 1921 urlaubte Max Ernst mit seiner Familie in Tarrenz. Er schlug seinen Dada-Freunden vor, an seinem Urlaubsort eine „Konferenz der Potentaten" zu veranstalten. Die Witterung stellte gleich bei der Ankunft der Dadaisten deren Vorstellung von Sommer in Frage: Es kam – im August – zu einem literarisch verwerteten Wettersturz mit Neuschnee in den Bergen.
Tipp:
● Heimatmuseum, Schulgasse, 05412/ 68014 (Hr. Fischer): Gegenstände aus dem 16. und 17. Jh., wechselnde Ausstellungen.
Öffnungszeiten: Ende Mai–Ende Sept.: Fr. 18–20 h, So. 10–12 h; Führungen auf Anfrage.

Nassereith, 838 m, 2 191 Ew.

Die auf Geheiß von Sigmund dem Münzreichen inmitten des südlich des Fernpasses gelegenen, unwirklich türkisfarbenen Fernsteinsees zum Jagdschloss ausgebaute Sigmundsburg ist heute eine Ruine. Nicht nur Sigmund liebte den Fernsteinsee: Noch älter als die Sigmundsburg ist die Klause Fernstein, von der nur mehr der Wohnturm als Ruine erhalten ist. Diese 1288 erstmals erwähnte Zollstation befand sich an der Via Claudia Augusta (vgl.

Schellermasken, Nassereith

Mieming   Das Oberland

Außerfern). König Ludwig II. von Bayern (1845–1886) wohnte wiederholt im heute als Hotel geführten Schloss Fernsteinsee (16. Jh.), um im Kahn nächtliche Ausflüge auf dem See zu unternehmen. Besonders sehenswert im Schloss Fernstein sind die gotisch gewölbten Herrschaftsräume und der Saal mit barocken Freskenmedaillons (zugänglich nur für Hotelgäste).

„Mohrenspritzer", „Scheller" und „Roller" – immer nur im Paar – (der Roller verkörpert den Frühling, der Scheller mit seinem großen Schnurrbart, dem riesigen Kopfputz und den großen Kuhglocken um die Leibesmitte den Winter), „Kehrer", „Kübelemajen" treten alle drei Jahre – abwechselnd mit Telfs und Imst – beim Schellerlaufen in Nassereith auf. Der nächste Fastnachtstermin für Nassereith ist der Februar 2001.

Der berühmteste Sohn Nassereiths ist der Dramatiker Franz Kranewitter (1860–1938). Der antiklerikale Kranewitter war trotz (oder wegen) der Tatsache, dass seine Stücke nicht auf ungeteilte Zustimmung stießen, in seiner Heimat ein geachteter Mann. Als er den Tiroler Nationalhelden Andreas Hofer menschlich sein ließ, mit Fehlern behaftet, wurde das Stück „Andre Hofer" in Wien noch vor der Premiere abgesetzt und Innsbruck bescherte es einen veritablen Theaterskandal. Am häufigsten gespielt werden heute „Die sieben Todsünden".
Tipp:
● Fasnachtmuseum, Sachsengasse 81a, 05265/5480 (Hr. Thurner): Masken und Kostüme für das Schellerlaufen.
Öffnungszeiten auf Anfrage

Mieminger Plateau

Von Nassereith führt eine landschaftlich reizvolle Route über den Holzleithen-Sattel auf das sonnige Mieminger Plateau mit den Gemeinden **Obsteig** (991 m, 913 Ew.), **Mieming** (864 m, 2 689 Ew.) und **Wildermieming** (872 m, 684 Ew.) mit dem so genannten „Bergdoktor-Haus", der Kulisse für eine weitum beliebte Fernsehserie. Obsteig ist berühmt für seine Lärchenwiesen. Die Bauern ließen nur diese Bäume aufkommen, weil darunter Gras wachsen kann.

„Bergdoktor-Haus" am Mieminger Plateau
Unten: Lärchenwald am Mieminger Plateau

Das Oberland

Mötz · Sautens

Inntal
Weiter nach Osten

Mötz, 654 m, 1 163 Ew.

Zwischen Obsteig und Barwies zweigt die Straße nach Mötz ins Inntal ab. Oberhalb von Mötz ragt der schlanke Turm der viel besuchten Wallfahrtskirche **Maria Locherboden**, eigentlich „Maria, Hilfe der Christen", in den Himmel. Die erst 1896 erbaute Kirche geht auf die wundersame Heilung der von Kindheit an schwächlichen Maria Kalb aus Rum bei Innsbruck zurück. Die Muttergottes erschien der jungen Frau und befahl ihr, sie in der Gegend von Mötz an einem in Vergessenheit geratenen Wallfahrtsort zu besuchen. Die Todkranke wurde von ihren Verwandten auf den Locherboden gebracht, wo sie sich tatsächlich schnell von ihren Leiden erholte.

Das Innere der Wallfahrtskirche hat der Innsbrucker Maler Toni Kirchmayr (1887–1965) in den Jahren 1915/16 im Jugendstil ausgemalt. Kirchmayr hat im Laufe seines Lebens über hundert Kirchen gestaltet (vgl. Kriegerdenkmal in Weerberg und Obertilliach). Von Maria Locherboden blickt man direkt nach Rietz zur ebenfalls auf einer Anhöhe gelegenen Wallfahrtskirche zum hl. Antonius von Padua.

Roppen, 724 m, 1 582 Ew.

Auch in der **Pfarrkirche St. Leonhard** begegnet man dem in Tirol seltenen Jugendstil. Die außen klassizistische Kirche überrascht und beeindruckt im Inneren mit Wand- und Deckenmalereien des Schwazer Malers Emanuel Raffeiner (1881–1923) aus dem Jahr 1910. Raffeiner war der Sohn eines Altarbauers und Kunsttischlers, in dessen Werkstatt er hätte eintreten sollen. Der Vater schickte ihn jedoch, als sich das Zeichentalent des Sohnes immer deutlicher zeigte, zu den Kirchenmalern Albrecht von Felsburg und Heinrich Kluibenschedl in die Lehre. Raffeiner setzte seine Studien in München und Padua fort. 1907 erhielt er seinen ersten großen Auftrag, nämlich die Kirche von Arzl im Pitztal auszumalen. Nach einem weiteren Studienaufenthalt in Rom schuf er sein Hauptwerk, die Fresken in der Roppener Pfarrkirche. Er starb mit nur 42 Jahren an einer Lungenkrankheit. Die Roppener Kriegergedächtniskapelle zeigt ein Fresko des Innsbrucker Malers Wilhelm Nikolaus Prachensky (1898–1956).

Ötztal

Sautens, 812 m, 1 277 Ew.

Hübsch auf einem Hügel über dem Ort steht die spätklassizistische **Pfarrkirche Mariä Heimsuchung**. Das Innere schmücken u. a. Altarfiguren von Franz Xaver Renn. Von der Pfarrkirche hat man einen guten Blick auf den Oetzer Ortsteil Ötzerau am gegenüberliegenden Talhang und den das vordere Ötztal beherrschenden Gipfel, den Acherkogel.

Pfarrkirche Mariä Heimsuchung, Sautens
Ganz oben: Pfarrkirche St. Leonhard, Roppen, Innenraum

Oetz · Umhausen   Das Oberland

Oetz, 812 m, 2 194 Ew.

Im historischen Dorfkern von Oetz ziehen Häuser mit gotischen Portalen, Erkern und Fassadenmalereien aus der Renaissance die Aufmerksamkeit auf sich, z. B. der **Gasthof Stern** (1573) mit reichen Fassadenmalereien (Adam und Eva, Kain erschlägt Abel, David und Goliath, Christophorus in bäuerlicher Tracht) und das **Glockengießerhaus** im Weiler Habichen auf der orographisch linken Seite der Ötztaler Ache. Dieses ist der Stammsitz der Glockengießerfamilie Graßmayr, die seit 1599 Kirchenglocken gießt. Bisweilen gossen Graßmayrs auch Kanonenkugeln. Seit 1836 werden die Glocken in Innsbruck hergestellt.

Interessant in der gotischen **Oetzer Pfarrkirche** zu den hll. Georg und Nikolaus ist der barocke Engelsaltar in der Unterkirche, genannt **Michaelskapelle** (1683), mit einem „Höllenrachenrelief" und einer Teufelsfigur, die starke Ähnlichkeiten mit den im Oberland gebräuchlichen Fastnachtsfiguren aufweist: Der dreihörnige Teufel mit Fledermausohren reißt die Augen auf und streckt gleich zwei Zungen heraus, während ein unbeeindruckter hl. Michael in Siegerpose auf seiner Brust steht.

Die **Galerie zum alten Ötztal** ist in einem Bauernhaus mit anschließendem Stadel eingerichtet. Eine große Sammlung historischer Abbildungen des Ötztals bilden das Herz der Galerie, die sich auch zeitgenössischer Kunst widmet. Vor der Galerie steht – in Form einer Kopie – die Allegorie der Geduld von Matthias Bernhard Braun (1648–1738). Der aus Oetz stammende Braun wurde nach Lehrjahren in Italien zum berühmtesten Barock-Bildhauer Böhmens. Er schuf das Pyramidengrab des böhmischen Kanzlers Graf Schlick im Prager Veitsdom, Figuren von seiner Hand schmücken auch die Prager Karlsbrücke.

Etwas östlich von Oetz befindet sich in idyllischer Waldlage der **Piburger See** – 800 m lang und 30 m tief –, einer der wärmsten Badeseen Tirols. Das Baden ist aus Naturschutzgründen allerdings nur am Südende des Sees erlaubt.
Tipp:
● Galerie zum alten Ötztal, Piburgerstraße 4, 05252/6485 (Hans Jäger): historische Fotos, wechselnde Ausstellungen. Öffnungszeiten: Mitte Mai–Ende Sept.: tgl. 14–17 h, Mo. geschl.
✚ Gasthof Perberschlager, Habichen 16, 05252/6325-0

Umhausen, 1 031 m, 2 793 Ew.

In der zweiten Hälfte des 17. Jh. drückte die Maurer- und Baumeisterfamilie Keil der ganzen Region ihren Stempel auf. Vor allem im Ötz- und im Pitztal hat sich so ein besonderer Stuckdekorationsstil mit Perl- und Blattleisten und Blumengehängen herausgebildet, der u. a. am **Gasthof**

Wallfahrtskirche Maria Schnee im Umhauser Ortsteil Östen
Ganz oben: Fassadenmalerei am Gasthof Stern in Oetz

Das Oberland — Umhausen

Weiler Farst über dem Umhausener Ortsteil Östen

Oben Mitte: Der Stuibenfall, mit 160 m der höchste Wasserfall Tirols, bei Umhausen

Ganz oben: Pfarrkirche zum hl. Vitus, Umhausen, hl. Stephanus an der westlichen Außenwand

Krone mit dem stuckverzierten Renaissance-Erker zu sehen ist. Josef Keil wird auch die Dekorationsmalerei am barocken Widum zugeschrieben.

Die **Pfarrkirche zum hl. Vitus** gilt als die älteste Kirche im Tal. An der westlichen Außenwand sind die hll. Laurentius und Stephanus abgebildet, wie sie gemartert werden. An der Südwand ist ein Christophorus-Fresko aus dem 14. Jh. zu sehen. Bemerkenswert ist im Inneren der Kirche u. a. der Taufstein aus dem 15. Jh. in der Nepomuk-Kapelle.

Besonders reizvoll und von weitem sichtbar ist die zwischen zwei Pappeln inmitten einer Wiese stehende barocke **Wallfahrtskirche Maria Schnee** im Umhausener Ortsteil Östen. Das Hauptaltarbild aus der Zeit um 1700 stellt das Wunder von Maria Schnee dar: Göttlich bewirkter Schneefall zeigte die Stelle an, an der die Kirche zu errichten war.

In Umhausen wurde zur Leinenherstellung weißer Flachs angebaut. Mit Flachs hat auch der höchste Wasserfall Tirols, der Stuibenfall, zu tun. Der 160 m in die Tiefe stürzende weißschäumende Bach heißt nämlich nach dem Flachs, der „Hoar" (Haar) genannt wurde, Hoarlachbach.

Im Ortsteil **Köfels** fand der Pfarrer Adolf Trientl (1817–1897) Bimssteine. Diese geologische Besonderheit erklärt man sich damit, dass vor etwa 9 000 Jahren ein gigantischer Bergsturz stattfand. Durch die große Reibungswärme soll Bimstein entstanden sein. Adolf Trientl ist in Tirol auch als Neuerer der Landwirtschaft bekannt. Die geringen Erträge, die die Bauern in seiner Heimat erwirtschafteten, ließen ihn nach Verbesserungen suchen. Er propagierte genossenschaftliche Sennereien und eine damals ganz neue Düngemethode, die Kompostwirtschaft, deretwegen ihn die Bauern auslachten und als „Mistapostel" apostrophierten.

Ein besonderer Platz ist der Weiler **Farst,** 500 m über Östen. Angesichts der Höhe und der exponierten Lage des Weilers versteht man, dass Viehhändler bis zum Bau der Straße in den 70er Jahren die gekaufte Ware erst bezahlten, wenn ihnen die Farster das Vieh im Tal übergaben.

Tipp:
● Kulturboden Umhausen, 05212/3465 (Martin Marberger): Symposien rund ums Essen: „Geschichte Aufkochen", alljährlich im August.
✱ Handweberei, Am Sand 155, 05255/5213 (Cilli Doblander): Fleckerl- und Schafwollteppiche, Schafwolljacken; auf Handwebstühlen wird Ötztaler Leinen gewebt.
Öffnungszeiten: Mo.-Fr. 9–12 h u. 15–18 h, Mi. nachm. geschl., Gruppenführung auf Anfrage
✱ Schafwollweberei Regensburger, Haus Nr. 305, 05255/5293: Schafwollteppiche, Strickwolle und Patschen, Wollwäscherei.
Öffnungszeiten: Mo.-Fr. 7–12 h u. 13–18 h
✱ Ötztaler Kunstschmiede und Schloserei Praxmarer, Peter Praxmarer,

Längenfeld — Das Oberland

Dorf, 0664/3254806
Öffnungszeiten: Voranmeldung erbeten.
✱ Schindelmacher, Östen 41, 05255/5389 (Herbert Frischmann): händische Dachschindelerzeugung.
Öffnungszeiten: Voranmeldung erbeten.
✱ Ötztaler Glasmalerei, Gasthof Tiroler Adler, Dorf 141, 0699/10091630 (Regina Doblander): Glas- und Hinterglasmalerei.
Öffnungszeiten: Voranmeldung erbeten.

Längenfeld, 1 179 m, 3 973 Ew.

Der Gamskogel südöstlich über Längenfeld und die **Pfarrkirche zur hl. Katharina** mit dem um 1820 bemalten gotischen Turm bestimmen das Ortsbild. An der Südseite der Kirche, an einem verbliebenen gotischen Strebepfeiler, ist das Zunftzeichen der Schneider, Schere und Nadel, und das der Jäger, Gamskrickel und Fische, zu sehen. Die Schmiede sind mit Hufeisen und Zange vertreten.

Von den Malereien des Telfer Malers Josef Anton Puellacher (1737–1799) blieb über dem gotischen Portal auf der Westseite nur eine Darstellung der „heiligen Madln" Ursula, Katharina und Barbara erhalten. Die klassizistischen Deckengemälde von Josef Arnold d. Ä. (1788–1879) stellen Szenen aus dem Leben der hl. Katharina – den Disput mit den Philosophen, die Enthauptung und die Himmelfahrt – dar.

Die spätgotische **Pestkapelle am Kropfbühel**, eigentlich Filialkirche zur Hl. Dreifaltigkeit, liegt auf einem Hügel westlich außerhalb des Ortes. Als die Pest von Norden ins Tal kam und in Unterlängenfeld die ersten Opfer zu beklagen waren, sollen sich die Oberlängenfelder geweigert haben, die Toten bei der Kirche zu begraben. Also wurden sie auf dem Kropfbühel beigesetzt. Die Kirche wurde in den 1660er Jahren von Christian Keil erbaut. Bemerkenswert sind im Inneren der Altar von Kassian Götsch (1656–1719) aus Burgstein und eine Schwarze Madonna am linken Seitenaltar.

Im Längenfelder Ortsteil Lehn befindet sich das **Ötztaler Heimatmuseum.** In einem 300 Jahre alten Getreidespeicher sind Gegenstände aus dem bäuerlichen Alltag zu sehen. Flachs und das daraus gefertigte Leinen waren bis in die Mitte des 20. Jh. wichtige Wirtschaftsgüter.

Tipp:
● Ötztaler Heimatmuseum, Lehn 24, 05253/5540: Gegenstände aus dem bäuerlichen Alltag, u. a. zur Flachsbearbeitung.
Öffnungszeiten: 1. 6.–30. 9.: Mo.–Fr. 10–12 h u. 14–17 h, So. 14–16 h und auf Anfrage, Sa. u. Feiert. geschl.
● Pro Vita Alpina, 05253/5436 (Gerhard Prantl): Lebendige Volkskultur

Pestkapelle am Kropfbühel bei Längenfeld

Das Oberland

Sölden · Vent

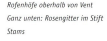

Rofenhöfe oberhalb von Vent
Ganz unten: Rosengitter im Stift Stams

unter Beteiligung anderer Ötztaler Gemeinden, jährlich im August und September.
● Kulturinitiative Feuerwerk, 05253/5436 (Gerhard Prantl): Künstlerworkshops und -symposien, Kinderprogramm im Juli.
✱ Schnitzer Josef Neurauter, Runhof 175, 05253/5382
Öffnungszeiten: Mo.–Sa., Voranmeldung erbeten.
✚ Gasthaus Mesner-Stuben, Haus am Platz, 05253/6290

Sölden, 1 368 m, 3 323 Ew.
Die **Pfarrkirche Mariä Heimsuchung** ist ein Ort der Ruhe im belebten Ferienort Sölden. Sehenswert sind die Deckengemälde vom Telfer Maler Josef Anton Puellacher (1737–1799) und der gotische Taufbrunnen (1522) von Jakob von Tarrenz im Chor.

Vent, 1 900 m, 160 Ew.
Das 1836 von Ludwig Sturm gemalte Hauptaltarbild in der wunderschön, hoch über dem Eingang des Venter Tals gelegenen **Kirche von Heiligkreuz** stellt die Kirche selbst in der Landschaft dar. Reizvoll ist im klassizistischen Kirchenraum die Kanzel mit Akanthusranken, Fruchtgirlanden und figürlichen Reliefs.
Franz Senn (1831–1884), einer der Mitbegründer des deutschen Alpenvereins, war Pfarrer in Vent. Er gestaltete das Widum (Pfarrhof) zum Alpengasthaus „Zum Kuraten" um und richtete zwei Gästezimmer ein; im Sommer 1861 beherbergte er immerhin 200 Gäste. Senn setzte später seine wirkungsvolle Erschließungstätigkeit im Stubaital fort.
Die **Rofenhöfe** auf 2 018 m sind die höchsten ganzjährig bewirtschafteten Bauernhöfe Tirols. 1285 wird zum ersten Mal ein Schwaighof „in Vende ze Roven" erwähnt. Die Rofenhöfe haben im Lauf der Geschichte gerichtlich und steuerlich eine Sonderstellung eingenommen. Seit 1350 besaßen sie „Asyl-, Jagd- und Fischereirecht, Burgfrieden und Steuerfreiheit". Herzog Friedrich IV. (Friedrich mit der leeren Tasche) soll hier Zuflucht genommen haben, als er sich, mit der Reichsacht belegt, versteckt halten musste. Die legendäre Geierwally aus Elbigenalp flüchtet sich in Wilhelmine von Hillerns einst viel gelesenem gleichnamigem Roman vor dem gewalttätigen Vater auf die einsamen Rofenhöfe, weil sie den vom Vater bestimmten Bräutigam nicht heiraten will.
Am 19. September 1991 fand ein deutsches Urlauberehepaar den „Mann vom Hauslabjoch". **„Ötzi"**, wie die Gletschermumie beharrlich genannt wird, war ein Mensch der Jungsteinzeit, der im ewigen Eis die Zeitläufte überdauert hat und uns zeigt, dass die Berge schon sehr lange begangen werden. „Ötzi" wurde knapp hinter der italienischen Grenze aufgefunden, also wurde er als „italienischer Staatsbürger" nach Bozen in das Archäologische Museum überstellt.

Haiming · Stams   Das Oberland

Zurück im Inntal

Haiming, 670 m, 3 768 Ew.

Am Eingang zum Ötztal liegt Haiming. Den isolierten Kirchenhügel südlich des Ortskerns krönt die **Pfarrkirche St. Chrysant und Daria,** ein spätgotischer Bau, der um 1900 neugotisch ausgestattet worden ist. Bemerkenswert sind die Glasfenster im südlichen Chor aus dem Jahr 1521; es handelt sich dabei um die Wappenscheiben der insbesondere im Unterinntal bedeutsamen Familie der Freundsberger (vgl. Schwaz).

Beim Stichwort Haiming denkt man in Tirol einerseits an die Äpfel, die in dieser günstigen inneralpinen Lage bestens gedeihen, und andererseits an das Raften, die in der Imster Schlucht ausgeübte Trendsportart.
✱ Haiminger Bauernmühle, Biohof Glatzl, Dorfstraße 22, 05266/88013: Herstellung verschiedener Mehlsorten.
Öffnungszeiten: April–Nov.: Führungen auf Anfrage unter 05266/88307

Stams, 672 m, 1 329 Ew.

Neben Wilten und Fiecht ist das **Zisterzienserstift Stams** das dritte Stift in Nordtirol, das vom Mittelalter bis herauf in die Gegenwart eine bedeutende religiös-kulturelle Rolle gespielt hat. 1273 wurde das Kloster von Meinhard II. von Tirol-Görz und seiner Gemahlin Elisabeth (Mutter des letzten Hohenstaufers Konradin) als Grabstätte der Tiroler Landesfürsten (u. a. Herzog Sigmunds des Münzreichen, Meinhards II., Maria Bianca Sforzas) gegründet. Die Zisterzienser in Stams agierten als Meinhards Verwalter. Sie trieben die Steuern ein und regelten Rechtsstreitigkeiten.

Von der 1284 geweihten romanischen Basilika sind nur Reste erhalten. Im 17. und 18. Jh. erfolgte die barocke Umgestaltung, für die der wohlhabende Orden herausragende Künstler engagierte, die Stams zu einem der schönsten barocken Baudenkmäler in Österreich gemacht haben. Der mächtige Westtrakt des Klosters wurde nach den Plänen der Innsbrucker Baumeister Johann Martin und Georg Anton Gumpp erbaut. Der eindrucksvolle Hochaltar in der Stiftskirche von Bartlmä Steinle († 1628), ein von Adam und Eva ausgehender Lebensbaum mit 84 Figuren, ist ein Meisterwerk barocker Schnitzkunst. Der Holzwurm setzte diesem Kunstwerk aus Lindenholz so sehr zu, dass man sich 1731 gezwungen sah, zur Stabilisierung einen riesigen Vorhang aus Gips – wie die gesamte Stuckierung vom Wessobrunner Künstler Franz Xaver Feichtmayr geschaffen –, der oben von Engeln festgehalten wird, hinter die filigrane Schnitzarbeit zu stellen.

Vier der sechs Seitenaltäre und die Kanzel stammen von Andreas

Stift Stams, Hochaltar und Chor in der Stiftskirche
Ganz oben: Stift Stams

Das Oberland — Rietz

Kölle; die beiden Seitenaltäre im Mönchschor schuf der Stamser Bildhauer Johann Reindl (1714–1792). Die Deckengemälde von Johann Georg Wolcker (1700–1766) widmen sich thematisch der Marienverehrung und dem Leben Bernhards von Clairvaux und anderer Heiliger.

Tirols wichtigster Bildhauer des Spätbarock, Andreas Thamasch (1639–1697), schuf für die Stiftskirche anrührende Kunstwerke: Von ihm stammen die Figuren in der Fürstengruft, die Kreuzigungsgruppe sowie das Maria- und Johannesbruderschaftsbild an der rechten Langhauswand, das Thamaschs Witwe Maria Kluibenschedl 1704 stiftete.

Die Hochblüte der Schmiedekunst in Tirol repräsentieren Michael Neurauters (1705–1794) Chorgitter, in das ein Tafelgemälde mit der Darstellung des „Salvator Mundi" aus der ersten Hälfte des 15. Jh. eingearbeitet ist, Peter Bachnetzers († 1753) Rosengitter – eine Rose nahm rund 25 Arbeitsstunden in Anspruch – vor der Heilig-Blut-Kapelle sowie das herrliche schmiedeeiserne Geländer im Treppenhaus zum berühmten Bernardisaal, wo im Sommer Konzerte stattfinden.

Die Musikpflege in Stams hat Geschichte: Der Mainzer Hof- und Domkapellmeister Johann Zach (1699–1773) verließ seine Heimat im Unfrieden und ging auf Reisen. Er wurde so der erste freischaffende Komponist Europas. Zach war einige Jahre lang Gast des musikbegeisterten Abtes von Stams.

Stams ist auch durch Österreichs berühmtes Skigymnasium bekannt. Nach Plänen von Architekt Othmar Barth (1977–82) wurde eine Internatsschule für Skisportler erbaut, aus der viele österreichische Größen des alpinen und nordischen Skilaufs hervorgegangen sind.

Tipp:
● Stiftsmuseum, 05263/6242 oder 6360: sakrale Kunst.
Öffnungszeiten: Museum nur auf Anfrage, Basilika und Fürstensaal nur mit Führung.
Öffnungszeiten: Juni u. Sept.: Führungen (stündl.) 9–11 h u. 14–16 h; Juli u. Aug.: Führungen (halbstündl.) 9–11 h u. 13–17 h; 1. 10.–30. 5.: Gruppenführungen auf Anfrage

Rietz, 667 m, 1 953 Ew.

Weithin sichtbar auf einem Hügel am südlichen Ortsrand steht die Wallfahrtskirche zum hl. Antonius von Padua. Die Fresken im Inneren des barocken Saalbaus malte Johann Michael Strickner (1720–1759) aus Innsbruck. Im Langhaus stellt Strickner das Eselswunder vor architektonischer Scheinmalerei am Meeresstrand dar. Der aus Portugal stammende Antonius von Padua war ein rhetorisch besonders wirkungsvoller Prediger, der im 13. Jh. insbesondere gegen Ketzer wie die Albigenser auftrat. In Rietz überzeugt Antonius die Zweifler mit der Hilfe eines Esels: Tagelang muss der Esel darben. Als

Wallfahrtskirche zum hl. Antonius von Padua, Rietz

Telfs — Das Oberland

man ihm Futter gibt, stürzt er sich dennoch nicht darauf, weil Antonius ihm mit der Monstranz den Weg zu Höherem weist.

Auf der Hügelkuppe wenige Gehminuten oberhalb der Wallfahrtskirche wurden auf dem Kalvarienberg eine höchst expressive Kreuzigungsgruppe in Lebensgröße von Andreas Thamasch und einige weitere kleine Kapellen errichtet. Das Deckengemälde in der Marienkapelle zeigt die Vertreibung aus dem Paradies, das in dieser Darstellung ein strenger Barockgarten ist.
Tipp:
● Heimatmuseum, Schulweg 4 (im Volksschulgebäude), 05262/64621 (Erwin Bartl): sakrale Kunst und Volkskunst aus der Umgebung; Gegenstände aus der bäuerlichen und handwerklichen Welt.
Öffnungszeiten auf Anfrage

Telfs, 634 m, 12 154 Ew.

Die **Tiroler Volksschauspiele** in Telfs, sagte die Volksschauspielerin und Mitbegründerin des Festivals Ruth Drexel, seien eine „Schnapsidee" im doppelten Wortsinn gewesen. Mittlerweile sind die Telfer Volksschauspiele ein kultureller Fixpunkt und ein Motor für die Tiroler Theaterszene geworden. Uraufführungen neuer Stücke von heimischen Autoren, die Pflege der Tiroler Klassiker Franz Kranewitter und Karl Schönherr sowie ein musikalisches Rahmenprogramm locken jeden Sommer (Juli und August) Einheimische und Gäste nach Telfs.

Der nächste Termin für den berühmten Fastnachtsbrauch, den „Telfer Schemenlauf", ist im Februar 2003 (vgl. Nassereith und Imst).

Ein kurzer Ausflug von Telfs hinauf nach Mösern führt zur so genannten **Friedensglocke,** der größten Glocke des Alpenraums. Zehn Tonnen Bronze wurden von der Glockengießer-Dynastie Graßmayr (vgl. Innsbruck und Oetz) zu einem täglich um 17 Uhr erklingenden Denkmal der guten Nachbarschaft der Alpenländer verarbeitet.

Die Aussicht von Mösern über das Inntal nach Westen mit dem Tschirgant beeindruckte den jungen Albrecht Dürer. Er wählte diese Landschaft als Hintergrund für sein berühmtes Madrider Selbstbildnis.

Der aus Kramsach stammende Maler und Bildhauer Andreas Einberger (1878–1952) lebte in Telfs, wo eine Straße nach ihm benannt ist. Einberger war ein Bauernbub und arbeitete in seiner Jugend als Schaf- und Ziegenhirte im Rofangebirge. Diese Landschaft hat, ebenso wie die Tiere in seiner Obhut, den Maler immer wieder beschäftigt. Einberger schuf Fresken, u. a. jene am Hotel „Hohe Munde". Bilder sind im Heimatmuseum im „Noaflhaus" zu sehen.
Tipp:
● Tiroler Volksschauspiele, Gemeindeamt, 05262/62014 (Fr. Wechselberger)
Öffnungszeiten: Juli u. Aug.

Wallfahrtskirche zum hl. Antonius von Padua, Rietz, Innenraum
Unten: Telfer Schemenlauf, Fastnachtsbrauch

Das Oberland

Pettnau · Flaurling

Riss-Schlössl, Flaurling
Unten: Terrassierter Barockgarten des Riss-Schlössls, Flaurling
Rechte Seite: Pappel bei Nassereith

● Heimatmuseum im Noaflhaus, Untermarkt 20, 05262/62245: u. a. Bilder, Bauernmöbel, Industriegeschichte. Öffnungszeiten auf Anfrage

● Bergbauernmuseum Telfs-Buchen, Buchen 6, 05262/64490: alte Gerätschaft der Bergbauern. Öffnungszeiten: Mitte Dez.–Apr., Mai–Nov.: tgl. außer Mo. 9–18 h

● Kulturinitiative Spunk, 05262/66751 (Irmi Hosch): Bearbeitung und Vermittlung von Märchen und heimischen Sagen.

Pettnau, 628 m, 974 Ew.

In Oberpettnau direkt an der Bundesstraße steht der imposante dreigeschossige, im Kern gotische **Mellauner Hof** mit barock geschweiftem Giebel. Dem Gasthof gegenüber steht, ebenso mächtig, das dazugehörige Wirtschaftsgebäude aus dem 16. Jh.
Tipp:
+ Wirtshaus Mellaunerhof, Oberpettnau 8, 05238/88671

Flaurling, 675 m, 1 113 Ew.

Sehenswert sind das so genannte **Riss-Schlösschen** des Hofkaplans Sigmund Ris (1431–1532) und der dazugehörige, südseitige Barockgarten. Ris verkehrte mit den Gelehrten und Humanisten um Eleonore von Schottland, die Gemahlin Sigmunds des Münzreichen, die Kunst und Kultur am Innsbrucker Hof förderte. Sigmund schenkte seinem Kaplan ein Jagdschlösschen in Flaurling, das der Pfarrer nach und nach so weit ausbaute, bis man von einer „Pfarrerburg" sprach.
Tipp:
+ Gasthof Goldener Adler, Salzstraße 2, 05262/62767

Das Oberland

Innsbruck

Topographie und Geschichte

Annasäule in der Maria-Theresien-Straße mit Nordkette

Ganz oben: Olympische Ringe im Bergisel-Stadion mit Blick gegen Norden

Mit rund 130 000 Einwohnern, davon ungefähr 20 000 Studenten der Universität, ist die **Landeshauptstadt** Innsbruck das wirtschaftliche und kulturelle Zentrum Tirols. Zweimal – 1964 und 1976 – wurden hier die Olympischen Winterspiele abgehalten. Aus Anlass von Weltcupskirennen auf dem Patscherkofel kommen Innsbrucker Schulkinder in den Genuss eines freien Vormittags. Das Sprichwort, dass der Tiroler – und gar der Innsbrucker – bereits mit Skiern auf die Welt käme, wird nachvollziehbar, wenn man die Begeisterung für alle Formen von Bergsport nicht nur auf den stadtnahen Skipisten erlebt.

Die Besonderheit Innsbrucks liegt im dichten Nebeneinander von Kultur und Natur: Wer auf das **Wahrzeichen der Stadt,** das **Goldene Dachl,** zugeht, sieht hinter der Altstadt die majestätische Nordkette aufragen. Dies ist Innsbruck, die Stadt im Gebirge. Innsbruck ermöglicht es seinen Bewohnern, städtische Kultur mit Sport in der freien Natur zu verbinden. In diesem Miteinander besteht die Attraktivität der Tiroler Landeshauptstadt.

Innsbruck entstand am Zusammenfluss von Sill und Inn. Die ältesten, bereits in der Bronzezeit besiedelten Stadtteile sind das sonnige Hötting am Fuß der Nordkette und Wilten nördlich des Bergisel. Die Römer errichteten an der Stelle das Kastell Veldidena, wo später das imposante Kloster Wilten gebaut wurde.

Lange Zeit lag die weltliche Macht in Innsbruck mit der kirchlichen in Wilten im Widerstreit. Auf der rechten Innseite gründeten die mächtigen Grafen von Andechs eine Stadt, für die sie dem Kloster Wilten erst die Grundrechte abkaufen mussten. Der Name „Insprucke" ist 1187 erstmals belegt. Handel und Verkehr ließen die Stadt rasch wachsen. Aus dem Jahr 1239 existiert eine Urkunde, die bezeugt, dass Innsbruck zu diesem Zeitpunkt schon das Stadtrecht verliehen worden war. Dennoch sträubte sich die kirchliche Macht in Wilten bis zum Jahr 1643 dagegen, den Innsbruckern eine eigene Pfarrkirche zu genehmigen.

1363 übergab Margarete Maultasch, die letzte Gräfin von Tirol, das Land im Gebirge an ihren Vetter, den Habsburger Rudolf IV., genannt „der Stifter". Der Neffe Rudolfs wurde als **Friedrich IV.** (1382–1439), genannt Friedl mit der leeren Tasche, Tiroler Landesfürst. Er verlegte die fürstliche Residenz 1420 von Meran an den Inn. Der Aufstieg Innsbrucks zur Kaiserresidenz kam mit **Maximilian I.** (1459–1519). Er sah Innsbruck als Mittelpunkt seines künftigen Weltreichs. Dementsprechend setzte er alles daran, die Residenzstadt prächtig zu gestalten.

Die Bedeutung Kaiser Maximilians I. für Tirol und Innsbruck ist groß. Herausragende Kunstschätze der Stadt wie das Goldene Dachl und die Schwarzen Mander sind auf Maximili-

Innsbruck

an zurückzuführen. Er ließ die Geschichte seines Geschlechts und seine eigenen Taten und Erlebnisse in wunderbar illustrierten Büchern aufzeichnen. In Innsbruck versammelte er die hervorragenden Geister seiner Zeit. Er beschäftigte die Maler Jörg Kölderer und Ludwig Konraiter, die Komponisten Heinrich Isaac und Paul Hofhaimer, die Baumeister und Steinmetze Nikolaus und Gregor Türing, die viel gerühmte Glocken- und Büchsengießerdynastie Löffler.

Maximilian lieferte, wie vor ihm und nach ihm alle Großen dieser Welt, Stoff für Legenden: Sein Jagdausflug in die Martinswand inspirierte die Geschichtenerzähler, die zur Errettung des Kaisers, je nach Gusto, einen Wilderer oder einen Engel aufboten. Ebenso gern erinnert man sich an den Maximilian, der mit 18 seine spätere erste Gattin **Maria von Burgund** (1457–1482) aus Staatsräson kennen lernte und sich stracks in sie verliebte. Er führte „Europas reichste Erbin" nur bildlich gesprochen nach Hause, in die Residenzstadt Innsbruck. Maria von Burgund kam tatsächlich nie nach Tirol. Sie brachte das wohlhabende Burgund ins Habsburgerreich ein und gebar dem Kaiser in nur fünf Ehejahren drei Kinder: Philipp den Schönen, Margarete und Franz. Bei einem Jagdunfall kam die Burgunderin früh ums Leben, was Maximilian nie wirklich verwinden konnte. So soll Maximilian I. den berühmten humanistischen Gelehrten und Abt des Benediktinerklosters Sponheim bei Kreuznach und späteren Abt des Schottenklosters in Würzburg, Johannes Trithemius, gebeten haben, den Geist seiner Gattin zu beschwören, sie ihm zu zeigen, „wie sie lebend gewesen".

Maximilian, der sich erst 1508 selbst zum römisch-deutschen Kaiser proklamierte, heiratete 1494 die Mailänderin **Maria Bianca Sforza** (1472–1510). Sie lebte 16 Jahre lang in Innsbruck und dennoch spielt sie im

Bernhard Strigel, „Kaiser Maximilian I. als Privatmann", Museum Maximilianeum, Innsbruck
Links: Schwarze Mander mit dem Grabmal Kaiser Maximilians I. in der Hofkirche

Innsbruck

Geschichte und Gesellschaft

*Grab der Philippine Welser in der Silbernen Kapelle in der Hofkirche
Ganz oben: Kopien der Cranach-Madonna auf Hausfassaden in Innsbruck*

Gedächtnis der Innsbrucker keine wesentliche Rolle. Maximilians zweite Ehe war nicht glücklich; sie blieb kinderlos. Der Kaiser ließ seine ungeliebte Gattin im Stift Stams beerdigen.

Maximilians Enkel **Ferdinand II.** (1529–1595) war ebenfalls ein für Innsbruck bedeutender Landesherr. Für seine Gattin, die Augsburger Patriziertochter **Philippine Welser,** die er auf einem Spazierritt zum ersten Mal erblickt hatte, ließ er Schloss Ambras als Sommerresidenz ausbauen. Dieses Schloss ist heute mit seinen Sammlungen, seinem Park und dem „Spanischen Saal" einer der Glanzpunkte des historischen Erbes Innsbrucks. Philippines Grabmal in der Silbernen Kapelle der Hofkirche stammt vom großen Renaissance-Bildhauer Alexander Colin (1526–1612), der die beliebte Landesherrin „noch im kalten Marmor sehr reitzend" (Beda Weber) zeigt.

Ferdinands Söhne mit der „schönen Welserin" waren nicht erbberechtigt. Aus Ferdinands zweiter Ehe mit Anna Katharina Gonzaga gingen nur Mädchen hervor. Deshalb fiel Tirol an einen Urenkel Kaiser Maximilians I. und Neffen Ferdinands II., **Maximilian III.** (1558–1618), genannt „der Deutschmeister". Ihm verdankt Innsbruck eine zweite Blütezeit der Bronzegießerkunst. In seinem Gefolge befand sich der Niederländer Hubert Gerhard (1540/50–1620/23), einer der bedeutendsten Bronzebildner seiner Zeit, der bis 1597 im Dienst des Hans Fugger in Augsburg und der Wittelsbacher in München gestanden war. Herausragende Bronzeguss-Kunstwerke aus dieser Zeit sind das Grabmal Maximilians III. im Dom zu St. Jakob und der Leopoldsbrunnen auf dem Platz vor den Stadtsälen.

Für das heutige Stadtbild mindestens so bedeutsam war der nächste Landesherr, **Leopold V.** (1586–1632). Aus Passau, wo er zuvor Fürstbischof gewesen war, brachte Leopold V. das Mariahilfbild von Lucas Cranach, das wohl berühmteste Mutter-Gottes-Bild im deutschen Sprachraum, nach Innsbruck mit. Die Mutter Gottes bewahrte Innsbruck im Dreißigjährigen Krieg vor Verwüstungen. Zum Dank errichteten die Tiroler Landstände die Mariahilfkirche, einen barocken Zentralbau mit hoher Kuppel, in dem bis heute eine Kopie des Cranach-Bildes hängt. Das Original befindet sich im

Hochaltar des Doms zu St. Jakob. Die große Verehrung für dieses Bild mag man auch daran ablesen, dass es in guten und weniger guten Kopien unzählige Fassaden der Stadt und des ganzen Landes schmückt.

Leopold und seine Gattin **Claudia von Medici** machten Innsbruck zu einem Zentrum des Theaters und der Musik. 1628/29 baute Christoph Gumpp, der Begründer der Innsbrucker Baumeister- und Architektendynastie, an der Stelle, an der heute das Kongresshaus steht, das Große Ballhaus Erzherzog Ferdinands II. zum Großen Hoftheater aus. Es war das erste frei stehende Theater im deutschen Sprachraum. 1653 ließ Leopolds Sohn und Nachfolger Ferdinand Karl dann am Rennweg gegenüber der Hofburg ein neues Comedihaus bauen, wiederum von Christoph Gumpp, das speziell für die neueste theatralische Kunstform gedacht war: die Oper.

In diesem Haus gab man im Jahr 1655 die wohl bis heute bemerkenswerteste Uraufführung der Innsbrucker Theatergeschichte: Christina, Königin von Schweden, hatte 1654 auf den Thron verzichtet. Ein Jahr später war sie auf dem Weg nach Rom und machte Station in Innsbruck, wo sie ihren, geheim bereits vollzogenen, Übertritt zum Katholizismus öffentlich machte – am 3. November sprach sie das Credo in der Hofkirche. Dieses Ereignis musste gebührend gefeiert werden. Im neuen Comedihaus wurde „L'Argia", die fünfeinhalb Stunden dauernde neue Oper des „Maestro di cappella della Camera"

am Innsbrucker Hof, Pietro Antonio Cesti, uraufgeführt.

Das Comedihaus war in den ersten Jahrzehnten des 19. Jh. so baufällig geworden, dass es schließlich 1844 neu errichtet wurde, um 1967 ein weiteres Mal fast zur Gänze neu gebaut zu werden. Vom klassizistischen Bau Giuseppe Segusinis blieb nur die Fassade übrig.

Mit dem frühen Tod der Söhne Leopolds V. war Innsbrucks Geschichte als Residenzstadt zu Ende. Es wurde still am Hof. Nun trat die Baumeisterfamilie Gumpp – mehrere Generationen der Gumpp waren Baumeister, Architekten und Maler – auf den Plan und drückte Innsbruck zwischen 1600 und 1765 ihren Stempel auf. Die Gumpp errichteten für die Bürger der Stadt schöne

Landestheater gegenüber der Hofburg
Unten: Mariahilfkirche, Innenraum

Palais und fügten dem Stadtbild ansehnliche Kirchen hinzu: die Mariahilfkirche, die Stiftskirche in Wilten, das Alte Landhaus und viele Palais in

Innsbruck

Geschichte und Gesellschaft

Plenarsaal im alten Innsbrucker Landhaus

Unten: Villa im Stadtteil Saggen

der Maria-Theresien-Straße, die Johanneskirche am Innrain, die Spitalskirche in der Maria-Theresien-Straße, die Ursulinenkirche am Innrain sowie das Stift Stams.

1809 war ein bedeutsames Jahr für Tirol und Innsbruck. Napoleon hatte die Österreicher schwer geschlagen, sodass der Kaiser in Wien gezwungen war, Tirol aufzugeben. Bei den Friedensverhandlungen im Jahr 1806 kam Tirol an die mit den Franzosen verbündeten Bayern. Der bayerische Verwaltungsapparat versuchte, auch in Tirol die Aufklärung wirksam zu machen. Ohne Glaubensfragen im engeren Sinn zu berühren, beliebten die Bayern Aspekte des religiösen Brauchtums neu zu ordnen: Man verbot Bittgänge und Prozessionen, schränkte die Zahl der bäuerlichen Feiertage ein und stellte gar die Abhaltung der Mitternachtsmette unter Strafe. Als dann im Jahr 1808 noch eine Verwaltungsreform für das gesamte bayerische Königreich beschlossen wurde, die eine Neueinteilung der Verwaltungsbezirke vorsah, was zur Auflösung des Landes Tirol führte, lief das Fass über. Denn diese Reform bedeutete de facto die Aufhebung des von Kaiser Maximilian I. gewährten Privilegs der Tiroler, nur im eigenen Land zu Militärdiensten herangezogen zu werden. Als im Frühling des Jahres 1809 in Axams die ersten Rekruten ausgehoben werden sollten, gingen die jungen Männer in die Berge. Beim Ver-

such, sie gefangen zu nehmen, kam es zu den ersten gewaltsamen Auseinandersetzungen. Österreich erklärte Frankreich und Bayern den Krieg.

Der Name **Andreas Hofer** (1767–1810), Sandwirt aus St. Leonhard im Südtiroler Passeiertal, überstrahlt in der Folge jene der beteiligten Generäle. Hofer führte die Tiroler Bauern viermal gegen die Franzosen in die Schlacht. Dreimal obsiegten die Tiroler, beim vierten Mal allerdings unterlagen sie. Hofer musste flüchten, versteckte sich in einer Almhütte, wurde verraten und gefangen genommen. 1810 wurde er in Mantua erschossen.

Das **Riesenrundgemälde** von Michael Zeno Diemer (1867–1939) an der Talstation der Hungerburgbahn erinnert an die heroische Abwehr der Franzosen unter Andreas Hofer. Dieses 1 000 m² große Gemälde ist eines der letzten verbliebenen Panoramen, wie sie im 19. Jh. besonders beliebt waren. Die Fama vom Heldenmut der Tiroler wurde nicht zuletzt durch Karl Immermanns „Trauerspiel in Tirol" weit über die Landesgrenzen hinaus bekannt. Das Andreas-Hofer-Lied „Zu Mantua in Banden" ist die Tiroler Landeshymne geblieben.

Ab der Mitte des 19. Jh. dehnte sich die Stadt zunächst zwischen Universitätsstraße und Maria-Theresien-Straße gegen Wilten hin aus. 1886 begann man mit der Anlage des bis heute in eindrucksvoller Geschlossenheit erhaltenen gründerzeitlichen Villenviertels der Stadt im Saggen („Villensaggen"). Die Straßenzüge der Gründerzeit, wie Adolf-

Innsbruck

Pichler-Platz und Fallmerayer-Straße, sind in Innsbruck in seltener Vollständigkeit erhalten.

Altstadt – Das Goldene Dachl

Die Innsbrucker Altstadt entstand um die Burg der Andechser herum. Östlich der Burg, dort, wo die Herzog-Friedrich-Straße heute zum Inn hin führt, stand einst das Inntor. Am südlichen Ende der Herzog-Friedrich-Straße schloss das Spitalstor die Stadt vom Umland ab. Die Seilergasse wurde durch das Piken- oder Frauentor abgeschlossen, die Hofgasse endete im Rumertor. Die Tore waren auf der Linie Marktgraben–Burggraben–Rennweg–Herrengasse –Herzog-Otto-Straße–Innrain durch die Stadtmauer verbunden. An den Fassaden der Herzog-Otto-Straße finden sich kleine Auslassungen, die den Blick auf die mittelalterliche **Stadtmauer** freigeben.

Das Zentrum der schönen spätmittelalterlichen Altstadt ist das **Goldene Dachl,** fertig gestellt von Niklas Türing im Jahr 1500. Unter den 2 657 vergoldeten Kupferschindeln öffnet sich die Loggia, in der sich, von Hofmaler Jörg Kölderer († 1540) gemalt, um Maria Bianca Sforza und Kaiser Maximilian I. im Narrenkleid die Verwandtschaft versammelt: Der Mann mit dem weißen Bart stellt Meinhard II., den Einiger Tirols dar. Rechts von Meinhard sieht man die schlanke, hochgewachsene Gestalt von Maximilians Sohn, Philipp dem Schönen. Seine Schwester Margarete spricht rechts von der Tür mit ihrem künftigen zweiten Gatten, während ihr erster Gatte Juan von Kastilien dem Betrachter den Rücken zuwendet. Er war zum Zeitpunkt der Entstehung des Freskos schon verstorben.

Die sechs Sandsteinreliefs auf der Brüstung – die Originale sind im Tiroler Landesmuseum Ferdinandeum ausgestellt – zeigen außen die so genannten Moriskentänzer und in der Mitte Maximilian mit seiner ersten, früh verstorbenen Gattin Maria von Burgund und seiner ungeliebten zweiten Gattin Maria Bianca Sforza. Rechts davon ist Maximilian noch einmal dargestellt. Hier umgeben ihn der Kanzler, der auch als sein Vorgänger Sigmund der Münzreiche gedeutet wird, und der Hofnarr, das Alter Ego des Kaisers.

Das Goldene Dachl ist als Ganzes Symbol für die Vision Maximilians I. vom „goldenen Zeitalter", in das er an der Zeitenwende des Jahres 1500 sein Reich und die Habsburger führen wollte.

Sehenswert sind in der Altstadt auch das spätgotische, 1730 mit üppigem Rokoko-Stuckdekor verzierte **Helblinghaus,** der mit Fresken aus dem 16. Jh. geschmückte Gasthof **Goldener Adler,** in dem im Lauf der Jahrhunderte viele Prominente – u. a. Heinrich Heine – gewohnt haben, und das gotische Rathaus mit dem 51 m hohen **Stadtturm.** Diese Meisterleistung der

Das Goldene Dachl in der Altstadt
Unten: Helblinghaus

Innsbruck Stadtplan

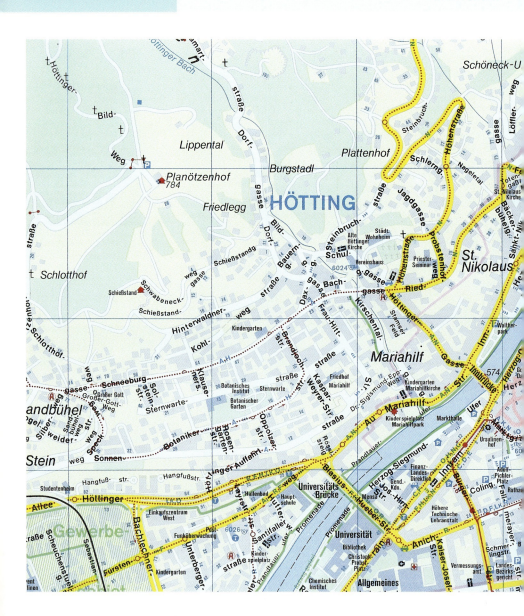

Innsbruck Innsbruck

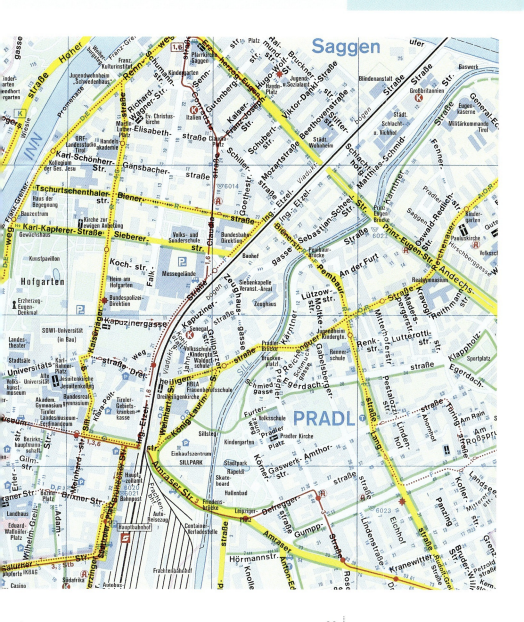

Innsbruck — Zentrum

Grabmal Maximilians des Deutschmeisters im Innsbrucker Dom
Ganz oben: Ottoburg mit dem Denkmal „Vater und Sohn" in der Altstadt

spätgotischen Profanarchitektur (1450) ist mit einer großen Zwiebelhaube mit Laterne bekrönt. Von der umlaufenden Galerie hat man einen herrlichen Blick über die Stadt.

Bemerkenswert in der Herzog-Friedrich-Straße sind darüber hinaus die **Ottoburg,** das **Katzunghaus** und das **Trautsonhaus.** Die Ottoburg (Herzog-Friedrich-Straße 1) ist ein traditionsreicher Gasthof. Bei der Ottoburg wurde zur Erinnerung an die Erhebung der Tiroler im Jahr 1809 das Denkmal „Vater und Sohn" (1904) von Christian Plattner errichtet (vgl. Riesenrundgemälde, Bergisel). Das Katzunghaus (Nr. 16, Café Katzung) stammt aus dem 15. Jh.; die Brüstungsreliefs (um 1530) von Gregor Türing zeigen Turnierszenen, tanzende Bauern, Spielleute und Maßwerk. Das Trautsonhaus (Nr. 22), ebenfalls von Gregor Türing, ziert Grisaillemalerei aus der Mitte des 16. Jh.

Einige Altstadthäuser wurden in der Zwischenkriegszeit mit Fresken geschmückt: das Weinhaus Happ (Erich Torggler, 1937), der Gasthof Weißes Kreuz (Rudolf Stolz, 1925) und das Haus Herzog-Friedrich-Straße Nr. 12 (Ernst Nepo, 1937).

Der zwischen 1717 und 1724 als Stadtpfarrkirche erbaute **Dom zu St. Jakob** im nordöstlichen Eck der Altstadt ist der beherrschende Bau auf dem Domplatz. Während in den Altstadtgassen nahezu rund um die Uhr rege Betriebsamkeit herrscht, bleibt die Atmosphäre auf dem Domplatz würdevoll ruhig. Eine Tafel am Eckhaus Domgasse/Domplatz erinnert daran, dass hier einst der Komponist Pietro Antonio Cesti wohnte, dessen Oper „L'Argia" 1655 in Innsbruck uraufgeführt wurde.

Neben den Fresken und Stuckaturen der Brüder Cosmas Damian und Egyd Quirin Asam gebührt im Inneren des Doms dem kunstvollen Grabmal Erzherzog Maximilians des Deutschmeisters und dem Gnadenbild im Hochaltar von Lucas Cranach (1472–1553) besonderes Augenmerk.

Erstmalig in der europäischen Grabmalkunst treten am Grabmal Maximilians des Deutschmeisters im Innsbrucker Dom die gewundenen Säulen auf, die erst nach der Errichtung des St.-Peters-Altars in Rom 1633 als Bernini-Säulen die europäische kirchliche Kunst eroberten. Auf den phantasie- und kunstvoll gestalteten Säulen hat sich allerlei Getier – Vögel, Libellen, Schmetterlinge, Schnecken und Raupen – in den Weinranken niedergelassen. An diesem Grabmal wurde mit dem ersten freien, Figuren tragenden Baldachin eine weitere Neuheit verwirklicht. Der Guss stammt von Heinrich Reinhart, der Entwurf vom niederländischen Meister Hubert Gerhard (etwa 1540/50–1620/23). Darüber, ob auch das Gussmodell von Gerhard oder aber vom gebürtigen Württemberger Caspar Gras (1585–1674) stammt, sind die Kunsthistoriker uneins.

Hofburg – Theater – Hofgarten

Am Ostrand der Altstadt steht die Hofburg, ein vierflügeliger, seit dem ausgehenden 14. Jh. durch die Habsburger, besonders durch die Kaiser Friedrich III. und Maximilian, geprägter Bau, der unter Kaiserin Maria Theresia durch Johann Martin Gumpp in eine spätbarocke Residenz umgebaut wurde. Die **Prunkräume**, u. a. der Riesensaal mit prachtvollen Rokokostuckaturen, einem Deckenfresko von Franz Anton Maulpertsch und Bildnissen von Maria Theresia mit ihrem Gatten Franz Stephan I. sowie ihren 16 Kindern, die Hofburgkapelle mit einer bewegenden Figurengruppe (Pietà, flankiert von zwei Trauernden) aus Alabaster und die Wohnräume der kaiserlichen Familie, stehen für Besichtigungen offen. Im Erdgeschoss der Hofburg hat das berühmte Wiener Hotel Sacher eine Kaffeehaus-Dependance. Im Gotischen Keller und im Barockkeller der Hofburg finden wechselnde Ausstellungen statt.

Im Anschluss an den Besuch in der Hofburg bietet sich ein kleiner Rundgang im **Hofgarten** an. Nach 1410 aus Nutzgärten, Rennplatz und Wildgehegen entstanden, wurde er von Erzherzog Ferdinand II. zu einem der bedeutendsten Renaissancegärten im süddeutschen Raum ausgestaltet und 1858 im englischen Stil überarbeitet. Mit altem Baumbestand, Musik- und Kunstpavillon lädt er zum Lustwandeln ein.

Einen besonders reizvollen Anblick im Hofgarten bietet eine Kolonie von Halsbandsittichen, eine ursprünglich in der Türkei heimische blitzgrüne Papageienart, die sich in den letzten Jahren in Innsbruck angesiedelt hat. Der heute noch ummauerte Teil ist die Kernzone der nach einem Sommerschloss „Ruhelust" genannten Renaissanceanlage. Sie bestand aus sechs z. T. auch älteren Abteilungen, die sich östlich und nördlich der Hofburg bis zur Eisenbahnbrücke über den Inn erstreckten. Vom Domplatz führt seit 1669 ein Durchgang zum lang gestreckten Gebäude an der Herrengasse, das an das Kongresshaus grenzt. Hier befanden sich alte Ballspielhäuser und ein

Schachspieler im Hofgarten
Links: Riesensaal in der Hofburg

Innsbruck

Zentrum

Leopoldsbrunnen mit Hofkirche und Hofburg
Unten Mitte: Ebert-Orgel in der Hofkirche
Ganz unten: Rudolf I. in der Hofkirche als einer der Schwarzen Mander

kleines Saaltheater, die zum ersten Universitätsgebäude Innsbrucks und 1776 zum Regierungsgebäude ausgebaut wurden. Hier arbeitete in jungen Jahren der Entwerfer des Suez-Kanals Alois Negrelli.

Gegenüber der Hofburg steht vor dem klassizistischen **Landestheater** (Karten und Programminformation unter 0512/52074-4) der **Leopoldsbrunnen.** Der Brunnen befand sich seit Erzherzog Leopold V. in Planung, wurde jedoch erst 1894 errichtet. Über den Figuren Neptun, Triton, Oceanus, Diana, Amphitrite und einer Nymphe balanciert der zentrale Teil des Brunnens: Der Landesherr sitzt auf dem in der Geschichte der Großplastik ersten Pferd, das in der „Levade", also frei auf den Hinterbeinen, zu stehen vermochte. Das kraftvoll-kühne Aufbäumen des Pferdes stellte große Anforderungen an die Statik der Skulptur.

Südlich des Landestheaters, direkt neben dem Volkskunstmuseum (0512/584302) befindet sich die an die Hofburg angebaute **Hofkirche** mit der **Silbernen Kapelle.** Die Hofkirche birgt die neben dem Goldenen Dachl bedeutendste Innsbrucker Sehenswürdigkeit – Maximilian I. selbst hat die berühmten **Schwarzen Mander** in Auftrag gegeben. Die fürstliche Gesellschaft aus Damen und Herren bildet das Trauergeleit am Grabmal des selbstbewussten Renaissancefürsten: 28 überlebensgroße Bronzefiguren, 23 Heiligenstatuetten (auf der Lettner-Empore) und 21 Kaiserbüsten (ursprünglich in der Hofkirche, heute in Schloss Ambras), allesamt Kaiser Maximilians (Seelen-) Verwandte, erweisen dem auf dem Bronzesarkophag knieenden Kaiser die letzte Ehre und halten so „das Gedächtnus" des Kaisers lebendig. Der Sarkophag ist leer, denn Maximilian wurde letztlich in Wiener Neustadt begraben.

An der Errichtung des Kaisergrabmals, das erst 1584 fertig gestellt wurde, waren beteiligt: die Maler Gilg Sesselschreiber (auch als Gießer), Jörg Kölderer, Ulrich Tiefenbrunn, Jörg Polhamer d. Ä., Christian Amberger und Albrecht Dürer; die Bildhauer Veit Stoß, Hans Leinberger und Leonhard Magt; die Gießer Peter Vischer d. Ä., Peter Löffler, Stefan Godl und Gregor Löffler.

Ein Volksglaube schreibt der Figur Rudolfs I. – dem Dritten in der rechten Reihe, wenn man zum Altar blickt – eine Art Fruchtbarkeitszauber zu, weswegen in der Vergangenheit wohl so manche Besucherin heimlich das Kunstwerk aus Bronze an einer kompromittierenden Stelle absichtsvoll anfasste.

Eine klangliche Besonderheit in der Hofkirche ist die zwischen 1555 und 1561 gebaute **Ebert-Orgel**, die bei Konzerten, u. a. vor großem Publikum bei den Innsbrucker Festwochen der Alten Musik, kraftvoll erklingt. Die Orgelkästen sind verschließbar. Domenico Pozzo bemalte u. a. den Sockel, der „David beim Harfenspiel" zeigt. Die Ebert-Orgel ist die größte nahezu original erhaltene Renaissanceorgel in Österreich und die älteste nördlich der Alpen.

Das Orgelspiel hat in Innsbruck Tradition. Paul Hofhaimer (1459–1537), über den Paracelsus sagte: „Was der Hofhaimer auf der Orgel, ist der Dürer auf der Malerei", war Kaiser Maximilians I. „obrister Organist". Der Hofkomponist zu jener Zeit war Heinrich Isaac (1450–1517), auf den die Bearbeitung der berühmten Volksweise „Innsbruck, ich muß dich lassen" zurückgeht.

Die Orgel in der Silbernen Kapelle stammt aus der Zeit der Spätrenaissance. Der Name der Kapelle leitet sich von dem mit Silberreliefs gestalteten Altar ab. Bedeutend sind hier die beiden von Alexander Colin geschaffenen Sarkophage, der eine für Philippine Welser vor und der andere für Erzherzog Ferdinand II. hinter dem Altargitter.

Ein Stück weiter östlich in der Universitätsstraße befindet sich die der Hl. Dreifaltigkeit geweihte frühbarocke **Jesuitenkirche.** Nach Plänen von Christoph Gumpp wurde sie 1627–40 nach dem Vorbild der Kirche Il Gesù in Rom und nach jenem des Salzburger Doms errichtet. Bemerkenswert sind die lichte, hohe Kuppel, der nach Zerstörungen im Zweiten Weltkrieg wieder hergestellte Stuckaturschmuck und die Darstellungen der Marter der Jesuiten Paulus, Jacobus und Johannes in Japan (17. Jh.) als Zeugnis von drastischer Anschaulichkeit in der Blütezeit der christlichen Asien-Mission.

In der **Fürstengruft** sind u. a. die Stifter der Kirche Claudia von Medici und Leopold V. (vgl. Leopoldsbrunnen) bestattet. An die Jesuitenkirche schließen die Gebäude des 1652 gegründeten Jesuitenkollegs an. Diesem Ensemble – es beherbergte von 1776 bis 1924 die „alte" Universität, heute ist hier die Theologische Fakultät untergebracht – wurde kürzlich das modernste Universitätsgebäude der Stadt, die Fakultät für Sozial- und Wirtschaftswissenschaften, gegenübergestellt. Im Innenhof der Universität befindet sich ein sinniges, bei den Studenten Widerspruch erregendes Kunstwerk von Lois Weinberger.

Neues Universitätsgebäude der Fakultät für Sozial- und Wirtschaftswissenschaften
Links: Krypta, Jesuitenkirche

Innsbruck

Zentrum · Hungerburg

Triumphpforte am südlichen Ende der Maria-Theresien-Straße

Unten: Winklerhaus bei der Triumphpforte

Maria-Theresien-Straße – Triumphpforte

Südlich an die Altstadt schließt Innsbrucks Prachtstraße, die Maria-Theresien-Straße, mit Annasäule, Triumphpforte und Palais aus dem 17. und 18. Jh. an.

Die **Annasäule** wurde von Christoforo Benedetti zur Erinnerung an die Befreiung von den Bayern im Spanischen Erbfolgekrieg im Jahre 1703 am Namenstag der hl. Anna errichtet. Kurioserweise thront oben auf der Säule nicht Anna, sondern die Jungfrau Maria auf einer Mondsichel.

Das **Alte Landhaus** auf halber Höhe der Maria-Theresien-Straße ist der bedeutendste weltliche Barockbau Tirols. Der Landtagssaal ist mit reichen Stuckaturen und einem Deckenfresko von Cosmas Damian Asam ausgestattet (vgl. Dom zu St. Jakob). Das Alte Landhaus wurde 1725 von Georg Anton Gumpp als Haus der Landstände errichtet – als Zeichen ständischen Selbstbewusstseins, in Konkurrenz zu den Palästen der Maria-Theresien-Straße (Besichtigung mit Voranmeldung unter 0512/508-3012, Führungen unter 508-3013).

In der Nachbarschaft des Landhauses wird zeitgenössische Kunst präsentiert: In der „Galerie im Taxispalais" und im „Kunstraum Innsbruck" auf der gegenüberliegenden Straßenseite im Innenhof gibt es Ausstellungen internationaler und Tiroler Kunst.

Das südliche Ende der Maria-Theresien-Straße markiert die **Triumphpforte.** Sie wurde 1765 anlässlich der Hochzeit eines Sohnes von Maria Theresia mit der spanischen Infantin Maria Ludovika errichtet. Südwestlich der Triumphpforte lohnt sich ein Blick auf das farbenfroh mit Jugendstilornamenten geschmückte **Winklerhaus,** das prächtigste Jugendstilhaus Innsbrucks.

In der Museumstraße östlich der Altstadt wurde im 19. Jh. mit dem **Tiroler Landesmuseum Ferdinandeum (TLMF)** ein Museum für Kunst- und Landesgeschichte geschaffen. Es zeigt bronzezeitliche Funde, eine sehr sehenswerte Sammlung gotischer und barocker Kunst und Werke von Tiroler Künstlern des 20. Jh. von Albin Egger-Lienz (vgl. Osttirol) bis Max Weiler (vgl. Absam).

Stadtteile

Mariahilf – St. Nikolaus – Hötting – Hungerburg – Mühlau – Wilten – Amras – Igls – Vill

Mariahilf – St. Nikolaus – Hötting – Hungerburg

Eine der stimmungsvollsten Straßenfluchten der Stadt ist die abwechslungsreiche spätgotische Silhouette der innseitigen Häuser von Mariahilf und St. Nikolaus. Eingerahmt werden sie von der **Mariahilfkirche,** einem barocken Zentralbau

Hungerburg · Alpenzoo — Innsbruck

mit hoher Kuppel, und der neugotischen **Pfarrkirche zum hl. Nikolaus**, beides Schmuckstücke ihrer jeweiligen Epoche. Oberhalb von Mariahilf und St. Nikolaus liegt am Hang das pittoreske Hötting mit seinen zwei Kirchen.

Über Hötting finden sich einige für Spaziergänger und Wanderer attraktive Ausflugsgasthäuser. Nennenswert ist u. a. der Gasthof Schießstand, aus dessen Fenstern im ersten Stock die Schützen gut gelaunt auf Zielscheiben am gegenüberliegenden Hang schießen und so einen kleinen Eindruck von der Wehrhaftigkeit der Tiroler Schützen geben. Besonders schön ist die unter Denkmalschutz gestellte Veranda des etwas weiter oberhalb imposant an einer Geländekante situierten Planötzenhofs.

Über die Höttinger Höhenstraße fährt man hinauf in den Stadtteil **Hungerburg** („Hoch-Innsbruck") mit der Talstation der Nordkettenbahn. In zwei Sektionen verkehrt die Gondelbahn zwischen der Hungerburg (860 m), der Seegrube (1 905 m) und dem Hafelekar (2 256 m).

Die denkmalgeschützten Bauten der **Nordkettenbahn** plante der Innsbrucker Architekt Franz Baumann in den 20er Jahren. Unter Berücksichtigung technischer und funktionaler Erfordernisse entwickelte Baumann aus der traditionellen Tiroler Bauweise einen zeitlos modernen Stil.

Stilvoller als mit dem Auto gelangt man mit der 1906 erbauten Standseilbahn, **der Hungerburgbahn,** zum Alpenzoo und auf die Hungerburg.

Die Talstation der Hungerburgbahn befindet sich am Inn, bei der Rotunde mit dem berühmten **Riesenrundgemälde** von Michael Zeno Diemer, einer Darstellung der heroischen Bergiselschlacht von 1809. Dreimal hatte Tirols Nationalheld Andreas Hofer die Franzosen am Bergisel, wo heute die Sprungschanze steht, besiegt, beim vierten Mal allerdings war all der Heldenmut umsonst. Andreas Hofer wurde schließlich gefangen genommen und in Mantua erschossen. Hofer und seine Mitstreiter Pater Haspinger und Josef Speckbacher haben in der Hofkirche Ehrengräber.

Der **Alpenzoo** zeigt eine Vielzahl heimischer Tierarten, wie Braunbär, Elch, Biber, Luchs, Bartgeier, Wildschwein und Steinbock. Der Alpenzoo sieht eine seiner wichtigsten Aufgaben in der Teilnahme an Nachzuchtprogrammen. So konnte z. B. in Zusammenarbeit mit anderen Zoos der nahezu ausgerottete Bartgeier wieder ausgewildert werden. Der früher in den Alpen häufige, heute nur mehr in Marokko heimische Waldrapp, der sich im Zoo ohne Probleme fortpflanzt, konnte aus Innsbruck nach Grünau am oberösterreichischen Almsee ausgesiedelt werden.

Der Weg zurück an den Inn führt den Spaziergänger an **Schloss Büchsenhausen** vorbei. 1539 errichtete Gregor Türing für den Büchsengießer Gregor Löffler das imposante Schloss,

Seegrube oberhalb von Innsbruck mit Blick gegen Südosten
Ganz unten: Schloss Büchsenhausen

Innsbruck — Wilten

Stiftskirche, Innenraum
Ganz oben: Wiltener Basilika

in dem der tragische Kanzler Bienner (vgl. Rattenberg) während der Herrschaft Claudia von Medicis residierte.

Wilten

Der Bergisel im Süden der Stadt ist auch bekannt wegen des bei Skisprungkonkurrenzen in alle Welt übertragenen Blicks von der Sprungschanze auf die **Wiltener Basilika** und den Friedhof davor. Die über Resten eines römerzeitlichen Wohnhauses, einer Kirche aus dem frühen 5. Jh. und ihren Nachfolgebauten in der Zeit zwischen 1751 und 1756 errichtete Basilika ist das Meisterstück des Kirchenbaumeisters Franz de Paula Penz (vgl. Telfes, Navis, Neustift im Stubaital), dessen Kirchen das Spätbarock in Tirol prägen.

Ein in Serpentinen angelegter Spazierweg führt neben dem Kulturgasthaus Bierstindl zum Bergisel hinauf. Hier befindet sich das **Kaiserjäger-Museum**, dessen Gemäldesammlung sich in erster Linie der Geschichte des Kaiserjägerregiments und dem Freiheitskampf von 1809 widmet.

Ein paar Schritte östlich der Basilika steht das so genannte Leithaus, das seit der Römerzeit in kontinuierlicher Benützung steht. Das Haus birgt in seinem Kern einen römischen Straßenturm, später kamen früh- bis hochmittelalterliche Anbauten hinzu. Das Leithaus ist im Eigentum des Stiftes Wilten, das hier u. a. wechselnde Ausstellungen veranstaltet.

Beherrschend ist das rot-gelb gefärbelte **Prämonstratenser-Chorherrenstift Wilten**. Der Legende nach soll der Riese Haymon zur Sühne dafür, dass er den in Leithen bei Seefeld beheimateten Riesen Thyrsus erschlagen hat, das Kloster gestiftet haben. Weil ein Drache aus der nahen Sillschlucht immer wieder das Kloster verheerte, erlegte Haymon das Untier und riss ihm die Zunge heraus. Selbige zeigt die gotische Kolossalstatue des Riesen in der Vorhalle der Stiftskirche. Die ausgerissene Zunge steht für die Zähmung der Sill durch die Verbauung des Sillufers zur Zeit der Klostergründung.

Der gegenwärtige Bau, nach schweren Bombenschäden im Zweiten Weltkrieg wieder hergestellt, wurde vom Hofbaumeister Christoph Gumpp (1600–1672) nach italienischem Vorbild entworfen. Ein Blickfang an der beeindruckenden Westfassade sind neben den Balustradenfiguren die Holzplastiken der Riesen Haymon und Thyrsus von Nikolaus Moll aus dem Jahr 1751.

Das Innere der den hll. Laurentius und Stephanus geweihten Kirche wird durch ein prächtiges schmiedeeisernes Gitter von der Vorhalle getrennt. Die Stiftskirche ist eine typische Wandpfeilerkirche, ein einschiffiger lang gestreckter, rechteckiger Raum mit Tonnengewölbe; es gibt geführte Besichtigungen. Der üppige frühbarocke Stuck wurde vom oberitalienischen Meister Bernardo Pasquale mit 31 Gehilfen geschaffen. Die Fresken stammen von Kaspar Waldmann (1657–1720), der im Stift auch vortreffliche Bilder für das Jagdzimmer und den Gartensaal geschaffen hat. Mit 19 m Höhe ist der

Igls · Schloss Ambras   Innsbruck

aus gebeiztem Birnbaumholz gefertigte Hochaltar einer der größten frei stehenden Altaraufbauten im süddeutschen Raum. Über dem Altarbild von Egid Schor, das die Rosenkranzkönigin darstellt, öffnet sich zwischen den Erzengeln Gabriel und Michael eine von Löwen flankierte Treppe hin zum Thron Salomons, auf dem gemäß der Inschrift „Ecce plus quam Salomon hic" Christus sitzt. Unbedingt sehenswert ist die umfangreiche Sammlung des Klosters. Unter vielen anderen Kostbarkeiten ist der Ursula-Altar von Ludwig Konraiter zu nennen, der eine Ansicht des Stiftes aus der Zeit um 1485 zeigt.

Igls

Im östlichen Mittelgebirge im berühmten Wintersportort Igls befindet sich die Talstation der Patscherkofelbahn, die zum gleichnamigen Innsbrucker Hausberg hinauf führt. In der Nähe der Bergstation der Bahn hat der **Botanische Garten** mit dem **Alpengarten** eine Außenstelle. Von Juni bis September ist er bei freiem Eintritt zwischen 9 und 17 h zugänglich.

Apropos: Das Gewächshaus des Botanischen Gartens in der Höttinger Sternwartestraße ist donnerstags und jeden ersten Sonntag im Monat zwischen 13 und 16 h für Besucher geöffnet. Der dazugehörige Freigarten sowie ein weiterer Alpengarten sind ganztägig offen. Im Freigarten ist ein kleiner Bereich, der **Duft- und Tastgarten,** für sehbehinderte und blinde Menschen adaptiert.

Vill

Wie Igls wurde Vill 1942 eingemeindet. Auf dem Goarmbichl, gleich über Vill in Richtung Igls, kamen bei Ausgrabungen die Reste einer vorgeschichtlichen Siedlung zutage. Vom Gluirschhof, 1251 als „cultura dicta Gluirs" erwähnt, südlich des Bergisels, stammt die Musikerfamilie Pembaur.

Amras

Schloss Ambras

Die an dieser Stelle seit alter Zeit bestehende Burg wurde im 16. Jh. unter Erzherzog Ferdinand II. zum **Renaissance-Wohnschloss** für seine nicht standesgemäße, bürgerliche Gattin Philippine Welser umgebaut.

Amras, Schloss Ambras
Ganz unten: Botanischer Garten im Stadtteil Hötting

Innsbruck — Schloss Ambras

*Schloss Ambras, Spanischer Saal
Rechts: Porträt Ferdinand II. aus der
Sammlung in Schloss Ambras*

Ferdinand und Philippine (vgl. Silberne Kapelle in der Hofkirche) mussten auf Befehl des erbosten Kaisers ihre Heirat geheim halten. Ihre gemeinsamen Kinder fanden sie, erzählt der Volksmund, als Findelkinder im Schlosspark.

Ferdinand II. begründete die berühmte **Ambraser Sammlung**. Die Rüstkammer zeigt seltene Turnierharnische aus dem Besitz Erzherzog Sigmunds und Kaiser Maximilians I. In der so genannten **Kunst- und Wunderkammer** sind künstlerische und kuriose Werke, wie das Bildnis des Haarmenschen oder das aus Birnbaumholz geschnitzte „Tödtlein", ausgestellt. Das Hochschloss beherbergt eine beeindruckende Porträtgalerie zur österreichischen Geschichte u. a. aus Beständen des Kunsthistorischen Museums in Wien, das Schloss Ambras verwaltet.

Wundervoll ist der **Spanische Saal.** Der erste frei stehende Saalbau in Mitteleuropa ist einer der bedeutendsten Repräsentationsräume der Renaissance. Mit 27 ganzfigurigen Porträts der Tiroler Landesfürsten und einer massiven Holzdecke des Tischlers Konrad Gottlieb ist der 43 m lange Raum überaus prächtig ausgestattet. In diesem Saal finden im Juli und August auch Konzerte im Rahmen der renommierten **Innsbrucker Festwochen der Alten Musik** statt (Programm und Karten bei der Innsbruck Information, 0512/5356).

Das Schloss umgibt ein wunderschöner Schlosspark mit altem Baumbestand. Auf der Südseite des Spanischen Saals wurde der für die Renaissance typische „Keuchengarten", eine Mischung aus Nutz- und Ziergarten, wieder instandgesetzt.

Wer zum Besuch von Schloss Ambras die Straßenbahn Nr. 6, die **Igler,** benutzt, steigt an der Haltestelle Schloss Ambras aus. Links hinunter führt der Weg in fünf Minuten zum Schloss, auf dem Waldweg rechts gelangt man in etwa zehn Minuten zum so genannten Tummelplatz. Ein malerischer Soldatenfriedhof, angelegt 1795, weckt auch im heiter gestimmten Besucher besinnliche Gedanken. Weiter geht der Spaziergänger durch einen Zauberwald mit moosbewachsenem Boden und erreicht in 15 Minuten die Haltestelle Tantegert. Etwa 50 m östlich davon ragt ein großer Schalenstein aus dem Waldboden – höchstwahrscheinlich ein Element in einem prähistorischen Landvermessungssystem, wie sie im ganzen Alpenraum verbreitet sind.

Innsbruck

Mühlau

Mühlau ist der Innsbrucker Stadtteil, der eine weit zurückreichende industrielle Tradition hat. Seit der Mitte des 15. Jh. gab es am Wurmbach eine Reihe von **Harnisch- und Plattnerwerkstätten.** Hier wurden die meisten Figuren für das Kaisergrabmal in der Hofkirche gegossen und Mühlen wurden gebaut.

Mühlau ist beschauliches Ziel für eine Stadtwanderung den Inn entlang. Auf dem Mühlauer **Dichterfriedhof** liegt neben dem Lyriker Georg Trakl (1887–1914) dessen Förderer Ludwig von Ficker (1880–1967), der sein erhebliches privates Vermögen für die Herausgabe der literarischphilosophischen Zeitschrift „Der Brenner" aufwandte und damit Innsbruck zu einem geistigen Zentrum machte. Der Dichter hofft, dass ihn sein Werk überleben möge. Zeugnis davon gibt das berührende Grabkreuz der in Pfunds geborenen und im Waisenhaus von Scharnitz aufgewachsenen Schriftstellerin Anna Maria Achenrainer (1909–1972): Ein jedes schmiedeeiserne Blatt bewahrt jeweils die Erinnerung an einen Titel ihrer Gedicht- und Prosabände.

Tipp:
MUSEEN

● **Alpenverein-Museum,** Wilhelm-Greil-Straße 15, 0512/59547-19: Geschichte des Alpinismus; Darstellung der Alpen in Malerei und Graphik, Alpenreliefs, Kartographie.
Öffnungszeiten: Mo., Di., Do., Fr. 10–17 h, Mi. 12–19 h; Mai–Okt. auch Sa. 10–13 h

● **Alpenzoo,** Weiherburggasse 37, 0512/292323: in den Alpen heimische Tierarten von Otter bis Steinbock.
Öffnungszeiten: Winter: tgl. 9–17 h; Sommer: tgl. 9–18 h

● **Anatomisches Museum,** Müllerstraße 59/I. Stock, 507-3060 (Dr. Mager, Institut f. Anatomie und Histologie) oder 0664/3587985: anatomische Präparate.
Öffnungszeiten: Fr. 14–16 h; Führungen auf Anfrage

● **Architekturforum,** Erlerstraße 1, (0512/571567): wechselnde Ausstellungen zum Thema Architektur.
Öffnungszeiten: Mo.–Fr. 14–19 h u. nach telefon. Vereinbarung

● **Galerie im Taxispalais,** Maria-Theresien-Straße 45, 0512/508317-0: wechselnde Ausstellungen zeitgenössischer Kunst.
Öffnungszeiten: Di.–So. 11–18 h u. Do. 11–20 h, Mo. geschl.

● **Glockenmuseum** der Glockengießerei Graßmayr, Leopoldstraße 53, 0512/594160: Glockengeschichte, Herstellungstechnik, Klangraum und Guss-

Arzl bei Innsbruck mit der Nordkette
Unten: Dichterfriedhof in Mühlau, Gräber von Ludwig von Ficker und Georg Trakl

Denkmalschutz

Über die Tätigkeit der Messerschmitt-Stiftung in Tirol

Denkmäler vergegenwärtigen die Vergangenheit, sie prägen die Kulturlandschaft, sind Teil der Identität, ein wichtiges Element des Images unseres Landes und schließlich bedeutender Faktor für Wirtschaft und Fremdenverkehr.

Denkmalpflege ist heute ein wesentlicher Bestandteil der Kulturpolitik. Die Erhaltung des kulturellen Erbes, das man möglichst vollständig und möglichst unverfälscht an die nächste Generation weiterzugeben hat, ist längst zu einem internationalen Auftrag geworden. Denkmalpflege kann freilich nur betrieben werden, wenn sie durch Gesetze abgesichert und finanziell unterstützt wird. Das große Engagement der privaten Denkmaleigentümer ist oft bewundernswert und sie werden von der öffentlichen Hand immer wieder unterstützt; doch können für viele dringend notwendige Restaurierungen keine Geldmittel aufgebracht werden. Umso dankbarer nimmt man daher die finanzielle Hilfe von Gönnern und Mäzenen an, die gerade in Notsituationen für die Erhaltung von Kulturdenkmälern unverzichtbar geworden ist. Der mit Abstand größte Mäzen der Tiroler Denkmalpflege ist die Messerschmitt-Stiftung München, deren großzügige Zuwendung in unserem Bundesland auf Stiftungsvorstand Dr. Hans Heinrich Ritter von Srbik zurückzuführen ist.

Pfleghof Anras
Ganz unten: Pfleghof Anras, Detail

1969 hat der Flugzeugkonstrukteur und Raumfahrtpionier Professor Dr. Willi Messerschmitt die nach ihm benannte Stiftung ins Leben gerufen. Ziel der Stiftung ist es, deutsche Kunst- und Kulturdenkmäler im In- und Ausland zu erhalten und zu pflegen. Somit wurde die Messerschmitt-Stiftung zum wichtigsten Mäzen der Denkmalpflege in Deutschland, Österreich, Südtirol und in den deutschsprachigen Gebieten anderer Länder. In den letzten Jahren hat sich die Messerschmitt-Stiftung besonders im Bundesland Tirol durch die großzügige Förderung großer Restaurierungsvorhaben hervorgetan, wobei der Stiftungsrat bei der Auswahl der Projekte stets bestrebt ist, die gesamte Bandbreite des weit gefächerten Denkmalbegriffs abzudecken. Die Kriterien, nach denen die Stiftung ihre Auswahl trifft, sind unterschiedlich und lassen erkennen, dass dabei nicht nur konservatorische, sondern auch kunsthistorische, kulturgeschichtliche und spezifisch lokalgeschichtliche Überlegungen eine Rolle spielen.

In den vergangenen 18 Jahren sind nicht weniger als 46 Projekte von der Messerschmitt-Stiftung finanziert worden, die Gesamtsumme der bisherigen Investitionen beläuft sich auf über 150 000 000 öS. Hinzuweisen ist hier besonders auf jene Denkmäler, die ohne den Einsatz der Messerschmitt-Stiftung keine Chance zur Erhaltung und Pflege gehabt hätten und ihre Rettung vor dem Abbruch bzw. Zerfall ausschließlich der Stiftung verdanken. Ein prominentes Beispiel hierfür ist der mächtige Pfleghof im Ortskern von Anras in Osttirol. Dieses ansitzartige Gebäude mit mittelalterlichem Baukern und barocker Fassadengliederung – einst Sitz der Gerichtsherren und Sommersitz der Brixner Fürstbischöfe – ist auf Initiative der Messerschmitt-Stiftung mustergültig instand gesetzt worden. Nicht nur in Bezug auf die Restaurierungsmethodik, sondern auch hinsichtlich der neuen Funktion als kulturelles Zentrum ist die Revitalisierung des Anraser Pfleghofs zu einem Modellfall moderner Denkmalpflege geworden. Dasselbe gilt für das alte Gemeindehaus in Navis, ein malerisches Bauernhaus aus dem Rokoko, das dank der Stiftung zeitgemäß instand gesetzt werden konnte und nun zu einem Schmuckstück im Ortsbild geworden ist. Das aktuellste Beispiel stellt die Generalsanierung des Gasthofs Goldener Engl in Hall dar, ein Meilenstein in der jüngsten Entwicklung der Tiroler Denkmalpflege, eine Revitalisierung, die dank der hohen architektonischen Qualität und der sorgfältigen wissenschaftlichen Herangehensweise auch internationalen Maßstäben gerecht wird. Auf dem Sektor der Sakralkunst ist die Ulrichskirche in Thaur erwähnenswert, ein wenig bekanntes romanisches Baujuwel, das durch seine Verbindung mit dem Hochstift Augsburg von großer kulturgeschichtlicher Bedeutung ist. Das wesentliche Ergebnis der von der Messerschmitt-Stiftung zur Gänze finanzierten Sanierung besteht in der Klärung und Dokumentation der überaus interessanten Baugeschichte des Kirchleins im Zuge der interdisziplinären Forschungen, die nunmehr auch am Objekt selbst eindrucksvoll erlebt werden kann.

Daneben nimmt sich die Messerschmitt-Stiftung herausragender Werke der Wandmalerei und Altarbaukunst an, wobei v. a. die überregionale Bekanntheit und die künstlerische Qualität dieser Denkmäler die maßgeblichen Kriterien für ein Engagement der Stiftung darstellen. Ein klassisches Beispiel hierfür sind die romanischen Fresken im Oberchor der Filialkirche St. Nikolaus bei Matrei in Osttirol. Es handelt sich hierbei um den größten und bedeutendsten romanischen Freskenzyklus im Bundesland Tirol. Die Fresken sind in mühevoller Kleinarbeit gereinigt und konserviert, die Putzschichten gefestigt, umfangreiche Untersuchungen durchgeführt worden. Ähnlich aufwendig gestaltete sich die Restaurierung der mittelalterlichen Wandmalereien in der Magdalenenkapelle in Hall in Tirol, die insgesamt zu den qualitätvollsten Baudenkmälern des 15. Jh. zählt.

Neben seiner großen Bedeutung für die Erhaltung unseres kulturellen Erbes ist das Engagement der Messerschmitt-Stiftung in Tirol aber auch ein wesentlicher wirtschaftlicher Impuls, da es die Auftragslage für die Restauratoren, Handwerker und Baufirmen, die sich nahezu ausschließlich auf Arbeiten in der Denkmalpflege spezialisiert haben, entscheidend verbessert.

Es ist zu hoffen, dass die Messerschmitt-Stiftung mit ihrem Vorsitzenden Dr. Hans Heinrich Ritter von Srbik auch weiterhin dem Bundesland Tirol als Mäzen der Denkmalpflege erhalten bleibt.

Franz Caramelle
Landeskonservator von Tirol

Afrahof, Thaur bei Innsbruck
Ganz oben: Gasthof Goldener Engl, Hall
Unten: St. Nikolaus, Matrei in Osttirol

Innsbruck

Museen

Zeughaus
Ganz oben: Andreas-Hofer-Denkmal am Bergisel oberhalb von Wilten

Schau.
Öffnungszeiten: Mo.–Fr. 9–18 h, Sa. 9–12 h

- **Hofkirche** (siehe Volkskunstmuseum)
- **Kaiserjägermuseum am Bergisel,** 0512/582312: Landesverteidigung, Erinnerungsgegenstände an den Tiroler Freiheitshelden Andreas Hofer.
Öffnungszeiten: 1. 4.–31. 10.: tgl. 9–17 h
- **Kaiserliche Hofburg,** Rennweg 1, 0512/587186-12: Prunkräume, Ausstattung aus kaiserlicher Zeit. Monumentale Habsburger-Porträts; wechselnde Ausstellungen im Gotischen Keller und im Barockkeller.
Öffnungszeiten: Mo.–So. 9–17 h, letzter Einlass 16.30 h
- **Kunsthistorisches Museum Schloss Ambras,** Schlossstraße 20, 0512/348446: Rüstkammer: Turnierharnische; Kunst- und Wunderkammer; Hochschloss: Porträtgalerie zur Geschichte Österreichs von 1400–1800. Spezielle Kinderprogramme.
Öffnungszeiten: 1. 4.–31. 10.: 10–17 h, Di. geschl.; 1. 12.–31. 3.: 14–17 h, Di. geschl.
- **Kunstraum Innsbruck,** Maria-Theresien-Straße 34, 0512/584000: wechselnde Ausstellungen zeitgenössischer Kunst.
Öffnungszeiten: Mo.–Mi. u. Fr. 11–18.30 h, Do. 11–20 h, Sa. 10–13 h
- **Localbahnmuseum,** Alter Stubaitalbahnhof, Pater-Reinisch-Weg 4, 0512/502-7225: Bilddokumentation der alten Lokal- und Straßenbahnen.
Öffnungszeiten: 1. 5.–31. 10.: Sa. 9–17 h, Stadtrundfahrten mit alten Garnituren jew. um 10 und 14 h (Einstieg: Alter Stubaitalbahnhof)
- **Maximilianeum – Goldenes Dachl,** Herzog-Friedrich-Straße 15, 0512/581111: Gedenkraum für Kaiser Maximilian I.
Öffnungszeiten: 1. 5.–30. 9.: tgl. 10–18 h; 1. 10.–30. 4.: Di.–So. 10–12.30 u. 14–17 h, Mo. geschl.
- **Museum für Abgüsse** und Originalsammlung im Hauptgebäude der Universität, Innrain 52, 0512/507-4271 (Institut f. klass. Archäologie): Überblick über die antike Plastik.
Öffnungszeiten nach Vereinbarung
- **Museum im Zeughaus,** Zeughausgasse, 0512/587439: Geschichte und Kulturgeschichte Tirols.
Öffnungszeiten: 1. 5.–30. 9.: tgl. 10–17 h u. Do. 19–21 h; 1. 10.–30. 4.: Di.–Sa. 10–12 h u. 14–17 h, So. u. Feiert. 10–13 h, Mo. geschl.
- **Stadtarchiv,** Badgasse 2; 0512/587380: wechselnde Ausstellungen.
Öffnungszeiten: Mo.–Do. 8–12 h u. 14–18 h, Fr. 8–13 h
- **Riesenrundgemälde,** Rennweg 39, 0512/584434: Panoramabild der Bergiselschlacht aus dem 19. Jh. auf 1 000 m^2.
Öffnungszeiten: 1. 4.–30. 10.: tgl. 9–17 h
- **Stadtturm,** Herzog-Friedrich-Straße 21, 0512/5615003: Rundsicht über die Altstadt.
Öffnungszeiten: tgl. 10–17 h (Juli u. Aug. bis 18 h)
- **Stiftsmuseum Wilten,** Klostergasse 7, 0512/583048 (Hr. Platzer): u. a. sakrale Kunst aus der Zeit der Gotik.
Öffnungszeiten: 1. 7.–30. 9.: Führungen Mo. u. Fr. 16 h, Mi. 10 h, Gruppenführungen auf Anfrage
- **Tiroler Landesmuseum Ferdinan-**

Die Umgebung von Innsbruck

deum, Museumstraße 15, 0512/59489: u. a. Kunst von der Romanik bis zur Gegenwart; Vor- und Frühgeschichte, Römerzeit.
Öffnungszeiten: 1. 5.–30. 9.: tgl. 10–17 h u. Do. 19–21 h; 1. 10.–30. 4.: Di.–Sa. 10–12 h u. 14–17 h, So. u. Feiert. 10–13 h, Mo. geschl.

● **Tiroler Volkskunstmuseum,** Universitätsstraße 2, 0512/584302: bürgerliche und bäuerliche Stuben, Möbel, Trachten; Zugang zur Hofkirche mit den „Schwarzen Mandern".
Öffnungszeiten: Mo.–Sa. 9–17 h (Juli u. Aug. bis 17.30 h), So. 9–12 h

FESTIVAL
● **Innsbrucker Festwochen der Alten Musik,** 0512/5356 (Innsbruck Information)

TIROLER WIRTSHÄUSER
+ Altstadtstüberl, Riesengasse 13, 0512/582347
+ Bierwirt, Bichlweg 2, 0512/342143
+ Gasthof Kapeller, Philippine-Welser-Straße 96, Amras, 0512/343106
+ Kranebitter Klammstub'n, Klammstraße 11, 0512/285592
+ Weisses Rößl, Kiebachgasse 8, 0512/583057
+ Restaurant Schwarzer Adler, Kaiserjägerstraße 2, 0512/587109
+ Restaurant Stiftskeller, Burggraben 31, 0512/583490
+ Gasthaus Riese Haymon, Haymongasse 4, 0512/566800
+ Gasthof Schupfen, Unterberg 5, an der Brenner-Bundesstraße, 0512/562426
+ Gasthaus Schießstand, Schwabeneckweg 7, 0512/284740

Die Umgebung von Innsbruck

Seefeld in Tirol, 1 180 m, 3 155 Ew.

Seefeld ist das nordische Skizentrum schlechthin in Tirol. Hier treffen sich Eisläufer, Langläufer, Winterwanderer, Skiläufer und Skater, die hoffentlich nicht so außer Atem sind, dass sie die schöne Kirche übersehen. Die spätgotische **Pfarrkirche St.**

Seekirchl bei Seefeld

Oswald wurde unter den Landesfürsten Friedl mit der leeren Tasche und Sigmund dem Münzreichen in den Jahren 1425–1470 erbaut. Bedeutend sind das gotische Hauptportal und die von Jörg Kölderer gemalte Mirakeltafel, die beide das Seefelder Hostienwunder darstellen: Der wenig gottesfürchtige Ritter Oswald hatte bei der hl. Kommunion die große (für den Pfarrer reservierte) Hostie für sich begehrt. Als sie auf seiner Zunge lag, versank der Ritter „in das Estrich bis an die Knie" und der Altar, an dem er sich festhalten wollte, wurde weich wie Wachs. Die Hostie hatte

Die Umgebung von Innsbruck

Reith bei Seefeld · Zirl

Martinswand mit Martinsbühel bei Zirl

Ganz unten: Ruine Fragenstein oberhalb von Zirl

sich blutrot gefärbt. Sie wurde bis 1919 verehrt, dann verschwand sie auf ungeklärten Wegen.

Der Name „Sevelt" wurde schon 1022 erstmals erwähnt und leitet sich von den Hochseen her, von denen heute nur mehr der Wildsee existiert. In Seefeld selbst legte Herzog Sigmund künstlich einen See an, der heute ausgetrocknet ist. Das „Seekirchl" stand einst auf einer Insel in diesem See.

Tipp:
+ S' Alte Wirtshaus am Geigenbichl, Geigenbühelstraße 790, 05212/4824 oder 2652
+ Gasthof Triendlsäge, Triendlsäge 259, 05212/2580

Reith bei Seefeld, 1 130 m, 1 097 Ew.

Das „Riesenhaus" im Ortsteil Leithen bei Seefeld ziert ein Fresko mit einer Darstellung der Riesen Haymon und Thyrsus aus dem Jahr 1537. Beim Kampf der Riesen hatte Haymon Thyrsus getötet. Das Blut des Thyrsus tränkte die Erde, woraus „Dirschenblut", Steinöl, entstand, das man lange Zeit in dieser Region abbaute. Der von Schuldgefühlen geplagte Haymon gründete dann der Sage nach das Kloster Wilten. Deswegen flankieren Statuen der beiden Riesen auch den Eingang der Stiftskirche Wilten.

Apropos Steinöl: Es wird noch heute im Bächental bei Achenkirch gewonnen und zu Heilsalben und Badezusätzen verarbeitet.

Die nach den Plänen von Ing. Josef Riehl (1842–1917) erbaute **Mittenwald-** oder **Karwendelbahn** hält auch in Reith. Bei der Strecke zwischen Innsbruck und Mittenwald handelt es sich um die wohl spektakulärste Trassenführung in Tirol. Aus dem Stadtzentrum Innsbrucks führt die Bahn, seit 1912 im Regelbetrieb, zum Seefelder Sattel auf 1 185 m Seehöhe und überwindet dabei rund 600 Höhenmeter. Eindrucksvolle Bauten wie die Innbrücke, Viadukte mit vielen lichten Öffnungen und 18 Tunnels, darunter der 1 810 m lange Martinswandtunnel, helfen, das schier Unmögliche, eine Zugreise von Innsbruck nach Scharnitz, möglich zu machen.

Josef Riehl, der schon beim Bau der Brennerbahn dabei war, plante auch die Mittelgebirgsbahn nach Igls, die Stubaitalbahn und die Hungerburgbahn. Er krönte seine Tätigkeit mit der Mittenwaldbahn, der ältesten elektrifizierten Normalspurstrecke Österreichs.

Tipp:
+ Gasthof Hirschen, Leithener Dorfstraße 9, 05212/3155

Zirl, 622 m, 5 779 Ew.

Auf dem **Martinsbühel** vor der Martinswand gab es eisenzeitliche Funde (4./5. Jh. v. Chr.) und es wurden Spuren der römischen Befestigungsanlage „Teriolis" entdeckt. Auf diesem uralten Kulturboden ließ Kaiser Maximilian I. die Burg St. Martinsberg um 1500 zu einem Jagdschloss umbauen. Besonders beliebt war dieses Schloss wegen der Sicht zur über 500 m senkrecht aufragenden Martinswand und der damit ver-

Oberperfuß · Völs

Die Umgebung von Innsbruck

bundenen Möglichkeit, Schaujagden vor weiblichem Publikum zu veranstalten.

1484 verstieg sich Kaiser Maximilian auf der Gämsenjagd in der **Martinswand**, die heute ein Sportkletterer-Dorado ist. Ein Jäger rettete den Kaiser – dies der prosaische Hintergrund für die Legende von Maximilians wunderbarer Errettung aus der Martinswand. Das Volk schrieb die Heldentat bald einem himmlischen Wesen zu – aus dem Retter wurde ein Engel in Jägergestalt. Bis ins 19. Jh. war dieses Ereignis ein häufiges Bildmotiv, etwa bei Moritz von Schwind.

Das erste Kreuz in der Höhle soll Maximilian selbst hinaufgetragen haben. Inschriften wie „In dieser Grotte der Martinswand – stand Kaiser Maximilian an des Grabes Rand" und „Lernt Gott vertrauen und merket Euch, Gott schützt das Haus Österreich" erfreuen den Kletterer auf Maximilians Spuren. Die Gemeinde **Kematen** verdankt, behauptet die Legende, ihren Namen ebenfalls diesem denkwürdigen Jagdausflug: Der Kaiser soll in seiner Not gerufen haben: „Wenn sie nur schon kematen (= kämen)..."
Tipp:
✱ Erlebnisdestillerie Baumann, Fragensteinweg 16, 05238/52295 (Hr. Petz): Kräuterliköre, -bitter, -tees, Schnäpse, Fruchtsaftliköre.
Öffnungszeiten: Mo.–Fr. 8–17 h, Gruppenführungen auf Anfrage
✚ Gasthaus Lamm, 6170 Zirl, 05238/54041
✚ Gasthof Altwirt, Dorfplatz 3, 6345 Kematen, 05232/2250

Oberperfuß, 812 m, 2 627 Ew.

In der Pfarrkirche St. Margaretha befindet sich das Grabdenkmal von Peter Anich (1723–1766). Der große Kartograph erstellte die erste Landkarte von Tirol, die nach ihm benannte Anich-Karte. Anich und sein ebenfalls aus Oberperfuß stammender Mitarbeiter Blasius Hueber wurden von ihren Mitbürgern wenig freundlich behandelt. Man fürchtete, die genaue Vermessung des Landes könnte zu erhöhten Steuerforderungen aus Wien führen. Deshalb wies man den Quartier suchenden Kartographen ab, der beim Vermessen in Südtirol an Malaria erkrankte und im Alter von nur 43 Jahren verstarb.
Tipp:
● Peter-Anich-Blasius-Hueber-Museum, Riedl 30, 05232/81384 (Gerhard Gutheinz): Globen und Karten der ersten Kartographie Tirols.
Öffnungszeiten: Mai–Sept.: Fr. 17–18 h und auf Anfrage

Sellrain, 970 m, 1 371 Ew.

Auf der linken Seite des Sellraintales auf 1 243 m Höhe steht weithin sichtbar die viel besuchte gotische Wallfahrtskirche St. Quirin. Im Inneren sind ein gotisches Rippengewölbe mit schönen Rankenmalereien und Fresken am Triumphbogen (Jüngstes Gericht) zu sehen.

Völs, 592 m, 6 600 Ew.

Die Marktgemeinde Völs wirkt wie ein Vorort von Innsbruck. Westlich des Ortes erhebt sich der **Blasiusberg**, ein Hügel auf dem das barocke Blasiuskirchl 1733 über einer

Römische Bacchus-Büste aus der alten Pfarrkirche zu den hll. Jodok und Lucia, Völs
Oben Mitte: Schwarzes Kreuz im Blasiuskirchl oberhalb von Völs
Ganz oben: Pfarrkirche St. Quirin im Sellrain

Die Umgebung von Innsbruck

Axams · Götzens

gotischen Kirche errichtet wurde. Bemerkenswert ist im Inneren das so genannte Schwarze Kreuz, ein spätgotisches Bronzekruzifix, das dem Bildhauer Leonhard Magt und dem Gießer Stefan Godl zugeschrieben wird, die beide an der Fertigung des Grabmals von Kaiser Maximilian I. in der Hofkirche beteiligt waren.

Bei Grabungen in der alten Pfarrkirche zu den hll. Jodok und Lucia wurde 1999 eine römische Bacchus-Büste gefunden.

Tipp:
✱ Thurnfelsmuseum im Gemeindehaus, Dorfstraße 31, 0512/303111: Archäologische Funde aus prähistorischer und römischer Zeit.
Öffnungszeiten: Di. u. Do. 14–17 h, Fr. 9–12 h, Sa., So. u. Feiert. nach Voranmeldung

Axams, 874 m, 5 295 Ew.

Axams ist mit seinem Skigebiet, der „Axamer Lizum" (Lizum = rätoromanisch für Alm) berühmt geworden. Hier wurde bei den Olympischen Winterspielen 1964 und 1976 jeweils die Damenabfahrt ausgetragen.

Axams ist der Geburtsort des Dramatikers Karl Schönherr (1867–1943). Schönherrs Stücke waren überaus erfolgreich, sie wurden im gesamten deutschen Sprachraum aufgeführt. Bis heute gespielt wird u. a. „Frau Suitner", die Tragödie um eine kinderlose Frau. Axams verfügt, wie viele andere Tiroler Gemeinden auch, über eine Laienschauspielgruppe, die verschiedene Volksstücke zur Aufführung bringt.

Berühmt ist der Axamer Fastnachtsbrauch des „Wampelerreitens": Junge Männer ziehen, schwarze Hüte, Gittermasken und weiße mit Heu gepolsterte Hemden tragend, durch den Ort. Entsprechend den Regeln, die diesem wilden Treiben zugrunde liegen, entledigen sich die Wampeler nach einer Weile der Maske und des Hutes. Nun werden sie von so genannten Reitern angegriffen. Diese versuchen, die Wampeler niederzuringen, um ihnen ihr Hemd zu beschmutzen. Je mehr Wampeler mit sauberem Hemd durchkommen, desto besser wird die Ernte ausfallen.

Der schon in prähistorischer Zeit genutzte Siedlungsplatz war im 10. Jh. Besitz des Klosters Frauenchiemsee. Die auf diese Epoche zurückgehende barocke Pfarrkirche zum hl. Johannes dem Täufer ist kostbar ausgestattet und enthält die wohl bedeutendste Krippe Tirols mit beinahe lebensgroßen Figuren und herrlich bestickten Gewändern (1805/14).

Götzens, 868 m, 3 488 Ew.

Eine der schönsten Rokokokirchen im Land mit hintereinander gestellten, sich verjüngenden Räumen ist die vom Götzener Baumeister Franz Singer (1724–1789) erbaute Pfarrkirche zu den hll. Petrus und Paulus. Die Deckenfresken – u. a. Gefangennahme und Tod der hll. Petrus und Paulus – stammen von Matthäus Günther (1705–1788, vgl. Grins). In den letzten Jahren entwickelte sich um den selig gesprochenen Pfarrer Otto Neururer, der von den Nationalsozialisten im Konzentrationslager

Wampelerreiten in Axams
Ganz unten: Pfarrkirche zu den hll. Petrus und Paulus, Götzens

Die Umgebung von Innsbruck

Stubaital · Geschichte

Buchenwald ermordet wurde, eine rege Wallfahrt.

Auf dem Ulrichhof, Mittelgasse 4, ist ein Fresko zu sehen, das die Flucht nach Ägypten zeigt. Kurios in seiner Offenheit ist der Sinnspruch daneben: „Hast du gelt so sötz dich nider, hast du keins, so geh, bald wider ..."

Stubaital

Das Stubaital als Ganzes ist wie für den Bergsport gemacht. Sommerliches Wandern und Skifahren u. a. im Ganzjahresskigebiet auf dem Stubaier Gletscher haben das Tal sehr bekannt gemacht. Mit der Stubaitalbahn geht es vom Innsbrucker Hauptbahnhof über die idyllischen, mit Lärchen bewachsenen Telfeser Wiesen bis nach Fulpmes. In den Sommermonaten verkehrt jeweils am Mittwoch neben der „normalen" Straßenbahn auch die Nostalgiebahn (Auskünfte unter 0512/53 07-0).

Andere mögen größere Häuser gebaut haben, der bedeutendste Baumeister des gesamten Tales ist dennoch der geistliche Herr **Franz de Paula Penz** (1707–1772) aus Navis. Der studierte Theologe Penz war ein Vertrauensmann des Bischofs von Brixen. In ganz Tirol gestaltete er Kirchen, besonders viele in und um Innsbruck. Penz barockisierte die Kirche in Arzl bei Innsbruck und jene in Mieders, neu baute er die alte Pfarrkirche in Weerberg, die Kirche und das Widum in Fulpmes und in Schönberg. Die Basilika in Wilten entstand nach Penz-Plänen ebenso wie die Kirchen von Anras, Schmirn, Navis, Obertilliach, Telfes und Neustift.

Penz war bekannt dafür, dass seine Kirchen vergleichsweise geringe Kosten verursachten. Seine Bauten wurden von den „Penzinnen", Frauen, die um Gottes Lohn arbeiteten, unterstützt. In einem Brief erklärte der Baudirektor seinem Bischof in

Blick auf den Stubaier Gletscher
Links: Baumeister Franz de Paula Penz

Die Umgebung von Innsbruck

Schönberg

Brennerautobahn Richtung Süden mit Serles im Hintergrund
Unten: Europabrücke der Brennerautobahn

Brixen, was es mit diesen Frauen auf sich hatte: „Was aber die Unterhaltung dieser Weibsbilder berührt, da muß Euer hochfürstlichen Gnaden bekannt sein, dass bei den Kirchengebäuen sehr viele Arbeiter und sehr viele Handwerker nöthig sind, nebst den armen Gemeinden meistentheils das Geld, solche zu erhalten, ermangle; hiemit mußte ich notwendig diese Kosten zu verringern nachdenken und weilen viele Leut aus Mangel der Arbeit noth leiden mußten, so haben von solchen so Manns und Weibspersonen auch in den theuersten Zeiten zu diesen Gebäuen angestellt und sie nach und nach zu Maurer-, Zimmer-, Tischerlei, auch Fassung der Altäre und anderen derlei besseren Künsten abgerichtet und ihnen solang sie im Sommer arbeiten, auch auf den Winter die Kost und Kleidung zugesagt. Hiemit habe ich bei meinen Kirchengebäuen 70 bis 80 Personen, welche sonst feyern und liederlich werden dörften, gebührend unterhalten. Hierunter werden sich gegen 20 Weibsbilder befinden, aus welchen vier bis fünf auf meinem Thöler Gut in Stubai, die übrigen aber an den Gemeinden, wo die Kirchen gebaut werden, bei den Bauern ausgeteilt sind. In dem Widum aber sind nicht mehr als zwei Weibsbilder, welche zur Wirtschaft unumgänglich notwendig sind." Neben dem Widum in Fulpmes sollen Penzinnen eine Seidenspinnerei betrieben haben, was Bevölkerung und Behörden offenbar gleichermaßen störte, sodass der verantwortliche Fulpmer Kurat Georg Tangl nach Flaurling versetzt wurde.

Schönberg, 1 013 m, 1 017 Ew.

Die Brennerautobahn (mit 10 Tal- und 25 Hangbrücken sowie 29 Straßen-, Weg- und Bachunterführungen) aus den 1960er Jahren war die erste alpenüberquerende Autobahn. Das eindrucksvollste Teilstück dieser Au-

Telfes · Mieders

Die Umgebung von Innsbruck

tobahn ist die 815 m lange **Europabrücke**, die eine Höhe von 192 m erreicht und somit immer noch auf den höchsten Brückenpfeiler Europas verweisen kann. Am westlichen Ende der Brücke befindet sich, auf einem Felsen erhöht, nahe einem urzeitlichen Kultplatz, die Europakapelle von Hubert Prachensky aus dem Jahr 1963.

Die nach Plänen von Franz de Paula Penz errichtete barocke Pfarrkirche zum Heiligen Kreuz verfügt über eines der schönsten Heiligen Gräber in Tirol, das vom Schönberger Pfarrer und Maler Johann Joachim Pfaundler (1723–1811) geschaffen wurde. Unübersehbar ist an der Straße nach Innsbruck der im Kern aus dem 16. Jh. stammende Gasthof Domanig mit barocken Fresken an der Fassade.
Tipp:
✚ Gasthof Handl, Handlweg 1, 05225/ 62574-0

Telfes, 994 m, 1 358 Ew.
Telfes ist die älteste Pfarre des Stubaitals. In der barocken Pfarrkirche St. Pankratius, 1754 erbaut von Franz de Paula Penz, sind herrliche Deckenfresken von Anton Zoller zu bewundern. Von Zoller stammt auch das Fresko des hl. Pankratius über dem Portal mit den geschnitzten Holztüren.

Die gotische Vorgängerkirche soll übrigens der kirchliche Baudirektor selbst auf dem Gewissen haben. Als die Bauern, die von einem Neubau nicht viel wissen wollten, auf dem Feld waren, soll er die Gewölbe einschlagen lassen und damit ein Fait accompli geschaffen haben, das unweigerlich den barocken Neubau der Kirche zum hl. Pankratius nach sich zog.

Mieders, 952 m, 1 494 Ew.
Sehenswert neben der ältesten Pfarrkirche des Tales, der innen barockisierten Pfarrkirche zu Mariä Geburt, ist – in der im 14. Jh. entstandenen Friedhofskapelle – ein etwa 2 m hoher Kruzifixus aus der Zeit um 1510. Berührend ist das Antlitz des Gekreuzigten, das im Tod endgültige Erschöpfung zeigt.

Seit Mitte des 17. Jh. gibt es das Badlhaus im Pflusental unterhalb des Ortes. Im 19. Jh. wurde Mieders aufgrund des Mineralbades zu einer beliebten Sommerfrische. Das neuerdings geschlossene Hotel Post und der Lerchenhof beherbergten v. a. Urlauber aus dem nahen Innsbruck. Mit dem Bau des Miederer Schwimmbadls 1927 wurde diese Tradition fortgesetzt. Das hölzerne Bad gehört neben den Bädern in Telfs und St. Johann zu den ältesten noch bestehenden in ganz Tirol.

Aus Mieders stammt der Gründer der Stubaier Wiedertäufer-Sekte, Paul Lederer, den man 1618 in Innsbruck enthauptet hat. Lederer „behauptete, aus übersinnlicher Eingebung Gebete zu wissen, die so kräftig seien, dass sie auch bei lasterhaftem Lebenswandel vor der Verdammniß schützten. Dieses neue und angeneh-

Telfes mit Elfer und Habicht

Die Umgebung von Innsbruck

Fulpmes · Neustift

me Dogma", spöttelt der Reiseschriftsteller Ludwig Steub, erfreute sich „bei den Stubaier Bonvivants der damaligen Zeit großen Beifalls".

Fulpmes, 937 m, 3 875 Ew.

Bis ins 16. Jh. wurde in der Schlick, einem kleinen Hochtal in den Kalkkögeln, Eisenerz abgebaut. In der Folge entstanden zahlreiche Schmieden am Schlickerbach. Stubaier Werkzeuge wie Messer und unter Köchen insbesondere der Krauthobel sind über die Grenzen des Tales hinaus bekannt. Das Fulpmer **Schmiedemuseum** zeichnet die Entwicklung der Stubaier Schmiedekunst nach. Besonderes Augenmerk wird auf das Werkzeug gerichtet, das Bergsteiger, Bergwanderer, Kletterer und Eiskletterer über die Zeitläufte hinweg benutzten.

Die Pfarrkirche St. Veit, die wie das gegenüberliegende Widum nach Plänen von Franz de Paula Penz 1746/47 errichtet wurde, zieren innen elegante Rokoko-Stuckaturen von Anton Gigl. Die Deckengemälde von Johann Georg Bergmüller zeigen u. a. den Triumph des hl. Kreuzes über die Laster, die als halb nacktes Teufelspaar dargestellt sind.

Tipp:
● Schmiedemuseum, Fachschulgasse 4, 05225/696024 (Peter Gleinser) Öffnungszeiten: Juni–Sept.: Mi. 14–17 h
✚ Gasthof Gröbenhof, Gröben 1, 05225/62442

Schmiedemuseum in Fulpmes
Rechts: Pfarrkirche Neustift, Deckenfresko

Neustift im Stubaital, 993 m, 4 268 Ew.

Die außergewöhnlich große **Pfarrkirche St. Georg**, wiederum nach Plänen von Franz de Paula Penz erbaut, wirkt wie eine Talsperre. Das Äußere ist schmucklos, im Inneren ist der großzügige Bau jedoch aufwendig ausgestaltet: Die Eingangskuppel versah Franz Joseph Haller (1727–1773) mit einer Darstellung der Hl. Dreifaltigkeit, an deren Rand der Kirchenpatron Georg, mit jugendlich entschlossenem Antlitz, soeben den geflügelten Drachen erlegt hat. Das Mittelfresko von Joseph Anton Zoller (1730–1791), dem Sohn Anton Zollers (1695–1768), stellt das Pfingstwunder dar. Über dem Altar mit Figuren von Johann Perger (1729–1774) zeigt das Deckenbild das letzte Abendmahl.

Die Kirche umgibt ein schöner Friedhof, der ausschließlich mit schmiedeeisernen Grabkreuzen bestückt ist. Hier liegt der berühmte „Gletscherpfarrer", der Mitbegründer des Alpenvereins Franz Senn, begraben (vgl. Oberland, Vent). Landschaftlich reizvolle Ausflugsziele von Neustift aus sind das Oberbergtal, die Grawawasserfälle und der Stubaier Gletscherpfad.

Die Umgebung von Innsbruck

Matrei am Brenner

Wipptal

Das Wipptal meint jeder zu kennen, der einmal auf der Brennerautobahn nach Süden gebraust ist. Irgendwie stimmt das und doch wieder nicht. Denn der Reiz des breiten Tales liegt in seiner kleinteiligen landwirtschaftlichen Struktur, in seinen schmucken Ortschaften und mitunter ziemlich einsamen Seitentälern, die man von der Autobahn aus nicht einmal erahnt.

**Matrei am Brenner, 992 m, 1 010 Ew.
Pfons, 1 043 m, 1 233 Ew.
Mühlbachl, 995 m, 1 361 Ew.**

Die Marktgemeinde Matrei ist die älteste Siedlung des Wipptales. Am Laimbichl wurden Urnengräber gefunden. Zur Römerzeit hieß der Ort „Locus Matereia". Die Häuser, eine eindrucksvolle Mischung aus Bürger- und Bauernhäusern aus der Zeit um 1500, stehen, wie etwa die Gasthöfe Krone und Uhr, giebelseitig zur Straße. Fassadenmalereien (u. a. von Rafael Thaler, 1870–1947, am Gasthof zur Weißen Rose) und kunstvolle Wirtshausschilder geben Matrei – der Ort ist in seiner Geschichte mehrfach durch Brände zu Schaden gekommen und die Bombardierung im Zweiten Weltkrieg ließ nur sieben Häuser unbeschädigt – heute wieder ein gediegen-anheimelndes Erscheinungsbild.

Auf dem Friedhof der barockisierten Pfarrkirche Mariä Himmelfahrt im Nachbarort Pfons befindet sich die Kapelle St. Johannes, der einzige völlig unversehrt erhalten gebliebene Sakralbau aus maximilianischer Zeit. Die Außenarchitektur mit spitzbogigen Maßwerkfenstern ist schlicht, das Innere zieren ein feingliedriges Netzgratgewölbe mit Blumenmalereien in den Zwickeln und an der linken Triumphbogenwand eine Mondsichelmadonna aus der Zeit um 1470.

Einen Ausflug in die Bergwelt wert ist das im Gemeindegebiet von Mühlbachl idyllisch am Fuße eines der markantesten Berggipfel um Innsbruck, der Serles, gelegene Servitenkloster **Maria Waldrast** in 1 641 m Höhe. Das Kloster erreicht man entweder über die Mautstraße von Matrei aus oder zu Fuß in bequemer, halbstündiger Wanderung von der Bergstation der Miederer Serleslifte aus.

Kapelle St. Johannes, Pfons, Innenraum

Links: Kellerkapelle in Vals mit Olperer

Unten: Servitenkloster Maria Waldrast am Fuße der Serles

Die Umgebung von Innsbruck

Navis · Steinach am Brenner

Im Volksmund heißt die Serles „Hochaltar Tirols". Der Sage nach wurden der hartherzige König Serles und seine beiden Söhne zu Stein. Das Klostergebäude neben der Wallfahrtskirche Maria Waldrast beherbergt eine Gaststätte.
Tipp:
+ Alter Lanthalerhof, Matreiwald 15, 05273/6579 (Fr. Rieger): 16 Künstler und Handwerker aus dem Wipp- und Stubaital stellen aus; Keramik, Weberei, Bilder, Schmuck.
Öffnungszeiten: tgl. ab 10.00 h, Gruppenführungen auf Anfrage
+ Gasthof Lamm, Brennerstraße 36, 6143 Matrei am Brenner, 05273/6221

Die Seitentäler des Wipptals sind wunderbare Wander- und Skitourengebiete. **Valser, Schmirn-, Navis-, Obernberg- und Gschnitztal** sind z. T. als Naturschutzgebiete ausgewiesen, damit der ruhig-ländliche, nahezu unberührte Charakter dieser Täler erhalten bleibt.

Navis, 1337 m, 1909 Ew.

Über dem Eingang ins Navistal stand in alter Zeit die 1336 zerstörte Burg Aufenstein, in deren Kapelle der bedeutendste frühgotische Freskenzyklus Nordtirols, der u. a. den Triumph des Todes, die sieben Todsünden und die Hl. Drei Könige darstellt, erhalten geblieben ist. An der Nordwand findet sich ein Christophorusfresko, das über beide Geschosse der Kapelle geht. Daneben ist eine lebensgroße Schnitzgruppe, die Verkündigungsszene darstellend, aus der Zeit um 1330/40 angebracht.

Die Burgkapelle betritt man durch die direkt angebaute barockisierte Filialkirche zur hl. Katharina (Schlüssel bei Fam. Vötter, 05273/6519). Auf der gegenüberliegenden Talseite ragt der gotische Turm der zu Steinach gehörenden Filialkirche zum hl. Ulrich auf.

Navis ist der Geburtsort des Tiroler Priesters und Baumeisters Franz de Paula Penz (vgl. Wiltener Basilika, Stubaital). Franz de Paula Penz erbaute auch in seiner Heimatgemeinde eine Kirche und ein prächtiges Widum. Von der Penz-Kirche steht nur mehr der Turm, die Kirche wurde in den 1960er Jahren durch einen Hangbruch irreparabel beschädigt.

Sehenswert sind, abgesehen vom alten Gemeindehaus und vom Pfarrhof, einige Bauernhöfe am Oberweg, von wo die Aussicht auf den Serleskamm mehr als eindrucksvoll ist.

Steinach am Brenner, 1048 m, 3261 Ew.

Die im Inneren barockisierte **Filialkirche St. Ursula** im Ortsteil Mauern ist eine der wenigen erhaltenen romanischen Kirchen Tirols, die übrigens auf den Resten eines vorchristlichen Tempels erbaut wurde (Schlüssel unter 05248/6418). Rechts vom Eingang stehen prominent aufgestellt Tuxer Grabkreuze, ein Hinweis darauf, dass die Zillertaler Gemeinde Tux einst zu Schmirn gehörte und deshalb ihre Toten in Mauern begraben wurden.

Von Mauern hat man einen schönen Blick über das Wipptal, den eleganten Schwung der Nößlacher Au-

Burgkapelle Aufenstein, Detail des Freskenzyklus
Unten: Filialkirche St. Ursula, Steinach am Brenner

Gschnitz im Gschnitztal · Schmirn

Die Umgebung von Innsbruck

tobahn-Brücke und auf Steinach mit der neoromanischen **Kirche zum hl. Erasmus.** Die Vorgängerkirche von Franz de Paula Penz mit Fresken von Franz Anton Zeiller war 1853 einem verheerenden Brand zum Opfer gefallen. Der Steinacher Autodidakt Josef Vonstadl übernahm die Aufgabe, auf dem Penz-Grundriss eine neuromanische Kirche zu bauen. Aus der alten Kirche stammen noch die Altarblätter von Martin Knoller (1725–1804), die die hll. Erasmus, Johannes den Täufer und Sebastian darstellen. Knoller war gebürtig aus Steinach. Mit 20 war er Schüler von Paul Troger, später ging er nach Italien. Ab 1793 war Knoller Professor an der Mailänder Akademie. In der Karlskirche in Volders finden sich die in Tirol einzigen Fresken Knollers mit sakralen Inhalten.
Tipp:
● Alfons-Graber-Museum, Brennerstraße 28, 05272/6373 (Fr. Reim): Gemäldeausstellung. Öffnungszeiten: Di. u. Do. 16–18 h

Gschnitz im Gschnitztal, 1 242 m, 474 Ew.

Umgeben von einer spektakulären alpinen Kulisse aus Bergwäldern, Fels- und Eisgipfeln und Bauernhäusern mit spätgotischen Erkern, barocken Architekturmalereien, klassizistischen Tür- und Fensterrahmen, behauptet sich am Talboden die kleine Kirche Unsere Liebe Frau Maria Schnee, ausgemalt von den Telfer Malern Josef Anton und Anton Zoller.

Für den Wanderer über einen steilen Fußweg von Gschnitz erreichbar ist die Wallfahrtskirche **St. Magdalena auf dem Bergl** an der Gemeindegrenze zu Trins mit der direkt angebauten Einsiedelei. Das romanische Kirchlein wurde über einer vor-

Wallfahrtskirche St. Magdalena oberhalb von Gschnitz

christlichen Kultstätte errichtet. Bedeutend sind die Fresken aus der Zeit um 1200, die u. a. „Adam und Eva unter dem Baum" darstellen.
Tipp:
✚ Gasthof Wienerhof, Nr. 13, 6152 Trins, 05275/5205
✚ Trinserhof, Nr. 106, 6152 Trins, 05275/5212

Schmirn

1756/57 wurde die Pfarrkirche zum hl. Josef nach Plänen von Franz de Paula Penz im Stil des Rokoko erbaut. Die äußerlich einfache Kirche prunkt im Inneren mit Deckengemälden von Anton Zoller und dessen Sohn Josef Anton Zoller. Besonders beeindruckend ist das Jüngste Gericht samt einem mit einer Gabel armierten Teufel, sich öffnenden Gräbern und einem Blitze schleudernden

113

Die Umgebung von Innsbruck

Gries am Brenner · Obernberg

Engel. Das Altarbild, das den Tod des hl. Josef darstellt, stammt vom Oberländer Maler Caspar Jele (1814-1893).

Gries am Brenner/Nößlach, 1 165 m, 1 266 Ew.

Die romanische **St. Jakobskapelle** steht weithin sichtbar in Nößlach auf einem Hügel über der Brennerautobahn. Die Zufahrt erfolgt entweder von Gries über Vinaders oder von Steinach aus. Die Kapelle wurde 1305 von Peter von Trautson, der eine Pilgerreise nach Santiago de Compostela gemacht hatte, gestiftet. Ausgestattet ist die Kapelle mit einem spätgotischen Flügelaltar mit Statuen der Madonna mit Kind und den hll. Jakobus d. Ä. und Jakobus d. J. Die Flügelbilder werden Ludwig Konraiter († 1507, vgl. Museum in Stift Wilten) zugeschrieben (Schlüssel bei Fam. Kirchmair, 05274/87658).

Auf dem Friedhof der Pfarrkirche von **Vinaders,** einem Ortsteil von Gries im vordersten Obernbergtal, ist ein höchst bemerkenswertes schmiedeeisernes Rokoko-Grabkreuz zu bewundern.

Die frisch renovierte **Kapelle zu den hll. Christoph und Sigmund am Lueg** südlich von Gries gehört zu den bedeutenden Sakralbauten im Wipptal. Die Stilentwicklung von der Gotik hin zum Barock wird hier sichtbar. Die Kaplanei entstand vermutlich auf einem vorchristlichen Kultplatz in der ersten Hälfte des 15. Jh. in Zusammenhang mit der Errichtung der Zollstätte am Lueg. Diese wurde 1815 aufgelassen und war einst die ertragreichste in Tirol, was sich noch heute an den standesgemäßen Grabplatten der Zöllner und ihrer Familien neben der Kirche ablesen lässt.

Der imposante Gasthof „Weißes Rössl" in Gries mit Sgraffiti des Innsbrucker Malers Max Spielmann aus dem Jahr 1957 stammt aus der Mitte des 15. Jh.

Obernberg, 1 380 m, 368 Ew.

Nicht nur die Innsbrucker machen gern Ausflüge ins Obernbergtal; die liebliche Gegend mit dem **Obernberger See** und dem dahinter steil aufragenden Felsstock der Tribulaune zieht Besucher in Scharen an. Eine weitere Attraktion stellt die malerisch gelegene spätbarocke **Pfarrkirche St. Nikolaus** dar, die 1760 nach Plänen von Franz de Paula Penz von Johann Michael Umhauser erbaut

St. Jakob in Nößlach, Gries am Brenner

Rechts: Jakobusaltar, St. Jakob in Nößlach, Gries am Brenner

Die Umgebung von Innsbruck

Tulfes · Lans · Patsch

wurde. Das Innere schmücken Deckenfresken von Christof Anton Mayr (1720–1771): Neben der Glorie des hl. Nikolaus sind die vier letzten Dinge der Menschheit – Tod, Jüngstes Gericht, Himmel und Hölle – abgebildet. Der Höllenrachen über der rechten Langhauswand ist eine Art Löwenmaul, in dem ein feuerspeiender Teufel, eine Schlange und ein höchst wundersames Flugreptil dem armen Sünder zusetzen.

Für die Bewohner der Landeshauptstadt ist das südöstliche Mittelgebirge von Innsbruck mit den Gemeinden **Aldrans, Sistrans, Rinn, Tulfes, Lans** und **Patsch** Naherholungsgebiet und Ausgangspunkt für Wanderungen. Das bereits frühgeschichtlich besiedelte **Aldrans** liegt an der so genannten „Ellbögenerstraße" (im Volksmund fälschlicherweise auch „Römerstraße" genannt, weil es sich um eine alte Straßenverbindung handelt), auf der von Hall in Tirol über Tulfes, Rinn und Lans nach Matrei und weiter auf den Brenner Salz in den Süden transportiert wurde. Aldrans ist mehrfach abgebrannt, wodurch ein guter Teil der alten Bausubstanz zerstört wurde. Der Turm der Aldranser Kirche ist über einem riesigen Stein errichtet, was auf eine vorchristliche Kultstätte hindeutet.

Die qualitätvollen Gewölbestuckaturen in der prächtigen barockisierten **Sistranser Pfarrkirche** stammen von Kassian Singer (vgl. Hopfgarten). Im Rinner Weiler Wiesenhof wurde ein bronzezeitliches Grab ge-

Pfarrkirche St. Nikolaus, Obernberg

funden. Die **Pfarrkirche zu den hll. Thomas und Andreas** wurde 1775 vom Götzener Zweig der Baumeisterdynastie Singer, genauer von Franz Singer, zu einer imposanten Rokokokirche umgebaut. Bekannter ist die landschaftlich reizvoll gelegene Kirche im Weiler Judenstein. Hier ist der lang schwelende Streit um das Anderle von Rinn verortet: 1965 wurde die Wallfahrt zum hl. Anderle von Rinn, der im 15. Jh. einem „von durchreisenden Juden" begangenen Ritualmord zum Opfer gefallen sein soll, verboten. Die Legende berichtet, Anderle sei auf diese Weise umgekommen, während seine Mutter auf dem Feld arbeitete, oder aber der Taufpate des Knaben habe ihn an reisende Händler verkauft. Die Forschung hält es allerdings nicht für gesichert, ob überhaupt jemand getötet wurde und wenn ja, von wem. Hartnäckige Pilger, denen man Antisemitismus vorwirft, beten allerdings bis heute um die Fürsprache des mit zweieinhalb Jahren verstorbenen Anderle.

Die Geschichte über die „Räuber vom Glockenhof" in **Tulfes** spielt in

Kunst in Tirol

Schloss Matzen, Innenraum

Kunst in Tirol – ein schönes Thema, weil es dabei um eine reiche Entwicklung über Jahrhunderte, um eine Fülle von Denkmälern, um über das ganze Land verteilte Schätze geht, die durchaus dazu berechtigen, vom Kunstland Tirol zu sprechen. Immer noch lohnt es sich, seinen Spuren nachzugehen, obwohl es schwieriger geworden ist. Denn dominant sind sie nicht mehr im allgemeinen Erscheinungsbild unserer Dörfer und Städte, die bildkünstlerischen Leistungen und die der Baukunst: Die neuen Siedlungsstrukturen haben der Kunst ihren einstigen Vorrang genommen und sich als schwer zu entwirrendes Netz über die alten Hierarchien von Kirchen und Klöstern, von Städten und Dörfern, von Burgen, Edelsitzen und Bauernhöfen gebreitet. Eine Gesamtansicht unter künstlerischen Vorzeichen ist im heutigen Landschaftsraum Tirol nicht mehr möglich, diese Zeit ist endgültig vorbei; wohl aber entschädigt die Begegnung mit dem Einzeldenkmal, das sich zumeist in prächtiger, restauratorisch auf Hochglanz gebrachter Gestalt präsentiert.

Die interessante geographische Lage Tirols am Schnittpunkt europäischer Fernstraßen gab dem Land einen offenen Charakter. Einflüsse und Nachrichten von außen gelangten schnell herein, umgekehrt war von Tirol aus leicht über die Grenzen zu kommen; das Anderswo hatte immer einen großen Stellenwert. Tirol war aber nicht nur das Land der Passstraßen und des Transits, sondern ebenso das der abgelegenen Täler mit ihren in Jahrhunderten auf kleinem Raum gewachsenen Gemeinschaften, wo man auf sich selbst angewiesen war. Dieser Kulturgeographie mit ihren Parametern von Weite (Beweglichkeit) und Enge (Für-sich-Sein) entspricht, bedingt vielleicht, die besondere politische Struktur, bei der den Herrschaftsträgern – zuerst den Bischöfen von Brixen und Trient, denen der Kaiser die Grafschaften an Inn, Etsch und Eisack übertragen hatte, dann den Landesfürsten und dem Adel – bald die Bürgerschaft der Städte und die Bauern als freie Stände, als Partner, wenn man will, an die Seite traten.

Das demokratische Grundelement wertete die kleinen Gemeinwesen auf und sicherte ihnen einen Handlungsspielraum, der in anderen Regionen nicht in diesem Ausmaß gegeben war und sich in freiwilligen Leistungen für die Landesverteidigung politisch am stärksten äußerte. Auch das Ausbleiben größerer sozialer Unruhen gehört in diesen Zusammenhang. Jahrhunderte hindurch war die katholische Religion die größte Geistesmacht und prägte Verhaltensweisen bis weit in den privaten Bereich hinein.

„Wir nit, ös nit, der da oben" – die berühmte Aussage Andreas Hofers hat nichts Episodenhaftes an sich, sondern markiert das geistige Fundament einer langen Epoche.

Was heißt das nun umgelegt auf Kunst und Kultur? Einmal hat die hervorragende Passlage des Landes einen regen Austausch zwischen den südlichen und den nördlichen Kulturkreisen bewirkt. Insgesamt war die Anbindung an den süddeutschen Raum stärker, man denke an die Zeiten von Spätgotik und Spätbarock, in denen besonders viele Künstler aus Bayern und Schwaben im Land beschäftigt waren. Aus dem Süden kam v. a. in der Renaissance der große Atem der italienischen Kunst. Man spürt ihn aber mehr in Details als an großen Projekten. Überhaupt war Tirol nicht der Boden für wirklich monumentale Denkmäler; im Mittelalter etwa ließen die wirtschaftliche Situation, aber auch die fehlende zentrale Macht einen repräsentativen Dombau nicht zu. Dagegen sind sowohl das aufstrebende Bürgertum als auch die starken ländlichen Gemeinden in einer Vielzahl von kirchlichen und profanen Denkmälern eindrucksvoll präsent. Im 15. und im beginnenden 16. Jh. konnte man sich in Tirol wirklich wie „im Lande der Gotik" fühlen. Es ist eine wunderbare Spur, die die Baukünstler mit Pfarrkirchen und Kapellen, die Bildschnitzer und Maler mit Flügelaltären und Fresken, die Kunsthandwerker mit Täfelungen und Möbeln, mit Schmiedeeisenarbeiten und Gerät aus edlen Metallen gelegt haben. Vieles davon ist in den wichtigen musealen Sammlungen des Landes zu sehen, am besten und original zu erleben ist die hohe Ausstattungskunst der Epoche im Schloss Tratzberg im Unterinntal.

Auch im 18. Jh. war es das Zusammenwirken vieler Kräfte, das zum prächtigen barocken Himmel in Kirchen und festlichen Sälen führte. Da die Klöster und Stifte des Landes nicht über großen grundherrlichen Besitz mit entsprechenden Einnahmen verfügten – die Bauern waren ja frei –, spielen sie unter den künstlerischen Auftraggebern nicht die überragende Rolle wie etwa in den ostösterreichischen Ländern. Manch eine reich ausgestattete Dorfkirche, die in Götzens etwa oder jene von Neustift, stellt sich ihnen jedoch ebenbürtig an die Seite.

Die Kunst am landesfürstlichen Hof in Innsbruck, das seit 1420 Residenzstadt war, hat sich gleichfalls nicht abgehoben von der allgemeinen kulturellen Situation im Lande entwickelt. Bedeutende Landesfürsten wie Kaiser Maximilian I. und besonders auch Erzherzog Ferdinand II. hatten mit Kunst als oberster Repräsentationsform und als Möglichkeit, damit zeitüberdauernde Taten zu setzen, viel im Sinn. Das Grabmal Maximilians in der Hofkirche in Innsbruck, die Kunst- und Wunderkammer Ferdinands in Schloss Ambras und als letzter Abglanz des Landesfürstentums die Hofburg in Innsbruck, erbaut durch Kaise-

Schloss Ambras bei Innsbruck

Kunst in Tirol

Issinger Schlussstein von Michael Pacher, 1457, Bruneck, Stadtmuseum
Rechts: Eingang zum Kunstraum Innsbruck, Maria-Theresien-Straße 34
Rechte Seite: Albin Egger-Lienz, „Auf dem Kirchenchor von St. Andrä"

rin Maria Theresia, gelten als europäische Kostbarkeiten. Sie waren damals eingebunden in ein reges lokales Kunstleben, das die imperialen Einflüsse auf seine Art, bis zur Volkskunst hin, verarbeitete.

Im 19. Jh. hat es gerade in Tirol noch einmal einen bedeutenden Aufschwung der Kirchenkunst gegeben. Zwar hat alles, was unter dem Begriff Nazarenertum läuft, bis heute keinen hohen Stellenwert, die Leistungen, die im Sinn von Gesamtkunstwerken für Bau und Ausstattung zahlreicher Gotteshäuser, besonders auch solcher in den Städten, erbracht worden sind, haben im Kontext einer Tiroler Kunstgeschichte jedoch einen festen Platz. Als Beispiel sei hier die St. Nikolauskirche in Innsbruck genannt.

Tirol hat mit großen Namen unter den bildenden Künstlern immer punkten können; mit Michael Pacher, mit Paul Troger, mit Josef Anton Koch bis hin zu Franz von Defregger und Albin Egger-Lienz hat es ein enormes Mitspracherecht im mitteleuropäischen Künstlerraum. Die Präsenz der bildenden Kunst ist auch in der Gegenwart durchaus gegeben. Die Schwerpunkte haben sich vom öffentlichen Raum und von der Auftragskunst auf neue „Kunsträume" wie Galerien, Ausstellungsinstitute, Kunstmessen und Festivals verlagert. Diese Kunstszene ist lebendig und offen und möchte auf keinen Fall provinziell genannt werden.

Magdalena Hörmann
Amt der Tiroler Landesregierung,
Kulturabteilung

Die Umgebung von Innsbruck

Tulfes · Patsch

der Folklore eine Rolle. Der Geschichts- und Heimatforscher Johann Jakob Staffler (1783–1868) schildert 1842 die Historie so: „Der Glockhof war vor etwas mehr als 200 Jahren einem Glockengießer eigen, der wegen vorzüglicher Geschicklichkeit in seiner Kunst einen bedeutenden Ruf hatte. Allein so groß der Künstler, so groß war auch der Bösewicht. Dieser Mann beging an der Spitze einer geheimen Bande Strassenraub und Mord. Entdeckt und verurtheilt erbath er sich die Gnade, dass ihm die große, wohlklingende Kirchenglocke im gegenüber gelegenen Dorfe Mils, die er selbst gegossen, bei seiner Hinrich-

Die „Igler" auf ihrer Route über Aldrans und Lans nach Igls

tung geläutet werde. Dieß geschah, und getrost ging der arme Sünder in den Tod." Von der Fassade des Glockenhofes blickt der hingerichtete Hans Gatterer aus einem gemalten Scheinfenster finster auf den Betrachter. Alle zwei Jahre – der nächste Termin ist das Jahr 2000 – findet im Glockenhof während der Sommermonate Juli und August Freilichttheater mit Volksstücken aus der Region statt.

Zu empfehlen ist eine Erkundung des südlichen Mittelgebirges (Aldrans, Lans und Igls) mit der Straßenbahnlinie 6, der „Igler". Vom Innsbrucker Stadtzentrum fährt die Bahn nach **Lans** mit dem kleinen Lanser See. Von hier ist es nicht weit in das hübsche Dorf mit seinen stattlichen Wirtshäusern. Der Dichter Georg Trakl (1887–1914) war auf Einladung seines Gönners Ludwig von Ficker häufig in Lans, u. a. im Gasthof „Zur Traube", zu Gast, woran das Gedicht „Abend in Lans" erinnert: „Wanderschaft durch dämmernden Sommer/An Bündeln vergilbten Korns vorbei. Unter getünchten Bogen,/Wo die Schwalbe aus und ein flog, tranken wir feurigen Wein."

Die spätgotische, innen barockisierte Pfarrkirche zum hl. Donatus in **Patsch** zeigt immer in der Karwoche ein prachtvolles Heiliges Grab von Johann Joachim Pfaundler (vgl. Schönberg). Die Deckenfresken von Anton Zoller (1695–1768) stellen u. a. Szenen aus dem Leben des Kirchenpatrons dar. Zoller starb im Alter von 72 Jahren, während er diesen Auftrag ausführte. Die Fertigstellung besorgte der Troger-Schüler Josef Kremer († 1772) aus Zirl.

Tipp:
+ Wirtshaus Stecher, Dorf 7, 6071 Aldrans, 0512/394242
+ Gasthof Isserwirt, Nr. 9, 6072 Lans, 0512/377261
+ Landgasthof zum Wilden Mann, Römerstraße 12, 6072 Lans, 0512/377387
+ Gasthof Walzl, Dorfstraße 56, 6072 Lans, 0512/370380

Ampass

Die Umgebung von Innsbruck

+ Gasthof Arche, Hauptstraße 18, 6074 Rinn, 05223/78103
+ Restaurant Batzenhäusl, Lanserstraße 12, 6080 Igls, 0512/38618
+ Gasthof Heiligwasser, Ausflugsgasthof, 6080 Igls, 0512/377171
+ Hotel Grünwalderhof, Römerstraße 1, 6082 Patsch, 0512/377304

Ampass, 736 m, 1 306 Ew.

Die **Pfarrkirche hl. Johannes d. T.** liegt auf einem kleinen Hügel. Sehenswert in dieser beliebten Hochzeitskirche sind die Fresken des Innsbrucker Malers Johann Michael Strickner (1720–1759, vgl. Rietz) und die Rokokoaltäre. Die Kirche hat zwei Zwiebeltürme – weil die Glocke mit 2 408 kg für den Kirchturm zu schwer war, errichtete man im Jahr 1739 den eigentlichen Glockenturm separat auf einem idyllischen Hügel über der Kirche. Dieser Turm wurde mehrmals in seiner Geschichte ramponiert: 1901 stürzte die Glocke auf den läutenden Knecht herunter, einmal setzte ein Blitz den Turm in Brand, ein anderes Mal waren Kerzen Quelle eines Feuers und 1973 legte, informiert eine Tafel im Turm, „ein Geistesgestörter" einen Brand.

Bevor man, von Volders kommend, Ampass erreicht, steht an der Straße die so genannte **Viertlsäule,** ein spätgotischer Bildstock aus rötlichem Marmor, der als Pestsäule oder Gerichtszeichen gedeutet wird. Bildstöcke sind in Tirol zahlreich. Sie wurden als Pest-, Bet-, Sühne- oder Votivsäulen errichtet (z. B. Kapellenbildstock in der Götzener Klamm, Kapellenbildstock in Aldrans, Pestsäule in Reith bei Seefeld). Die noch viel zahlreicheren „Marterlen" erinnern dagegen an durch Unglücksfälle zu Tode Gekommene. Marterlen wurden und werden an der Stelle, wo sich ein Unglück zugetragen hat, errichtet.

Viertlsäule, Ampass
Links: Pfarrkirche hl. Johannes d. T., Ampass

Die Umgebung von Innsbruck

Hall in Tirol

Stadtansicht von Hall

Hall in Tirol, 574 m, 11 526 Ew.

Das 1303 zur Stadt erhobene Hall nahm einen raschen wirtschaftlichen Aufschwung durch die Salzgewinnung im Halltal. Das Geschäft mit der Innschifffahrt machte auch Hall und nicht Innsbruck, denn der so genannte Rechen, der geflößte Baumstämme sammelte, verhinderte die Weiterfahrt nach Innsbruck.

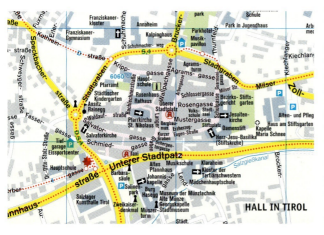

Halls zu Recht viel gerühmte **Altstadt** mit zwei großen Stadtplätzen und ihrem Gewirr an engen Gassen ist eine der am vollständigsten erhaltenen mittelalterlichen Städte in Österreich. Z. T. ist sie sogar noch durch die alte Stadtmauer begrenzt (an der Nordostseite gut sichtbar). Die enge und steile Schwaighoferstiege, der erste Durchgang von der Unterstadt hinauf zur Eugengasse westlich des berühmten Gasthofes „Bretze", vermittelt selbst einem eiligen Besucher einen Hauch von mittelalterlichem Stadtgefühl. Die alten Häuser sind alle bewohnt und belebt. Geschäfte wechseln mit Kaffeehäusern und Galerien.

Reizvoll in der über einer älteren Kirche um 1420 von Hans Sewer errichteten **Stadtpfarrkirche St. Nikolaus** sind der im Chor befindliche Palmeselchristus aus dem 15. Jh. und die vom Berater Maximilians, Florian Waldauf (vgl. Anras, Osttirol), gestiftete **Waldaufkapelle** mit einer spätgotischen Madonna, der so genannten „Waldaufmutter" aus dem Umkreis Michael Pachers (vgl. Osttirol). Nachdem Waldauf 1489 in Seenot gelobt hatte, seine große „Heiltumsammlung" (i. e. Reliquien) in der erst zu errichtenden Kapelle aufzubewahren, überführte er die dem heutigen Betrachter makaber erscheinenden Kopfreliquiare (heute in barocken Fassungen) in einer feierlichen Prozession von Schloss Rettenberg bei Kolsass nach Hall in die Pfarrkirche St. Nikolaus. Nikolaus ist der Patron der Bergleute und Schiffer, denen Hall seinen Reichtum verdankt.

Die Umgebung von Innsbruck

Hall in Tirol

Die Deckenfresken zeigen u. a. Szenen aus dem Leben des hl. Nikolaus.

Eine Sehenswürdigkeit ersten Ranges ist die beim Aufgang zur Pfarrkirche als Friedhofskapelle errichtete **Magdalenenkapelle**. Besonders eindrucksvoll neben dem spätgotischen Flügelaltar, der die Mutter Gottes zwischen den hll. Katharina und Margareta zeigt, ist das 1466 gestiftete Weltgerichtsfresko: Die armen Seelen steigen aus ihren Gräbern und werden aufgeteilt. Nach links geht es durch eine kleine Pforte in den Himmel, nach rechts hin aber schiebt der Teufel die Sünder dem weit aufgesperrten Höllenrachen zu, aus dem drohend die Flammen schlagen. Die ursprünglich zweigeschossige Magdalenenkapelle – im Untergeschoss ist heute ein Geschäft untergebracht – wurde 1992/93 von der Messerschmitt-Stiftung renoviert. Dieselbe Stiftung hat auf dem Unteren Stadtplatz den Gasthof Engl wieder instand gesetzt. Unter den verschiedenen herrschaftlichen Gastzimmern befinden sich sehenswerte getäfelte Stuben mit einladenden Erkern. Interessant sind auch die Gaststuben des bereits erwähnten Gasthofs Bretze, die mit zahlreichen Originalgemälden von Tiroler Künstlern ausgestattet sind.

Blickt man auf Hall, sieht man vier prominente Türme: den rundlichen, erkerbewehrten Münzerturm bei der Burg Hasegg am Inn, den westlichsten Turm in der Oberstadt, der zur Pfarrkirche gehört, ein Stück weiter im Osten den Turm der Kirche des Damenstifts und den östlichsten, der zur Allerheiligen- oder Jesuitenkirche gehört, der ersten Barockkirche Tirols, die seit geraumer Zeit als Konzertsaal genutzt wird. Der bedeutendste Konzertveranstalter ist die Galerie St. Barbara mit ihrem **Osterfestival,** das alljährlich hochkarätige **Musik der Religionen** erklingen lässt

(Programm und Karten bei der Innsbruck Information 0512/5336).

Auf der Südseite des Unteren Stadtplatzes steht die Barbarasäule, die neben der Beschützerin der Bergleute u. a. auch den damaligen Landesfürsten Erzherzog Sigmund zeigt. Schöpfer dieser eleganten Säule ist Christian Nickinger (1430–1492) aus Rattenberg.

Sehenswert im weitläufigen Komplex der **Burg Hasegg** mit dem Wahrzeichen der Stadt, dem **Münzerturm,** ist neben dem Münzmuseum die von Niklas und Gregor Türing (vgl. Goldenes Dachl) erbaute Georgskapelle mit netzgratgewölbter Halle. Erzherzog Sigmund verlegte die Tiroler Münze von Meran nach Hall in die Burg Has-

Gasse in der Haller Altstadt
Links: Häuser am Unteren Stadtplatz
Unten: Burg Hasegg

Die Umgebung von Innsbruck

Hall in Tirol · Volders

egg, wo die älteste Talerprägestätte der Welt zu besichtigen ist.

Heute sind in den historischen Räumen das Haller Stadtmuseum und eine Galerie untergebracht. Mit dem Eintritt erwirbt man einen Kupferrohling, aus dem der Besucher seine eigene Erinnerungsmünze prägt: Dem Rad der Spindelpresse viel Schwung geben, dann werden aus den Rohlingen schöne Münzen. Vom Münzerturm hat man einen herrlichen Blick über die Stadt.

Kunsthalle Tirol, Hall
Unten: Karlskirche, Volders

Das Speckbacher-Denkmal für den in der Innsbrucker Hofkirche begrabenen Tiroler Freiheitskämpfer des Jahres 1809 an der Ecke Stadtgraben/Speckbacherstraße stammt vom Wegbereiter der modernen Bildhauerei in Tirol, Ludwig Penz (1876–1918). Zeitgenössische Kunst wird in der „Kunsthalle Tirol", dem zur Ausstellungshalle adaptierten Salzlager südlich des Unteren Stadtplatzes, gezeigt.

Nordwestlich von Hall an der Reimmichlstraße (vgl. St. Veit in Defereggen) liegt die Ortschaft Heiligkreuz, die schon im 12. Jh. unter dem Namen „Gampas" urkundlich erwähnt wurde. Sehenswert im Inneren der spätgotischen Heiligkreuzkirche sind gotische Wandmalereien und Reste von spät-

gotischen Glasfenstern, die in den 1960er und -70er Jahren durch Arbeiten der zeitgenössischen Tiroler Künstler Wilfried Kirschl und Peter Prandstetter ergänzt wurden.
Tipp:
● Burg Hasegg – Münzerturm (Stadtmuseum), 05223/44245: Stadtgeschichte, Münzsammlung, gotische Sammlung.
Öffnungszeiten: Sommer: Mo.–Fr. 9–12 u. 14–17 h, Sa. 10–12 u. 14–17 h, So. 14–17 h; Winter: Mo.–Do. 9–12 u. 14–17 h, Fr. 9–12 h und auf Anfrage
● Salzlager Hall / Kunsthalle Tirol, Pfannhausstraße, 05223/56644: wechselnde Ausstellungen zeitgenössischer Kunst.
● Kulturlabor Stromboli, 05223/45111 (Thomas Lindtner): Konzerte, Ausstellungen und Kinderprogramm im Mai.
✚ Gasthof Bretze, Salzburger Straße 5, 05223/56752
✚ Restaurant Schwarzer Adler, Eugenstraße 3, 05223/56311

Volders, 558 m, 4 045 Ew.

Westlich von Volders, direkt neben der Autobahn, steht die wunderschöne, dem 1584 verstorbenen Erzbischof und Kardinal von Mailand, dem hl. Karl Borromäus, geweihte **Karlskirche.** Die Pläne für die Kirche stammen vom Arzt, Schriftsteller, Architekten, Maler und Bergsteiger Hippolytus Guarinoni. Sein byzantinischer Bau ist mit den drei Kuppelkapellen Symbol der Dreifaltigkeit.

Guarinoni war Arzt im adeligen Damenstift in Hall. In seinem Haupt-

Volders

Die Umgebung von Innsbruck

werk „Vom Greuel der Verwüstung des menschlichen Geschlechtes" (1610) gibt er nicht nur Anweisungen zur Wohnhygiene („Der Luft, darin du wohnst, sey liecht rein, unvergifft und stincke nicht!"), sondern regt eine humane Kindererziehung an: „Es möchten wohlgeartete Kinder nicht durch Streich und Schläg, sondern durch Lob, durch Mahnung, durch Ruhm, durch Freundlichkeit von ihrem Übertretten abgehalten und die Ruten mehrers gezeigt als gebraucht werden."

Die Klosterchronik verzeichnet eine wundersame Begebenheit während der langen Bauzeit. Über der Kirche soll sich ein Felsblock gelöst haben, der drohte, einen Pferdewagen mit Arbeitern zu zerschmettern. Ein frommer Arbeiter soll dem Stein zugerufen haben: „Stehe still im Namen Gottes!" Ob der Stein in der Luft verharrte, verschweigt die Chronik, jedenfalls wurden Menschen und Pferde verschont und ein Teil des Felsens wurde als „Stein des Gehorsams" in die rechte Fensternische des Vorraums eingesetzt. Diese Legende weist wohl auf einen alten Steinkult hin.

Die Bauzeit zog sich durch den Dreißigjährigen Krieg und wiederholte Geldknappheit sehr in die Länge und betrug schließlich 34 Jahre. 1620 hatte man den Grundstein gelegt, Guarinoni erlebte die Fertigstellung 1654 nicht mehr. Um 1700 wurden im Eingangsbereich der Kirche zwei Kapellen angebaut. Die Pietà in der Kapelle der Schmerzhaften Mutter stammt vom Barockbildhauer Andreas Thamasch (1939–1697) aus See im Paznauntal (vgl. Stams, Bichlbach, Kaltenbrunn, Rietz). Als die Kirche gebaut wurde, zog der Inn noch eine Schleife zur Kirche und eine Brücke verband die nördliche und die südliche Seite des Inntals. Nach dieser Brücke heißt die Pietà „Bruggn-Mutter".

Das Innere der zum Servitenkloster gehörenden Karlskirche schmücken Fresken des Steinacher Barockmalers Martin Knoller (1725–1804) und des Innsbruckers Kaspar Waldmann (1657–1720). An der Decke im Vorraum sind in leuchtendem Rot der heilige Karl Borromäus und in seiner Begleitung Hippolytus Guarinoni als Page dargestellt. Knollers großes, figurenreiches Deckengemälde stellt die Verherrlichung des Kirchenpatrons dar. Nach dem Vorbild der Karlskirche entstanden die Borgiaskapelle in Volderwald und die St.-Kosmas-und-Damian-Kapelle in Volderwildbad.

Schloss Friedberg ist nur mit Führung nach Vereinbarung zu besichtigen. Der Rittersaal zeigt ein Landschaftspanorama vom Hofmaler Kaiser Maximilians I., Jörg Kölderer (vgl. Goldenes Dachl). Dieses Panorama hat Seltenheitswert, denn Landschaften wurden um 1500 noch nicht oft dargestellt.

Schloss Friedberg, Rittersaal

Die Umgebung von Innsbruck

Wattens

Ausgrabungsstätte der Rätersiedlung im Himmelreich, Wattens

Tipp:
● Schloss Friedberg, 05224/56414: Landschaftspanorama von Jörg Költerer.
Öffnungszeiten: nur mit Führung nach Vereinbarung
✚ Landgasthof Jagerwirt, Bundesstraße 15, 6111 Volders, 05224/52591

Wattens, 564 m, 7 339 Ew.

Auf einem Rundwanderweg, der bis zur Karlskirche nach Volders führt, ist die frei zugängliche Ausgrabungsstätte der **Rätersiedlung** im Himmelreich zu besichtigen. Auf der Bundesstraße von Innsbruck nach Wattens kommend, lässt man das Auto am besten auf dem Parkplatz neben dem Autohändler vor der Ortseinfahrt stehen. Von hier steigt man etwa 25 Minuten auf einem Steig durch den steilen Wald zur Rätersiedlung auf. Der Wattener Arzt Karl Stainer hat 1932 die rätische Terrassensiedlung entdeckt, die leider später beim Ausbau des nördlich angrenzenden Steinbruchs gesprengt wurde. Stainer veranlasste archäologische Grabungen nördlich des Himmelreichs, einer wunderschönen Wald- und Wiesenlandschaft nahe der Rätersiedlung, und wieder wurden Waffen, Werkzeuge, Münzen, Keramiken sowie Schmuck gefunden.

Der Heimatforscher Alfons Kasseroler entdeckte 1953 in 674 m Seehöhe die Fundamente von sechs weiteren rätischen Häusern, die so genannte Gipfelsiedlung. Um die Häuser herum war ein 170 m langer Ringwall aufgeschüttet, der mit Steinen und Holz hinterfüllt war. Die im Grundriss etwa 6 x 4 m großen, meist nur aus einem Raum bestehenden Häuser sind in den anstehenden Fels – Quarzphyllit – geschlagen worden. Die darauf aufliegenden Fundamente sind Trockenmauern. Das Haus selbst war eine Art Blockhaus, in dessen Mitte sich die Feuerstelle befand. Das Wasser zog der Räter mittels einer Winde aus der mehr als 10 m tiefen Zisterne. Die Funde aus der Rätersiedlung Himmelreich sind im Vorgeschichtemuseum in Wattens bei der Volksschule und im Tiroler Landesmuseum Ferdinandeum in Innsbruck zu besichtigen.

Bei der Renovierung der Kirche des hl. Laurentius im Jahr 1973 wurden eine Vorgängerkirche aus dem 7. Jh. und mittelalterliche Gräber entdeckt.

Die Umgebung von Innsbruck

Gnadenwald

Der größte Arbeitgeber der Region ist die Firma **Swarovski.** Daniel Swarovski (1862–1956) war der Sohn eines nordböhmischen Glasschleifers. Nach einer Lehre als Gürtler gründete er mit 24 Jahren eine Firma zur Erzeugung von Schmucksteinen. Er entwickelte selbst einen Apparat zum Schleifen, der sich sehr schnell durchsetzte. Auf der Suche nach einer Region mit ausreichender Energieversorgung für die Glasschleiferei kam Swarovski 1895 in das Dorf Wattens, wo er in der Folge eine Firma mit Weltgeltung aufbaute und einen Industrieort mit vorbildlichen Wohnsiedlungen für seine Arbeiter errichten ließ. Der Name Swarovski steht heute für verschiedenste Erzeugnisse von Schmucksteinen über Bestandteile für Luster bis hin zu Reflektoren, die sicheres nächtliches Autofahren gewährleisten.

Zum hundertjährigen Bestehen investierte die Firma in ein spezielles Denkmal: Die **Swarovski Kristallwelten,** geplant von André Heller, sind nach dem Schloss Schönbrunn in Wien das meist besuchte Museum Österreichs.

Tipp:
● Freilichtmuseum Himmelreich, 05224/500-2415 (Guido Mark) oder 05224/52311-32 (Karl Wurzer): Ausgrabung einer Rätersiedlung; frei zugänglich, Voranmeldung für Führungen.
● Museum Wattens, Höraltstraße 4, 05224/500-2415 (Guido Mark): u. a. Funde von der Rätersiedlung. Öffnungszeiten: Mitte Juni–Mitte Sep.: Führung Fr. 17 h und gegen Voranmeldung
● Swarovski Kristallwelten, 05224/51080-0; Öffnungszeiten: tgl. 9–18 h; 15.–26. 11., 25. 12. u. 1. 1. geschl.
✚ Gasthaus Schwan, Swarovskistraße 2, 05224/52121

Gnadenwald, 879 m, 583 Ew.

Auf dem nicht nur für Wanderer, Radfahrer und Skilangläufer landschaftlich reizvollen breiten Mittelgebirgsplateau nordöstlich von Hall liegt Gnadenwald. Von Absam kommend, passiert man als Erstes die im Kern gotische, später barockisierte Klosterkirche zum hl. Martin, die gern für Hochzeiten gewählt wird.

Weiter östlich steht die Pfarrkirche zum hl. Michael. Kirchenbaumeister Franz de Paula Penz (vgl. Wiltener Basilika, Stubaital) aus Navis barockisierte die bestehende Pfarrkirche und erbaute das Widum.

Swarovski Kristallwelten, Wattens
Links: Swarovski Kristallwelten, Wattens
Unten: Klosterkirche zum hl. Martin, Gnadenwald

Die Umgebung von Innsbruck

Absam

Nördlich des Inn liegen die so genannten MARTA-Dörfer: M steht für Mühlau, A für Arzl, R für Rum, T für Thaur und A für Absam.

Absam, 632 m, 6 374 Ew.

Umgeben von stattlichen Bauernhäusern steht, nur über eine Mauer einsehbar, inmitten eines großen Obstgartens der Ansitz Krippach, der seit fünf Jahrhunderten im Besitz der Familie Kripp ist.

Absam gehört zu den bekanntesten **Wallfahrtsorten** Tirols. In der spätgotischen **Kirche zum hl. Michael** sind Gewölbemalereien von Joseph Anton Zoller zu sehen. Das Absamer Gnadenbild – 1797 erschien einem Bauernmädchen die Muttergottes und ihr Abbild brannte sich in eine Fensterscheibe ein – wird am rechten Seitenaltar gezeigt, darüber findet sich ein wunderschönes spätgotisches Fresko der thronenden Madonna (um 1470). Ganz eigen sind die ausdrucksstarken Kreuzwegbilder des Schwazer Malers Johann Georg Höttinger d. J. (1690–1745, vgl. Unterland, St. Georgenberg). Zur Weihnachtszeit ist in der Kirche St. Michael eine der schönsten Tiroler Krippen, geschnitzt 1769 von Johann Giner d. Ä. (vgl. Thaur), zu sehen.

Die Außenwand der beliebten Wallfahrtskirche ziert der Epitaph des **Geigenbaumeisters Jakob Stainer** (1617–1683). Der „Vater der deutschen Geige" erlernte sein Handwerk in Italien. 1645 heiratete er Margarethe Holzhammer, die acht Wochen zuvor die erste gemeinsame Tochter zur Welt gebracht hatte. Stainer verkaufte seine Geigen auf Märkten, in Klöstern und an Adelige. Der Erfolg war unaufhaltsam: Stainer belieferte den Innsbrucker Hof und verkaufte eine „mit Helfenpain und Ebenholz gezierte" Geige an den bayerischen Kurfürsten Ferdinand Maria für 30 Gulden. Stainer hatte Aufträge aus Deutschland, Österreich und Italien. Bald kam er jedoch in Konflikt mit der Kirche: Bei Hausdurchsuchungen hatte man ketzerische Bücher gefunden. Nach einem halben Jahr Haft zwang man den Künstler dazu, seinem „Irrglauben" abzuschwören. In dieser Zeit traten vermehrt Anzeichen für eine Krankheit auf. Hochverschuldet und geistig umnachtet starb Stainer mit 64 Jahren.

Stainer-Geigen waren damals so gesucht, dass manch ein weniger erfolgreicher Geigenbauer sich dazu verstieg, Geigen mit dem gefälschten Zeichen Stainers zu verkaufen. Der volle und harte Klang der Stainer-Geige – zeitweise beliebter als die Stradivari-Geigen – kam nach 150 Jahren, also um 1800, aus der Mode.

Im hinteren Halltal, das nördlich von Absam ins Karwendelgebirge führt, sind die als Verwaltungs- und Wohngebäude des Salzbergwerks errichteten **Herrenhäuser** erhalten. Gegenwärtig ist das hier untergebrachte Salzbergbau-Museum ge-

Wallfahrtskirche, Absam, Innenraum

Die Umgebung von Innsbruck

Thaur

schlossen, weil eine Lawine im schneereichen Winter 1998/99 das Haus beschädigt hat.

Aus Absam stammt der bekannte, 1910 geborene Maler Max Weiler, von dem in Innsbruck Fresken in der Schalterhalle des Hauptbahnhofs, im Stadtsaal und in der Theresienkirche auf der Hungerburg zu sehen sind.
Tipp:
● Matschgerermuseum, Stainerstraße 1, 05223/5817-3641 (Thomas Stöckl): Fastnachtsmasken.
Öffnungszeiten: So. 10–12 h u. 14–16 h; von Ende Nov. bis nach Ostern geschl.
● Gemeindemuseum, Volksschule, 05223/54876 (Elfi Holzhammer): u. a. eine Stainergeige.
Öffnungszeiten: Mi. 18–19 h und nach Vereinbarung
✚ Landgasthof Zum Bogner, Walburga-Schindl-Straße 21, 05223/57987

Thaur, 633 m, 3 340 Ew.
Hoch über dem bekannten Krippendorf Thaur steht die Ruine der **Burg Thaur.** Hier soll der Legende nach der hl. Romedius geboren worden sein. Ein kleines Stück unter der Burgruine befindet sich das **Romedikirchl.** Romedius wird, zumal in Thaur, oft mit einem Bären dargestellt. Denn der Heilige soll einen wilden Bären gezähmt haben, nachdem dieser seinen Maulesel gefressen hatte. Auf dem Bären ritt Romedius nach Trient und lebte von da an in der wildromantischen Eremitage San Romedio im Nonstal. Das Romedikirchl ist den hll. Peter und Paul geweiht.

In Thaur selbst stechen die wunderschön erhaltenen Mittertennhöfe – die mit Wagen befahrbare Tenne in der Mitte des Hauses trennt Wohn- und Stallbereich – und eine Vielzahl öffentlicher Brunnen ins Auge. Der **Afrahof** in der Bauerngasse 7 ist der einstige Meierhof des Hochstiftes Augsburg. Direkt angebaut, auch vom Bauernhof über eine Treppe zugänglich, ist die romanische Anlage der St. Ulrichskirche. An der rechten Langhauswand geht der Schnitter Tod entschlossen seinem grausigen Handwerk nach (Voranmeldung bei Andreas Norz, 05223/492859).

Hoch über dem Ort, östlich der Thaureralm und unterhalb des Zunterkopfes, trifft der Wanderer auf die **Kaisersäule,** eine 1838/39 errichtete, vom Tal aus sichtbare Steinsäule in 1 700 m Höhe, die daran erinnert, dass Kaiser Franz I. 1815 von dieser Stelle aus die Schauplätze des Befreiungskrieges gegen die Franzosen besichtigte.

Aus Thaur stammt die **Maler- und Bildhauer-Dynastie Giner.** Johann Giner d. Ä. (1756–1833) lernte die Bildhauerei bei Josef Anton Renn in Imst, dem Großvater des Barockkünstlers Franz Xaver Renn, und schuf einige der schönsten Krippen für Kirchen und Privathäuser in Tirol. Abgesehen von den Krippen ist Thaur bekannt für den Fastnachtsbrauch des Thaurer Mullerlaufens. Jedes Jahr zur Faschingszeit (nächster Termin in Thaur 2004) laufen die Muller abwechselnd in Thaur, Rum, Mils und Absam.

Theresienkirche, Innenraum

Das Unterland

Topographie und Geschichte

Im Tiroler Unterland

Rechts: Achensee

Im Unterland, zwischen Weer und Kufstein, werden Inn und Inntal nach und nach breiter. Das Tal wird an seiner Nordseite vom **Karwendel,** vom **Rofangebirge** (auch Sonnwendgebirge) und von den **Brandenberger Alpen** begrenzt. Im Süden begleiten die **Tuxer Voralpen** den Reisenden ostwärts, an der Grenze zu Südtirol ragen die **Zillertaler Alpen** auf und vom Zillertal ostwärts verlaufen die **Kitzbüheler Alpen.** Im Nordosteck Tirols, der Region Kufstein, triumphiert der **Wilde Kaiser.**

Karwendel, Rofangebirge und Brandenberger Alpen bestehen wie der Wilde Kaiser aus Kalkgestein, der steile Flanken und z. T. bizarre Erosionsformen ausbildet. Die Zillertaler Alpen bestehen aus Urgestein, sprich Gneisen. Die Tuxer Voralpen und die Kitzbüheler Alpen sind als ideale Skiberge bekannt – das Schiefergestein verwittert zu weichen, sanften Formen.

Von Jenbach nach Norden verläuft das Achental mit dem **Achensee,** der mit 9 km Länge und 1 km Breite der größte See Nordtirols ist. Seine durchschnittliche Tiefe beträgt 60 m. Das wunderbar kühle, blaue Wasser des Sees bleibt auch in heißen Sommern erfrischend.

Abgesehen von der sich rund 400 Höhenmeter zum Achensee hinaufwindenden Bundesstraße verbindet pfeifend, rauchend und dampfend die Achenseebahn Jenbach mit dem See. Die Dampfzahnradbahn ist 1999 eindrucksvolle 110 Jahre alt geworden. Gemächlich, aber unnachgiebig überwindet sie den Höhenunterschied auf direkterem Weg als die Straße. 350 kg Steinkohle und 3 m³ Wasser braucht die Bahn für eine Berg- und Talfahrt.

Die Achenseeregion war ein beliebtes Jagdgebiet Kaiser Maximilians I. Damit das Wild nicht verschreckt wurde, durften die Bauern keine großen Hunde halten, die Zäune maßen nur eine bestimmte Höhe und die Gatter mussten nächtens of-

Topographie und Geschichte **Das Unterland**

fen bleiben, damit das Wild ungehindert passieren konnte. Die Bauern hielten lärmende Umgänge ab, um das Wild, das schließlich das Gras auf ihren Wiesen fraß, zu vertreiben. Sofort nach Maximilians Tod im Jahr 1519 setzte eine wahre Treibjagd der Bauern auf alles Wild in ganz Tirol ein. Der Kaiser habe, behaupteten die Bauern, auf seinem Totenbett die Jagd freigegeben.

Von Jenbach in südlicher Richtung öffnet sich das weltberühmte **Zillertal.** Die 30 km nach Mayrhofen sind (bis Kaltenbach rechts und danach links des Ziller) auf der Straße sowie mit der Bahn – einmal wöchentlich am Mittwoch als dampfbetriebene Nostalgiebahn – zu bewältigen. Reizvoll für nervenstarke Autofahrer ist die Zillertaler Höhenstraße, die bei Kaltenbach abzweigt, 1 850 m Höhe gewinnt und bei Hippach wieder ins Tal herunterführt.

Das Zillertal ist berühmt für die **Nationalsänger,** die im 19. Jh. in ganz Europa Konzerte gaben, und heutzutage für die Schürzenjäger, deren Ruhm sich zumindest im deutschen Sprachraum als beachtlich erweist. Weniger bekannt, dafür sehr empfehlenswert sind Zillertaler Ensembles, die etwa in der Besetzung Geige-Harfe-Hackbrett-Klarinette „Tanzmusik" machen.

Im Unterland klingt der Tiroler Dialekt bisweilen ein bisschen nach Bayern und nach Salzburg. Diese beiden Nachbarn vermochten im Lauf der Geschichte mehrmals grenznahe Teile von Tirol unter ihre jeweilige Oberhoheit zu bringen. Das Zillertal ist in seiner kirchlichen Zugehörigkeit noch heute zwischen Tirol und Salzburg aufgeteilt: Die rot gedeckten Kirchtürme unterstehen dem Bischof von Innsbruck, die grünen dem Erzbischof in Salzburg.

Der englische Schriftsteller D. H. Lawrence (1885–1930) und seine spätere Frau Frieda von Richthofen, die kurz zuvor ihren ersten Ehemann verlassen hatte, unternahmen 1912 gemeinsam eine Fußreise von Bayern über den Achensee, weiter durch das Zillertal über das Pfitscherjoch nach Südtirol. Im autobiographischen Roman „Mr. Noon" beschreibt der Autor am Beispiel eines „wundervollen Ortes" hinter Ginzling das Wesen der Berge: „Und was wie ein steiniger Hang aussah, entpuppte sich, als sie mittendrin hinaufkletterten, als zerklüftete Masse großer, zerbrochener Felsbrocken, die sich verkeilt hatten und nicht mehr weiterverschoben. Es war, während das stille, eisige Zwielicht sich verdichtete, ziemlich beängstigend, sich in Sprüngen über diese zerklüfteten, massiven Felsstürze zu bewegen. [...] Diese Hoch-

Zillertalbahn
Ganz oben: Alm im Zillertal

Das Unterland

Topographie und Geschichte

Berglsteinersee östlich von Kramsach
Rechts: Brandenberger Prügeltorte

welt hatte etwas Furcht Erregendes. Dinge, die klein und nahegelegen aussahen, waren ziemlich weit weg, und wenn man sie erreichte, waren es große wuchtige Brocken, wo man Steine erwartete, ein zerklüftetes Tal, wo man bloß eine Rinne sah. Er war allein ziemlich hoch hinaufgeklettert – und stellte plötzlich fest, wie winzig er war – nicht größer als eine Fliege."

Bevor der Dichter über das Joch nach Süden absteigt, sei noch angefügt, dass das äußere Zillertal bereits bei Mayrhofen endet. Von Mayrhofen nach Süden führen die „Gründe", meist enge und wenig besiedelte Täler, bis zum Alpenhauptkamm: Zillergrund, Stilluppgrund, Floitengrund, Zemm- und Zamsergrund und im Westen die Ausnahme von der Regel, das Tuxertal. Im Gletscherskigebiet in Hintertux wird ganzjährig Ski gefahren, die Gründe gehören den Wanderern und Bergsteigern.

Bei **Brixlegg,** wo die beiden Tiroler Mineralwässer „Alpquell" und „Montes" abgefüllt werden, mündet das **Alpbachtal,** mit den Gemeinden Reith und Alpbach. Gegenüber führt von Kramsach das Brandenbergtal mit der beeindruckenden Tiefenbachklamm nach Norden. In kulinarischer Hinsicht ist das Brandenbergtal wegen eines speziellen Backwerks von Bedeutung, das man in der Region unter dem Namen „Brandenberger Prügeltorte" kaufen kann. Auf einen Holzprügel, der über einem Holzfeuer gedreht wird, wird der Teig so lange aufgeträufelt, bis ein goldgelbes Gebäck aus lauter wohlschmeckenden Teigtropfen entstanden ist.

Östlich von Kramsach liegen, eingebettet in eine idyllische Hügellandschaft, der **Krumm-, der Reintaler- und der Berglsteinersee.** Gut beschildert führt eine schmale Straße durch üppige Wiesen zum Museum Tiroler Bauernhöfe.

Reizvoll ist südwestlich von Wörgl das Hochtal der **Wildschönau** mit den Ortschaften Niederau, Oberau, Wildschönau und Auffach. Eine lokale Schnapsspezialität ist der Krautinger, der nicht aus Kraut, wie der Na-

Topographie und Geschichte — Das Unterland

me vermuten lassen würde, sondern aus Rüben gebrannt wird. Und wenige wissen, dass die Wiener Schauspieler-Dynastie der Hörbiger in Thierbach „auf der Hörbig" ihren Stammsitz hat.

Bei Sonnenschein ist der Ausblick auf den **Wilden Kaiser** auf dem Weg von Wörgl über Söll, Scheffau und

Ellmau nach St. Johann atemberaubend: üppige grüne Wiesen mit imposanten Bauernhöfen, die die landwirtschaftliche Prägung der Region dokumentieren, daneben Hoteldörfer, die bezeugen, dass das gesamte Gebiet bei Skifahrern und Wanderern überaus beliebt ist. Im Hintergrund beherrscht der Wilde Kaiser mit seiner schroff-felsigen Südseite die Szenerie.

Durch das **Brixental** führt eine ebenso attraktive, südlichere Route nach Kitzbühel, von wo es südwärts über den Pass Thurn und den Felber-Tauern-Tunnel nach Osttirol weitergeht. Kitzbühel ist nicht nur ein Wintersportort von Rang, sondern auch der weltberühmte Austragungsort des Hahnenkammrennens und des Generali-Open-Tennisturniers.

1893 unternahm Franz Reisch die erste Winterbesteigung des Kitzbüheler Horns auf Skiern. Für die Abfahrt brauchte der Skipionier eine Stunde. Reisch beschrieb seine Erfahrungen für ein Münchner Magazin. Im Winter des folgenden Jahres wurden in Kitzbühel bereits die ersten Skirennen abgehalten.

Um Anfänge anderer Art geht es in der Tischoferhöhle im Kaisertal bei Kufstein. Hier wurden Skelette von hunderten Höhlenbären gefunden – und in Form bearbeiteter Tierknochen die in Tirol ältesten, jungsteinzeitlichen Spuren von Menschen.

In der Bronzezeit wurde im Unterland Kupfer abgebaut. Eine zweite Welle des Bergbaus begann im Spätmittelalter, als der Sage nach im Jahre 1409 ein Stier, den die Magd Gertraud Kandlerin am Falkenstein bei Schwaz hütete, mit seinen Hörnern eine Kupferader freilegte. Die Namen der ältesten Stollen am Falkenstein, „Kandlerin" und „Jakob am Stier", erinnern an diese Begebenheit. Kurze Zeit später begann man bei Kitzbühel (1416) und in Rattenberg (1445) mit dem **Silberbergbau**.

Skelette von Höhlenbären im Festungsmuseum Kufstein
Links: Hof in St. Johann

Das Unterland

Geschichte und Gesellschaft

Die Attraktivität der Arbeitsplätze im Berg und die moderne Technologie zogen Bergarbeiter aus ganz Europa an. Die Knappen hatten schon einen Acht-Stunden-Tag und die in Schwaz verwendete Wasserhebemaschine, die „Wasserkunst" – Wasser sickerte stetig in die Stollen ein und musste wieder hinausgepumpt werden –, wurde von zeitgenössischen Reisenden als Weltwunder beschrieben. Der Bergbau brachte den Landesfürsten die finanziellen Mittel für ihre Politik. So wurde z. B. die Kaiserwahl Karls V. mit Schwazer Silber finanziert.

Schwaz wurde „Aller Bergwerke Mueter" genannt. Um 1500 war

Schloss Matzen bei Brixlegg

Schwaz mit 20 000 Einwohnern die weitaus größte Tiroler „Stadt" (die eigentliche Erhebung zur Stadt kam allerdings erst viel später, im Jahr 1899), 12 000 davon waren im Bergbau beschäftigt. Heute hat Schwaz insgesamt etwa 12 000 Einwohner.

Durch den Bergbau waren Kitzbühel, Rattenberg, v. a. aber Schwaz „internationale" Städte geworden, wo moderne Ideen, wie etwa auch die Lutherische Lehre, Fuß fassen konnten. Im 16. Jh. war Rattenberg das Zentrum der Wiedertäufer, die die Katholiken so sehr zu beunruhigen vermochten, dass im Zuge der „Rattenberger Malefizprozesse" schließlich 71 Wiedertäufer hingerichtet wurden. Das Zillertal erlebte ebenfalls heftige Glaubensunruhen; hier wurden noch im 19. Jh. Protestanten ausgewiesen (vgl. Mathias Schmids Bild „Vertreibung der Zillertaler Protestanten im Jahre 1837" im Tiroler Landesmuseum Ferdinandeum). Im Bestreben, das Land einheitlich katholisch zu halten und den Katholizismus insgesamt von abweichenden Strömungen zu säubern, wurde in der Zeit der Gegenreformation aus optisch-propagandistischen Gründen der Großteil der Kirchen barockisiert.

Die reich gewordenen einheimischen Bergunternehmer – das gewonnene Silber mussten sie in Hall bei der Münze an den Landesfürsten abliefern, das Kupfer durften sie frei verkaufen – bauten stolze Burgen zu komfortablen Wohnschlössern um. Veit Jakob Tänzl bewohnte Schloss Tratzberg, Sigmund Fieger residierte in Schloss Matzen.

Der Grabstein des Gewerken Hans Baumgartner an der Außenmauer der Pfarrkirche in Kufstein zählt zu den schönsten in Tirol. Das Andenken an den Geldadel des 15. und frühen 16. Jh. bewahrt auch die mit rotem Marmor aus der Hagau in Kramsach ausgekleidete Hofer-Kapelle, benannt nach ihrem Stifter, dem Gewerken Virgil Hofer, im Augustinermuseum Rattenberg.

Weer

Nach 1540 beherrschten ausländische Handelsgesellschaften wie die Fugger aus Augsburg den Bergbau. Die Fugger holten Künstler aus ihrer Heimat nach Tirol. Erst im Barock entwickelte sich eine starke einheimische Künstlerschaft: Mit der z. T. aus Götzens stammenden Familie **Singer** etablierte sich zuerst in Schwaz und dann in Kitzbühel eine **Baumeisterdynastie**, die viele Kirchen, auch außerhalb Tirols, baute oder barockisierte. Die Pfarrkirche in Jochberg war der erste Bau mit Flachkuppel, den die in Kitzbühel ansässige Baufirma von Kassian Singer ausführte. **Kassian Singer** arbeitete bereits damals – im Sinne des barocken Gesamtkunstwerks – eng mit Stuckateuren und Freskomalern, so mit **Josef Adam Mölk** und **Simon Benedikt Faistenberger**, zusammen und nahm bei der Planung bereits auf die spätere Ausmalung Rücksicht. Er baute Flachkuppeln, die sich gut für Deckenfresken eigneten. Von seiner Firma stammt auch die doppeltürmige **Pfarrkirche von Hopfgarten** im Brixental. Im Volksmund „Bauerndom" genannt, ist sie eine der großartigsten Landkirchen Tirols, deren barocke Einrichtung sich fast vollständig erhalten hat. Im Inneren führt eine Abfolge von Flachkuppeln und Wandpfeilern auf den Hochaltar zu, was wie die Kulisse eines Barocktheaters wirkt.

Den reichen Erzvorkommen im Unterland verdankte Tirol in der frühen Neuzeit seinen Wohlstand. An den Ufern des bis Hall schiffbaren Inn, auf dem der Großteil aller Transporte erfolgte, entwickelte sich bald eine blühende Industrie im Zusammenhang mit den Kupfer-, Silber- und später Eisenerzvorkommen: Sensenproduktion in Jenbach seit dem 14. Jh., Glashütte in Hopfgarten von 1797 bis 1900, in Kramsach seit 1627, Majolika- und Steingutfabrik in Hörbrunn bei Hopfgarten seit 1805. Bis heute ist das Unterinntal als Industriestandort von Bedeutung; einige Betriebe genießen Weltruf, wie Swarovski in Wattens, Swarovski-Optik in Absam, Tyrolit-Schleifmittel in Schwaz, die Jenbacher Werke (Lokomotiven und Bioenergiesysteme), die Biochemie in Kundl und Riedel-Glas aus Kufstein.

Inntal

Weer, 558 m, 1 344 Ew.

Weer war bereits in vorgeschichtlicher Zeit besiedelt. Der Ortsname leitet sich vom illyrischen „wer" ab, was so viel wie „breit" oder „weiter Raum" bedeutet. Die Römer hinterließen u. a. im Flurnamen „Katrenn" ihre Spuren, der sich von „quadra", der Bezeichnung für die quadratische römische Flurform, ableitet.

Die Pfarrkirche ist dem hl. Gallus geweiht, ein in Tirol seltenes Patrozinium. Die außen schlichte Kirche ist im Inneren außergewöhnlich prächtig und hell. Die Deckenfresken von Franz Anton Zeiller stellen Szenen aus dem Leben des hl. Gallus dar, der um 550 in Irland geboren und 90jährig in der Schweiz gestor-

„Bauerndom", Pfarrkirche Hopfgarten

Das Unterland

Weerberg

ben ist. Gallus unternahm mit dem hl. Kolumban Missionsreisen, die ihn nach Frankreich, in die Schweiz und schließlich an den Bodensee führten. Aus der von ihm begründeten Einsiedelei sollte die Abtei St. Gallen werden. Gallus wird oft mit einem Bären dargestellt. Der Bär begleitet den Heiligen aus Dankbarkeit, weil jener ihm einen Dorn aus der Pfote gezogen hat, oder, nach einer anderen Deutung, aus Sühne, weil er dem Heiligen einmal sein Essen hat stehlen wollen und deshalb zur Strafe Brennholz herbeischaffen muss.

Das Mittelfresko ist eine Darstellung des hl. Gallus in Begleitung seines Bären bei der Heilung einer Besessenen. Das Fresko über der Orgelempore zeigt den Heiligen als Missionar beim Kirchenbau.

Weerberg, 882 m, 2 214 Ew.

Weithin sichtbar stehen die beiden Weerberger Kirchen über dem Tal. St. Peter wurde auf einer aussichtsreichen Anhöhe am Rande der Mittelgebirgsterrasse im 18. Jh. über einer romanischen und gotischen Vorgängerkirche erbaut. Das Patrozinium St. Peter weist freilich auf eine noch frühere Kirchengründung hin. Im Inneren des barocken Kirchleins, das vom Weerberger Kuraten und nachmaligen Telfeser Pfarrer Franz de Paula Penz errichtet wurde, zeigt das Kuppelfresko von Josef Jais (1716–1763) links die Verehrung der Ecclesia durch die vier Erdteile (manche sehen in der Verkörperung Europas eine Darstellung der Kaiserin Maria Theresia), rechts vorne die drastisch dargestellte Enthauptung des Apostels Paulus.

Weerberg mit der Kirche St. Peter, Blick ins Inntal

Terfens · Pill   Das Unterland

Unterhalb der so genannten alten Pfarrkirche steht das **Rablhaus** (Weerberg 2): In einem alten Bauernhaus wurde das Heimatmuseum eingerichtet. Das ehemalige Widum, ebenfalls von Franz de Paula Penz, gleich unterhalb des Museums wird heute als Wohnhaus genützt.

Die doppeltürmige **Pfarrkirche Zur Unbefleckten Empfängnis Mariä** wurde 1858 nach Plänen von Josef Vonstadl erbaut. Zur Befestigung des Untergrunds verwendete man, so unglaublich das klingen mag, Steine aus der St.-Peters-Kirche, die man kurzerhand um zwei Drittel verkürzt hatte. Das Portal der alten Kirche wurde in die neue eingebaut. Die neue Pfarrkirche wurde im neuromanischen Stil errichtet, die spitzen Helme der Türme sind mit glasierten Ziegeln in geometrischen Mustern gedeckt. Bemerkenswert an der westlichen Außenseite ist das Kriegerdenkmal (1922) von Toni Kirchmayr, das Weerberger Heimkehrer aus dem Ersten Weltkrieg darstellt, die dieses Denkmal stifteten.

Das Innere der Kirche bietet eine Überraschung: Der gesamte Innenraum der Kirche ist mit Fresken im Stil der Nazarener ausgemalt. Der aus Innsbruck stammende Maler Philipp Schumacher (1866–1940) hat in Zusammenarbeit mit dem Schwazer Maler Franz Ertl die Weerberger Kirche u. a. mit Szenen aus dem Marienleben ausgeschmückt. Schumacher war zu seiner Zeit ein äußerst gefragter Illustrator. In Berlin, berichtet das „Tirol-Lexikon", malte Schumacher „fünfzig Aquarelle für das Bilderwerk 'Das Leben Jesu', das 1902, und später ebenso viele für 'Das Leben Mariä', das 1910 erschien. Mit diesen und anderen Illustrationen, die er z. B. zur 'Kleinen bayerischen Schulbibel', zur Herder-Bibel, zum bayerischen und österreichischen Religionsbüchlein etc. schuf, hat Schumacher die religiösen Vorstellungen ganzer Generationen stark beeinflusst, sogar über den deutschen Sprachraum hinaus, da die Religionsbücher auch in andere Sprachen übersetzt wurden". Nach diesen Erfolgen bekam Schumacher auch Aufträge, Kirchen auszumalen. An öffentlich zugänglichen Kunstwerken von Philipp Schumacher gibt es in Tirol neben dem genannten Marienzyklus in Weerberg nur noch zwei Fassadenmosaike (Innsbrucker Dreiheiligenkirche und Gschwendterhof in Thaur).
Tipp:
● Rablhaus, 05224/68260 (Gemeindeamt): Gegenstände alter Tiroler Wohnkultur und der Volksfrömmigkeit; So. nachmittags Hausmusik.
Öffnungszeiten: Mitte Mai–Ende Okt.: Mi. u. Sa. 10–11.30 h und 13.30–17.30 h, So. 13.30–17.30 h

Terfens, 591 m, 1 904 Ew.

Die dem Meister von Absam zugeschriebenen, um 1470 entstandenen Fresken in der Pfarrkirche zur hl. Juliana zeigen in leuchtenden Farben die Verkündigung, die Geburt Christi und die Anbetung der Könige.

Pill, 556 m, 946 Ew.

Kreuzkirchl wird die nach Plänen des Baumeisters und Priesters Franz

Kreuzkirchl, Pill

Das Unterland — Vomp

Stiftskirche des Benediktinerklosters Fiecht, Innenraum

de Paula Penz erbaute Wallfahrtskirche zum Heiligen Kreuz direkt an der Bundesstraße genannt. Als Gnadenbild wird das 1703 aus dem Inn gefischte wundertätige Kreuz verehrt.

Das Innere des kleinen Zentralbaus schmücken farbenprächtige Fresken von Christof Anton Mayr (1720–1771), die sich thematisch mit der Auffindung, Erhöhung und Verehrung des Kreuzes beschäftigen. Mayr, der auch unter dem Namen „Stockinger" (vgl. Schloss Freundsberg) bekannt war, ist wahrscheinlich bei Johann Georg Höttinger in die Lehre gegangen (vgl. St. Georgenberg, Absam). Mayr signierte die Piller Fresken übrigens mit einem „ph" in seinem Vornamen.

Tipp:
● Schnapsmuseum im Planckenhof, (Hotel/Pension), Dorf 6, 05242/641950 Öffnungszeiten nach Vereinbarung

Vomp, 563 m, 4 250 Ew.

Über dem Dorf liegt der in den Tiroler Freiheitskämpfen zerstörte und neugotisch wieder errichtete **Ansitz Sigmundsburg**, eines der zahlreichen Jagdschlösser von Herzog Sigmund dem Münzreichen. 1521 richtete Bergwerksunternehmer und Humanist Jörg Stöckl (1473–1536) in der Sigmundsburg die erste Druckerei Tirols ein, in der damals das erste katholische Gesangsbuch in deutscher Sprache gedruckt wurde. Die Sigmundsburg ist in Privatbesitz.

1741 wurde bei Vomp, auf der Sonnenseite über Schwaz, die große Stiftskirche des **Benediktinerklosters Fiecht** (vgl. Stans und St. Georgenberg) von Jakob und Kassian Singer aus Schwaz erbaut. Im 18. Jh. zeichnete die „Firma" Singer für den größten Teil aller sakralen Um- und Neubauten im Unterland verantwortlich. Diesen Kirchenbauten ist das schlichte Äußere gemeinsam, das den Reichtum im Inneren kaum erahnen lässt. Sehenswert sind im prächtigen Innenraum der Stiftskirche zum hl. Josef die Fresken von dem aus Bayern stammenden Rokokomaler Matthäus Günther (1705–1788) und die Beichtstuhlfiguren von Franz Xaver Nißl aus Fügen: Putten stellen die Symbole der Reue dar. Von Nißl sind auch die kunstvoll geschnitzten Bankwangen (1773). Das herausragendste Kunstwerk des Absamer Bildhauers Johann Michael Fischler (1707–1764) ist der Prunktabernakel in der Stiftskirche.

Dem **Stiftsmuseum** ist ein Missionsmuseum angeschlossen, das afrikanische Kunst aus Kenia und Tansania zeigt, wo die Benediktiner Missionsstationen unterhalten. Das bemerkenswerteste Ausstellungsstück im Stiftsmuseum ist der als Reliquie

Schwaz   **Das Unterland**

verehrte Hartmannstab, der im Jahre 1138 dem Abt von St. Georgenberg von Bischof Hartmann geschenkt worden ist. Hartmann aus Brixen (1090–1164) stammte aus Passau. Er wurde der Vertraute von Kaiser Friedrich Barbarossa und der Ruf seiner Heiligmäßigkeit begann sich schon zu Lebzeiten des Bischofs zu verbreiten. Hartmann ist der Patron der Schwangeren.
Tipp:
● Missionsmuseum Stift Fiecht, Benediktinerabtei, 05242/63276: u. a. afrikanische Kunst aus Kenia und Tansania.
Öffnungszeiten: Nach Umbau ab August 2000 wieder geöffnet.
● Schau-Käserei, Hundsbergalm-Stoankasern, 05242/227 (Hr. Erler): Käserei auf 1 985 m Höhe.
Öffnungszeiten: Mitte Juni–Mitte Okt.: Mo.–Fr., Führungen auf Anfrage
✚ Gasthof Schloß Mitterhart, Innhöfe 3, 5242/63285

Schwaz, 545 m, 11 920 Ew.
Urnengräberfunde belegen, dass Schwaz bereits in der Bronzezeit besiedelt war. Der Name „Suates" ist 930 erstmals erwähnt. Mitte des 12. Jh. errichteten die Ritter von Freundsberg die nach ihrem Geschlecht benannte Stammburg ein kleines Stück oberhalb von Schwaz. Berühmt wurde **Jörg von Freundsberg** (1473–1528), der einer der Heerführer und Berater Kaiser Maximilians I. wurde und als „Vater der Landsknechte" in die Geschichte einging. Laut Jörg von Freundsberg, der in diesen Dingen erfahren war, sollten drei gute Gründe, nämlich „die Verderbung und Unterdrückung der armen und unschüldigen Leut, das unordentlich sträfflich Leben der Kriegßleut, und die Undanckbarkeit der Fürsten, bey denen die Ungetreuwen hoch kommen und reich werden, und die Wolverdienten unbelohnet bleyben", die Menschen vom Kriegführen abhalten.

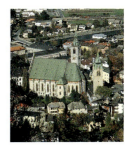

Stadtansicht Schwaz

Links unten: Burg Freundsberg oberhalb von Schwaz

139

Das Unterland — Schwaz

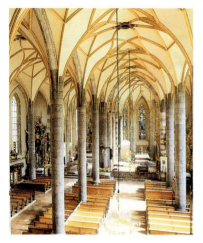

Taufstein, Pfarrkirche Schwaz
Ganz oben: Pfarrkirche zu Unserer Lieben Frau Mariä Himmelfahrt, Schwaz, Innenraum.

Aus der Blütezeit von Schwaz um 1500 hat sich eine Reihe prächtiger **Bürgerpaläste** erhalten. Das Rathaus (mit der Jörg-von-Freundsberg-Statue von Ludwig Penz, 1876–1918) in der Franz-Josef-Straße wurde um 1510 von der Gewerkenfamilie Stöckl erbaut. Das Orglerhaus der Familie Fieger (Ludwig-Penz-Straße 13) mit gotischem Portal ist ein typisches Gewerkenhaus aus dem 16. Jh. Hier hat nach der Überlieferung der Arzt und Naturforscher Paracelsus um 1515 das Silberschmelzen und die Kunst der Alchimie erlernt.

Das **Palais Tannenberg-Enzenberg** neben der Pfarrkirche (u. a. als Galerie der Stadt Schwaz für zeitgenössische Kunst genützt) wurde um 1515 von der Gewerkenfamilie Tänzl erbaut. Am Vomper Innufer fällt der ehemalige Gewerkenansitz Mitterhart (Gwercherschlössl) gegenüber dem Gymnasium Paulinum auf. Das frühbarocke Schlösschen wird heute als Gasthaus geführt.

Sehenswert ist die **Pfarrkirche zu Unserer Lieben Frau Mariä Himmelfahrt.** Die ursprünglich dreischiffige Kirche aus der Zeit um 1460 wurde um 1500 nach Plänen von Erasmus Grasser unter der Bauaufsicht von Christoph Reichartinger (1450–1514) zu einer Doppelkirche mit zwei Chören und vier Schiffen erweitert. Der Grund für diesen übrigens auch in Rattenberg durchgeführten Anbau war einerseits Platzmangel und andererseits die unterschiedliche rechtliche Stellung der Knappen und der Bürger. Sie saßen zwar in derselben Kirche, allerdings durch eine Holzwand voneinander getrennt.

Die im 18. Jh. durchgeführte Barockisierung wurde im 20. Jh. wieder rückgängig gemacht. Auf 18 Rundpfeilern ruhen die Rautennetzgewölbe. Kostbar sind die wenigen verbliebenen gotischen Ausstattungsstücke: der Taufstein aus dem Jahr 1470 und eine Madonna mit Kind von 1410. Von den ursprünglichen Altären sind nur Altarfiguren (1510) von Christoph Scheller am südlichen Seitenaltar erhalten.

Südlich der Kirche schließt der zu einem Park umgestaltete Friedhof an. An der Nordostseite der Pfarrkirche steht die **zweigeschossige Totenkapelle zu den hll. Michael und Veit.** Eine Inschrift aus dem Jahr 1506 vermeldet, was in der prächtigen Kirche und in der schmucken Stadt in weite Ferne gerückt scheint: „Hir liegen bir alle geleych, ritter, edel arm und reich." Das Innere der Oberkapelle ziert ein gotischer Flügelaltar von Jörg Lederer mit einer Statue des hl. Briccius, der mit aufflammenden Kohlen im Mantel und mit einem Wickelkind zu seinen Füßen dargestellt ist. Briccius wurde eines „zu weltlichen" Lebens bezichtigt; mit der Feuerprobe reinigte er sich von dem Verdacht, Vater eines Kindes zu sein (Schlüssel im Pfarramt unter 05242/62258, Führungen auf Anfrage unter 05242/63240-0).

Schwaz — **Das Unterland**

Ein Besuch im Schaustollen des Schwazer Silberbergwerks ist für Kinder und Erwachsene gleichermaßen empfehlenswert. Die Schönheiten der Stadt, die im Laufe der Schwazer Geschichte mit schwerster Arbeit im

Berg finanziert wurden, wirken nach dem Besuch im Bergwerk noch eindrücklicher.

Das **Franziskanerkloster** mit seiner Kirche wurde 1508 gegen den Willen der alten kirchlichen Institutionen der Region mit Hilfe Kaiser Maximilians I. von den Gewerken und Bergknappen gegründet und in sieben Jahren von Christoph Reichartinger und Ulrich Klotz erbaut. 1735 erfolgte die Barockisierung der gotischen Kirche. Man entfernte die gotischen Rippen aus dem Gewölbe und brach den Lettner ab, die Mauer, die Chor/Geistlichkeit und Langhaus/Laien voneinander trennte. Das bemerkenswerteste Ausstattungsstück ist das Steinkruzifix des Bayern Loy Hering (1484–1554) aus dem Jahr 1521.

Aufmerksamkeit verdient im Franziskanerkloster der Kreuzgang mit Kreuzrippengewölbe. Die Schlusssteine zeigen die Wappen der Stifter, die Konsolen die Wappen der 22 Länder Maximilians. Der um 1520 entstandene Freskenzyklus zeigt in den 24 Arkadenbögen Szenen aus dem Leben Christi, gemalt und koloriert vom Franziskanerpater Wilhelm von Schwaben nach Vorlagen von Albrecht Dürer, Hans Schäufelein und Martin Schongauer.

Die als Heimatmuseum genützte **Burg Freundsberg,** der bereits erwähnte Stammsitz der Ritter von Freundsberg (Fruntsperg), liegt auf einem Hügel über der Stadt. Freundsberg diente Erzherzog Sigmund als Jagdschloss. Besonders sehenswert in der frühbarocken Schlosskapelle sind die Altäre und Plastiken von Peter Zwinger aus Hall und die auf Papier gemalte Stockinger-Krippe aus der Zeit um 1750 von Christof Anton Mayr aus Schwaz.

Seit 1994 hat sich hier unter der künstlerischen Leitung des Pianisten Thomas Larcher mit den **Klangspuren** ein Festival neuer Musik etabliert. Alljährlich im September startet eine hochkarätige und international besetzte Konzertreihe (Programm und Karten unter 0512/73582).

In der Eremitage, einem kleinen, gut besuchten Lokal in Schwaz, werden Jazzkonzerte mit internationalen Größen veranstaltet. Es lohnt sich, das aktuelle Programm zu studieren.

Kreuzgang, Franziskanerkloster, Schwaz

Links: Schwazer Silberbergwerk

Das Unterland  Stans

*Buddha im Haus der Völker, Schwaz
Unten: Wallfahrtskirche St. Georgenberg*

Tipp:
● Galerie der Stadt Schwaz, Palais Enzenberg, Franz-Josef-Straße 27, 05242/73983: wechselnde Ausstellungen.
Öffnungszeiten: Mi. 10–19 h, Do. u. Fr. 13–19 h, Sa. 10–13 h
● Rabalderhaus, Winterstellergasse 9, 05242/64208: Kunst von der Gotik bis zur Gegenwart.
Öffnungszeiten: Mi., Do. 10–12 h u. 17–19 h, Sa. u. So. 10–12 h und nach Vereinbarung
● Museum der Stadt Schwaz auf Burg Freundsberg, 05242/63967 (Hr. Angerer): Räume des landesfürstlichen Jagdschlosses, Stadtgeschichte, Ganzjahreskrippe.
Öffnungszeiten: 15. 4.–15. 10.: 10–17 h, Do. geschl.
● Schwazer Feuerwehrmuseum, Marktstraße 19, 05242/62371
Öffnungszeiten nach Vereinbarung
● Schwazer Silberbergwerk,
Alte Landstraße 3a, 05242/72372-0
Öffnungszeiten: Sommer: tgl. 8.30–17 h; Winter: tgl. 9.30–16 h, 16. 11.–26. 12. geschl.

● Haus der Völker, Christoph-Anton-Mayr-Weg 7, 05242/66090: Museum für Kunst und Ethnographie.
Öffnungszeiten: tgl. 10–18 h; Führungen Sa. u. So. 15 h, wochentags auf Anfrage
✚ Eremitage, Innsbrucker Straße 14, 05242/65251: Kulturcafé, Jazzkonzerte.
✚ Gasthaus Zum Hirschen, Husslstraße 39, 05242/65126

Stans, 563 m, 1 865 Ew.

Stans steht für drei weitum bekannte Dinge: Frühstücksmarmelade und Fruchtsäfte der Firma Darbo, die berühmte Wallfahrtskirche St. Georgenberg und das wunderschöne Schloss Tratzberg. Ein optisches Wiedererkennungsmerkmal von Stans ist das Stanser Joch mit gewaltigen Lawinenverbauungen oberhalb des Ortes. Dem landschaftsgestaltenden Reiz dieser riesigen Metallbarrieren können sich nicht einmal Naturpuristen entziehen.

Von Fiecht führt eine schmale Straße in Richtung **St. Georgenberg.** Das Auto stellt man etwa eine Fußstunde vor der Wallfahrtskirche auf dem Parkplatz ab und steigt über einen Kreuzweg langsam zur Kirche auf. Kurz vor dem Ziel überquert man die Hohe Brücke, eine Steinkonstruktion mit vier Pfeilern aus dem Jahr 1497, über die eine gedeckte Holzbrücke gebaut wurde. Eindrucksvoll ist auch die Wanderung von Stans aus durch die wilde Wolfsklamm nach St. Georgenberg.

Hoch über dem Stallental, wo ein Stück weiter westlich ein Bär aus

Stans · Schloss Tratzberg — Das Unterland

Kramsacher Marmor daran erinnert, dass hier 1898 der letzte Bär Nordtirols geschossen wurde, stand Tirols ältestes Kloster, bereits 950 gegründet, später jedoch zerstört. Die Abtei wurde nach mehreren Bränden in Fiecht neu errichtet (1705). Die nach Plänen des Innsbrucker Baumeisters Christoph Gumpp barockisierte Kirche in St. Georgenberg blieb bis heute ein beliebtes Wallfahrtsziel.

Das Gnadenbild am Hochaltar der Wallfahrtskirche ist eine Schmerzensmutter aus dem Jahr 1410. Bezug auf das Alte Testament („Wer fasste mit drei Fingern die Last der Erde?" Isaia, 40,12) nimmt die Rokokokanzel des Schwazer Meisters Johann Michael Fischler: Mit drei Fingern hält Gott die geschwungene Kanzel mit vier Putti, die die vier Erdteile darstellen. Auf dem Schalldeckel steht eine Statue des Völkerapostels Paulus mit der Hl. Schrift und dem Schwert.

Bei einer Renovierung entdeckte man hinter dem Hochaltar und der Orgel traurige Reste von Fresken, die der herausragende Barockmaler Johann Georg Höttinger (vgl. Absam) geschaffen hatte.

Schloss Tratzberg überblickt majestätisch das Inntal. Dieses in den Jahren von 1500 bis 1520 von der in den Adelsstand erhobenen Gewerkenfamilie Tänzl neu errichtete prachtvolle Wohnschloss entstand zur Zeit des Übergangs von der Spätgotik zur Renaissance. Seit 1848 befindet sich Tratzberg im Privatbesitz der Grafen Enzenberg, die die Repräsentationsräume im ersten Stock des Schlosses von April bis Oktober mit Führungen zugänglich machen. Höchst bemerkenswert ist – neben den wunderschönen Fresken über den Arkadengängen im Innenhof und dem 46 m langen Wandbild mit dem ältesten gemalten Stammbaum der Familie Habsburg im Habsburgersaal – die Ausstattung der Zimmer und Stuben. Tratzberg ist die einzige Burg in Tirol mit im Original erhalten gebliebener Einrichtung. Unter den vielen sehenswerten Möbeln, Gebrauchsgegenständen, Beschlägen, Intarsientischen und maßwerkverzierten Wandschränken sind ein gotischer Waschtisch und ein gotisches Bett hervorzuheben. Dieses Bett scheint dem an modernen Schlafkomfort gewöhnten Betrachter

Schloss Tratzberg, Innenhof

Das Unterland   Jenbach

ungewöhnlich kurz. Angeblich legten sich damals die Menschen zum Schlafen nicht hin, sondern blieben vielmehr, an die Polster gelehnt, halb sitzen.

Im Erdgeschoss des Schlosses ist die Rüstkammer mit einer umfangreichen Sammlung von Rüstungen und Handwaffen eingerichtet.

Tipp:
● Schloss Tratzberg, 05242/63566-20: einzige original eingerichtete Burg. Öffnungszeiten: Palmsonntag bis 1. 11.: tgl. 10–16 h, nur mit Führungen zugängl. (auch Kinderführungen)
✚ Pension Brandstetterhof, Oberdorf 74, 05242/63582

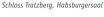
Schloss Tratzberg, Habsburgersaal

Jenbach, 563 m, 6 502 Ew.

Jenbach ist der Ausgangspunkt der **Zillertal-** und der **Achenseebahn** (vgl. Eben am Achensee). Letztere fährt, da die Wagen offen sind, nur von Anfang Mai bis Ende Oktober. Auf dem Achensee verkehren Ausflugsschiffe (vgl. Eben). Die Zillertalbahn ist ganzjährig zwischen Jenbach und Mayrhofen unterwegs. Die Dampflok unternimmt die 30 km lange Reise nach Mayrhofen einmal pro Woche, jeweils am Mittwochvormittag (Auskünfte: Zillertalbahn, 05244/6060; Achenseebahn, 05244/62243).

Jenbachs erste wirtschaftliche Blüte stand in engem Zusammenhang mit dem Silberbergwerk in Schwaz. Um 1550 beschäftigte die Schmelzhütte in Jenbach 300 Männer. Mit dem Versiegen des Silbers verlegte man sich auf die Eisenverhüttung, die bis 1880 in Betrieb war. Die aus einem Hammerwerk am Kasbach gewachsene Sensenfabrik wurde 1972 geschlossen. Während des Zweiten Weltkriegs wurden in Jenbach Flugzeugteile und -motoren hergestellt. Seit der Nachkriegszeit kommen aus den Jenbacher Werken Lokomotiven und Eisenbahnwaggons. Im Jenbacher Museum werden all diese Aspekte der Industriegeschichte gezeigt; darüber hinaus ist eine 3 000 Exemplare zählende Schmetterlingssammlung zu bewundern.

Ein berühmter Sohn des Ortes ist der Arzt, Politiker und Erfinder Josef Pfretzschner (1817–1905). Ihm verdankt die Welt den Malzkaffee und die erste fotografische Trockenplatte, die im Berliner Photographischen Museum ausgestellt ist. Sein Verdienst für Tirol war es, dass der Tiroler Landtag nach einigem Zögern das von Joseph II. erlassene Toleranzpatent endlich anerkannte, womit die Gleichstellung von katholischen und nichtkatholischen Christen hier im Land

Gallzein · Strass im Zillertal   Das Unterland

endlich erreicht war. Pfretzschner nannte sein Hotel am Jenbacher Bahnhof programmatisch „Gasthof zur Toleranz". Leider ist das Haus gegenwärtig geschlossen.
Tipp:
● Museum Jenbach, Achenseestraße 21, 0663/9517845: Industrie und Handwerk, Eisenbahnen.
Öffnungszeiten: 1. 5.–31. 10.: Fr. u. Sa. 13–17 h und auf Anfrage

Gallzein, 825 m, 486 Ew.

Aus mehreren Weilern besteht die kleine Gemeinde Gallzein, die schon um 1150 als „Collis Galeines in valle Indale" urkundlich erwähnt wurde. Gallzeins Wohlstand hing mit dem Bergbau in Schwaz eng zusammen. Die bäuerlichen Strukturen reichen allerdings ebenfalls weit zurück. Im Weiler Gasteig steht noch ein gotischer Kornspeicher; Getreide wird in dieser Gegend längst nicht mehr angebaut.

Zillertal

Schon im 17. Jh. zogen die Zillertaler als Ölträger und Wanderhändler durch ganz Europa. Der Handschuhhändler und Wirt Peter Prosch († 1804) aus Taxach bei Ried im Zillertal, ein weit gereister Hausierer und Spaßmacher, der an vielen Höfen Europas bekannt war, stellt gewissermaßen den Prototyp des Zillertaler Händlers und Sängers dar: Als Bub hatte er geträumt, dass Kaiserin Maria Theresia ihm einen Hut voll Geld schenken würde, was mit einer kleinen Verzögerung und aufgrund der Fürsprache von höherer Stelle tatsächlich geschah. Seine Rückkehr von einer Reise nach Paris, wo er Maria Theresias unglückliche Tochter Marie Antoinette getroffen hat, beschreibt Prosch in seinen Lebenserinnerungen so: „Alle meine Bekannten und Nachbarn hatten schon aus den Zeitungen, und auch sonst vernommen, dass ich in Paris gewesen bin. Sie wußten nicht, was oder wo Paris wäre: vielleicht glaubten einige, es liege gar in einem andern Teil der Welt; ich war also sogar in meiner Heimat und meiner ordentlichen Tyrolerkleidung ein Wundertier wie in Paris."

Zillertalbahn

Strass im Zillertal, 523 m, 827 Ew.

Schloss Rotholz im Inntal wurde in der Zeit von 1575 bis 1585 von Hofbaumeister Albert Lucchese für Erzherzog Ferdinand II. als Jagdschloss erbaut. Lucchese war der Sohn des Hofbaumeisters Giovanni Lucchese, der den Spanischen Saal in Schloss Ambras geplant hatte. Gemeinsam schufen Vater und Sohn die Kirche des Haller Damenstiftes. Albert Lucchese fügte Schloss Ambras die Rüstkammer hinzu. Innsbruck schenkte er die Kapuzinerkirche.

Schloss Rotholz wurde früher auch Thurneck genannt. Der bedeutende niederländische Komponist Orlando di Lasso (1532–1594) hielt sich längere Zeit in Thurneck auf. Seit 1879 beherbergt Schloss Rotholz eine land-

Das Unterland   Fügen · Uderns

Gotische Rankenmalerei in der Wallfahrtskirche St. Pankraz, Uderns
Ganz oben: Wallfahrtskirche St. Pankraz bei Uderns

wirtschaftliche Lehranstalt. Sehenswert ist die bäuerliche Gerätesammlung (Besichtigung nach telefonischer Vereinbarung unter 05244/62161).

Direkt am Eingang zum Zillertal steht auf der Westseite über einer schroffen Felswand **Mariä Heimsuchung am Brettfall.** Die Wallfahrtskirche, ein Zentralbau mit einem überaus spitzen Turm aus dem 17. Jh., ist ein empfehlenswertes Wanderziel von Rotholz aus, der Weg von Strass ist kürzer und steiler.
Tipp:
● Schloss Rotholz, 05244/62161: bäuerliche Gerätesammlung. Öffnungszeiten nach Vereinbarung
✢ Gasthof Esterhammer, Rotholz 362, 05244/62212

Fügen, 545 m, 3 286 Ew.

Die Fügener **Pfarrkirche Mariä Himmelfahrt** ist die kunstgeschichtlich bedeutendste Kirche der Frühgotik im Unterland (1315–1340). Zu sehen sind Reste gotischer Fresken und barocke Schnitzfiguren von Franz Xaver Nißl (1731–1804). Nißl blieb zeitlebens unverheiratet, er eröffnete in Fügen seine Werkstatt und wurde zu einem der bedeutendsten Rokokobildhauer des Unterlands. Seine Werke (Hochaltäre, Seitenaltäre, Figuren, Kirchengestühle, Beichtstühle und Büßerfiguren) schmücken Kirchen im gesamten Unterland. Die Werkstatt ging nach Nißls Tod an seinen Neffen Franz Seraphikus Nißl.

Die **Nationalsänger,** die Familie Rainer aus Fügen, machten im 19. Jh. Tirol und das aus Salzburg stammende Weihnachtslied „Stille Nacht, heilige Nacht" weltweit bekannt: Als der russische Zar in Schloss Fügen zu Gast war, hörte er die Rainer singen. Begeistert lud er sie nach St. Petersburg ein. Die Nationalsänger aus dem Zillertal traten mit großem Erfolg – die Rainer wurden sehr wohlhabend – in ganz Europa auf.
Tipp:
● Heimatmuseum, Lendenhofweg, 05288/62262 (TVB), 05288/63044 (Wilhelm Haas): Dokumentation der Zillertaler Nationalsänger und der weltweiten Verbreitung von „Stille Nacht, heilige Nacht", Hörbeispiele in 70 Sprachen.
Öffnungszeiten: Di. u. Fr. 16–18 h und auf Anfrage
✢ Landgasthof Thomas, Pankratzbergstraße 529, 05288/63740-0

Uderns, 547 m, 1 485 Ew.

Von Uderns führt eine kurze Wanderung zur **Wallfahrtskirche St. Pankraz** auf einem Hügel am Talrand. Diese Landkirche zeigt im Inneren gotische Rankenmalereien und einen um 1700 entstandenen schönen Barockaltar mit den Bauernheiligen Notburga und Isidor. Am Altar wird die aus der Waldaufsammlung stammende Kopfreliquie des hl. Pankraz aufbewahrt.

Im rückwärtigen Teil der Kirche ist eine Krippe mit barocken Gliederpuppen von Franz Xaver Nißl ganz-

Zell im Zillertal · Hainzenberg   Das Unterland

jährig aufgestellt. Die glänzenden Glasaugen verleihen den Figuren einen lebendigen Gesichtsausdruck (tägl. geöffnet, nur über die Mittagszeit geschlossen).

Zell im Zillertal, 575 m, 1 927 Ew.

Das Innere der Rokoko-**Pfarrkirche St. Veit,** ein von Andre Hueber, dem Schwiegersohn Kassian Singers, erbauter eindrucksvoller Zentralbau mit gotischem Turm, ziert ein riesiges Kuppelfresko mit fast 100 Figuren von Franz Anton Zeiller (vgl. Reutte). Vier Jahre lang hat dieser an seinem Hauptwerk gearbeitet: Die Propheten des Alten und des Neuen Testaments verehren die Hl. Dreifaltigkeit. Zeiller malte auch die Altarbilder; das Chorfresko zeigt das Martyrium des Kirchenpatrons. Die Hochaltarfiguren stammen von Franz Xaver Nißl (1731–1804) aus Fügen. Die Knappensäule im Dorfzentrum erinnert an den früheren Goldbergbau im nahen Hainzenberg am Eingang zum Gerlostal.

Alljährlich am 1. Sonntag im Mai lädt Zell im Zillertal zum ältesten und größten Volksfest in Tirol, zum **Gauderfest.** Zu diesem Anlass braut die Zillertaler Brauerei (im Jahr 1500 gegründet und damit älteste Privatbrauerei Tirols) 20-gradiges Gauderbier. Ursprünglich war das Gauderfest den Almleuten gewidmet, die anschließend mit dem Vieh auf die Alm gingen. Mittlerweile beteiligen sich weite Bevölkerungsteile am großen Trachtenumzug. Der früher essentielle Festbestandteil des Widderstoßens ist einer jährlich wechselnden Ausstellung von für das Zillertal typischen Nutztieren wie Steinschafen oder Tuxer Rindern gewichen. Ganz ohne Wettkampf läuft das Gauderfest natürlich nicht ab: Die jungen Burschen ermitteln beim Ranggeln den „Hogmoar".

Tipp:

✱ Speckselche, Gerlosberg 23, 05282/2237 (Hr. Kerschdorfer): Selche auf 1 270 m (Bustransfer), Dauerwurst und Speck.
Öffnungszeiten: tgl. Führungen auf Anfrage

✚ Hotel-Gasthof Bräu, Dorfplatz 1, 05282/2313

Hainzenberg, 910 m, 644 Ew.

Die **Wallfahrtskirche Maria Rast** liegt am Weg von Zell hinauf ins Gerlostal. Die Kirche wurde im 17. Jh. von Knappen errichtet. Ursprünglich war der Bau am Flörlmoos geplant. Als ein Zimmermann sich bei der Arbeit schwer verletzte, pickte eine schwarz gefleckte Taube die blutgetränkten Holzspäne auf und ließ sie erst über der Felskante, wo heute die Kirche steht, fallen. Dies wurde als Wink Gottes verstanden. Allerdings hatte die Taube nicht beachtet, dass unter der Kirche Stollen und Schächte des Goldbergwerks liegen. Der Boden gab mehrere Male nach, die Kirche hatte bis 1914 zwei Fronttürme, der talseitige rutschte ab und musste schließlich abgetragen werden.

Das Goldbergwerk am Hainzenberg ist heute zu einem Schaubergwerk umgestaltet.

Engel aus Hainzenberg, Augustinermuseum, Rattenberg

Das Unterland

Mayrhofen · Tux

Kapelle in Hintertux
Unten: Alte Bauernhöfe in Gemais

Tipp:
● Goldbergwerk Hainzenberg, 05282/ 2301: Schaubergwerk. Öffnungszeiten: 1. 1.–23. 4. u. 1. 5.– 1. 11.: tgl. 11, 13 u. 15 h Führungen

Mayrhofen, 633 m, 3 720 Ew.

Bemerkenswert ist die Bildfolge „Wie eine Landschaft" von Max Weiler (* 1910 in Absam bei Hall) an der Nordfassade der Bank für Tirol und Vorarlberg. Weiters sind die Arbeiten des Mayrhofener Malers Albin Moroder, u. a. in der Totenkapelle am Waldfriedhof, hervorzuheben. Fritz Ebsters Relief der Zillertaler Alpen ist im Europahaus zu besichtigen. In der Pfarrkirche zu Unserer Lieben Frau, in den 1960er Jahren nach Plänen von Clemens Holzmeister (1886–1983) erbaut, stammt das Deckenbild (1971) ebenfalls von Max Weiler.

Tuxer Tal

Unter dem Wort „Tuxer" versteht man weniger die Bewohner des gleichnamigen Tales als eine „graue Lodenjacke mit rotkariertem Futter". Der Landeskundler Laurin Luchner führt dazu aus, dass „tuxerisch gehen" früher bedeutete, mit der Lederhose angetan zu erscheinen.

Nach diesem Tal sind außerdem die kleinwüchsigen und kampflustigen Tuxer Rinder benannt. Im 19. Jh. wurden die Tuxer, die in zwei Schlägen rot und schwarz gezüchtet wurden, bis nach Russland exportiert. Im Laufe des 20. Jh. wurde der Bestand der Tuxer, die mit den berühmten Schweizer Eringer Rindern verwandt sind, verkleinert, da ihre Milchleistung nicht an jene des Fleckviehs herankommt. Mittlerweile hat sich glücklicherweise der Bestand der Tuxer wieder stabilisiert.

Tux, 1 281 m, 1 916 Ew.

Einblick in die bäuerliche Kulturgeschichte bietet Gemais, ein Ortsteil von Tux. Hier steht ein Paarhof mit Nebengebäuden (Kornkasten, Backofen und Brunnenhäuschen) aus dem 18. Jh. am steilen Berghang.

Die unter Schutz gestellte Spannagelhöhle beim Spannagelhaus am Hintertuxer Gletscher ist ungewöhnlich. Es handelt sich hierbei nämlich nicht um eine Kalk-, sondern um eine Marmorhöhle. 10 km des 25 km langen Höhlensystems können ganzjährig besucht werden. In der Höhle herrschen sommers wie winters Temperaturen zwischen fünf und neun Grad.

Eine Thermalquelle ergießt ihr radiumhaltiges, erfrischendes (20–22°) Wasser in ein Hallen- und ein Freibad.
Tipp:
✚ Alpengasthof Höllensteinhütte, Lanersbach 367, 6293 Tux-Lanersbach-Hintertux, 05287/87696 oder 0676/6086908
✚ Gasthof Forelle, 6293 Lanersbach, 05287/87214

Eben am Achensee

Das Unterland

Achenseegebiet

Eben am Achensee, 975 m, 2 619 Ew.

Mit einer der ältesten dampfbetriebenen Zahnradbahnen Europas (1889) fährt man auf dem Weg von Jenbach zum Achensee an der Ebener Kirche vorbei. Die Wallfahrtskirche St. Notburga ist der einzigen weiblichen Heiligen Tirols geweiht. Am barocken Hochaltar befindet sich in einem Glasschrein ihr prächtig bekleidetes Skelett. Die feinen Stuckarbeiten werden Franz Xaver Feuchtmayer aus Wessobrunn zugeschrieben. Die ebenfalls barocken Deckenfresken von Johann Georg Höttinger erzählen die Legende: Notburga, als Tochter eines Rattenberger Hutmachers 1265 geboren, diente zunächst als gottesfürchtige Magd auf Burg Rottenstein und später bei einem Bauern in Eben. Als dieser ihr befahl, nach dem Angelusläuten weiterzuarbeiten und sie dadurch an der Andacht hinderte, warf sie mit dem Ausruf „Der Herrgott soll richten zwischen dir und mir" die Sichel in die Luft, wo diese an einem Sonnenstrahl hängen blieb. Als Notburga 1313 starb, wurde ihr Leichnam, gemäß dem Wunsch der Verstorbenen, auf einen Ochsenkarren gelegt und dort, wo die Ochsen stehen blieben, bestattet.

Auf dem See verkehren in der warmen Jahreszeit zwei Schiffe, die zu schönen Ausflugsfahrten einladen. Eine Seerundfahrt dauert ca. zwei Stunden, gefahren wird von Mai bis Oktober. Es sind zwei Linienschiffe im Einsatz, die 1994 gebaute „Tirol" und die 1959 gebaute „St. Benedikt"; die „Tirol" nimmt 600 Personen auf, die „St. Benedikt" nur halb so viele.

Für Sonderfahrten steht jenes Schiff zur Verfügung, mit dem überhaupt zum ersten Mal auf dem Achensee Schifffahrt betrieben wurde: Als der See noch dem Abt des Stiftes Fiecht gehörte, installierte dieser einen Schraubendampfer, die „St. Josef", als Ausflugsschiff auf dem See. Seit 1897 ist die „St. Josef" im Einsatz, 1951 ist sie allerdings umgebaut worden und wird seither, wie die anderen Schiffe auch, mit Diesel betrieben.

Zur Gemeinde Eben gehören die Naturdenkmäler des **Kleinen** und **Großen Ahornbodens** im Karwendel. Von Eben fährt man durch das Achental nach Norden über die Grenze nach Deutschland, weiter in westlicher Richtung und folgt der Beschilderung nach Hinterriß und in die Eng. Bis zu 100 Jahre alte Ahorne

Ernst Platz, „Großer Ahornboden",
Alpenvereinsmuseum Innsbruck

Das Unterland

Achenkirch · Pertisau

Großer Ahornboden

stehen, umrahmt von den grün-grauen Karwendelbergen, auf idyllischen Weiden. Wenn sich im Herbst die Ahornblätter golden färben, ist der ideale Zeitpunkt für einen Besuch in diesem Teil des Naturparks Karwendel gekommen, der vom Hafelekar in Innsbruck bis zur Isar im Norden reicht.
Tipp:
✚ Gasthaus Jodlerwirt, 6212 Maurach am Achensee, 05243/5287
✚ Gasthof Post, Nr. 10, 6215 Hinterriß, 05245/206

Achenkirch – Pertisau, 916 m, 2 084 Ew.

Achenkirch liegt am Nordende des Achensees. Neben der im Kern gotischen, später barockisierten Pfarrkirche St. Johannes d. T. ist die **Annakapelle** am Dollenbühel sehenswert. In diesem barocken Zentralbau sind zwölf Statuen zu sehen, die die zwölf Apostel (um 1670) darstellen.

Reizvoll ist ein Spaziergang durch Achenkirch wegen der prächtigen alten Bauernhäuser. Den Dollnhof (Haus Nr. 391) zieren reiche Fassadenmalereien und der Salzstadl, ein ehemaliger Umschlagplatz für Salz, zeigt eine Ansicht der Stadt Hall im 17. Jh.

Der Achensee war schon für Herzog Sigmund und Kaiser Maximilian ein beliebtes Jagdgebiet. In Pertisau wohnten die beiden Habsburger im Fürstenhaus, das seit 1851 als Hotel betrieben wird.

Adolf Pichler (1819–1900), Professor für Geologie und Schriftsteller in Innsbruck, empfahl den Aufenthalt im Gebirge und insbesondere am Achensee als „unvergleichliches Heilmittel für Leib und Seele". Als der Achensee als Sommerfrischegebiet tatsächlich beliebt wurde – Denker und Dichter trafen sich im so genannten Pedantenstüberl im Hotel Scholastika –, war dies dem gestrengen Professor jedoch auch nicht recht: Adolf Pichler verachtetete das „Pim-Pam-Pumplikum viel mehr als die Dorfplebs. Niemals speiste ein Gast in seinem Hause, außer etwa ein Verwandter; das war Innsbrucker Manier ..."
Tipp:
● Heimatmuseum, Sixenhof, 05246/6508: Originalgegenstände früheren bäuerlichen Lebens.
Öffnungszeiten: Anfang Mai–Mitte Okt.: tgl. 13-18 h, Gruppenführungen auf Anfrage
● Steinölschauberkwerk, Am Seeberg, 05243/5521 (TVB): Herstellung von Steinöl (aus Ölstein), Badeöl und Heilsalbe.
Öffnungszeiten: Mai–Juni: Sa., So. u. Do.; Juli–Anfang Okt.: Sa., So., Di., Mi. u. Do.: Führungen stündlich zwischen 10.30–14.30 h

Münster · Reith im Alpbachtal — Das Unterland

+ Wirtshaus am See, Nr. 70, 6213 Pertisau, 05243/5237
+ Gasthof Hubertus, Nr. 2, 6213 Pertisau, 05243/5233
+ Fischerwirt am See, Nr. 15, 6215 Achenkirch, 05246/6258
+ Tiroler Weinhaus, Nr. 471, 6215 Achenkirch, 05246/6214

Zurück im Inntal

Münster, 534 m, 2 621 Ew.

Lichtwerth, die ehemalige Wasserburg am Inn mit dem rechteckigen Bergfried, hat ihren romanischen Charakter bewahrt. Gegründet von den Freundsbergern (vgl. Schwaz), stand die Burg einst auf einer Insel, die vom Inn und vom Bach neben der Bundesstraße umschlossen war. Lichtwerth ist in Privatbesitz.

Reith im Alpbachtal, 637 m, 2 619 Ew.

Wegen des schluchtartigen Zugangs war das Alpbachtal vom Inntal aus lange Zeit schwer erreichbar. Deshalb konnten sich hier regionaltypische Bauformen (mehrgeschossige Bauernhöfe mit Balkonen in Blockbauweise) und ein eigener Bauernmöbelstil (Alpbacher Truhen) entwickeln. Einige Höfe stammen aus dem 17. Jh.

In Reith im Alpbachtal gibt es (seit 1690) im Dezember ein besonders urtümliches Nikolausspiel, das in manchen Szenen Ähnlichkeiten mit dem bekannten Salzburger „Jedermann" zeigt. Das dreistündige Spiel wird nur alle sieben Jahre beim Stockerwirt in Reith aufgeführt; der nächste Termin ist im Jahr 2005.

Die klassizistische **Pfarrkirche zum hl. Petrus** ist das Spätwerk von Andre Hueber. Die thematisch auf den hl. Petrus bezogenen Deckenfresken stammen von Josef Schöpf (1754–1822) aus Telfs. Gegenüber der Kanzel hängt ein Kruzifixus von Franz Seraphikus Nißl. Das älteste Ausstattungsstück ist der prächtige Taufstein an der linken Langhauswand.

Die mächtige Burg **Kropfsberg** im Inntal stammt im Wesentlichen aus dem 13. Jh. Die Anlage diente den Salzburger Erzbischöfen als Verwaltungsburg. Nachdem der Verwaltungssitz 1592 ins Zillertal verlegt wurde, verfiel Kropfsberg zur pittoresken Ruine.

Als Wehr- und Verwaltungsburg wurde **Schloss Matzen** von den Freundsbergern im 13. Jh. an der Stelle gegründet, wo die römische Straßenkarte „Itinerarium Antonini" die Station „Masciacum" verzeichnet. Seit dem Beginn der Neuzeit hatte Matzen wechselnde Besitzer, die verschiedene Umbauten vornahmen. Nach 100-jährigem Dornröschenschlaf und zunehmendem Verfall erfolgte ab 1873 die Revitalisierung und Ausstattung mit Möbeln aus verschiedenen Epochen durch die irisch-österreichische Familie Grohman. Fanny Grohman

Reith mit der Pfarrkirche zum hl. Petrus
Unten: Schloss Matzen bei Brixlegg, Innenhof

Literatur in Tirol

In der Moderne sind zwei Figuren aus der Landesgeschichte Tirols mythologisch geworden: Andreas Hofer und Michael Gaismair. Ersterer, Anführer des Tiroler Aufstands gegen die bayerisch-französische Besatzung 1809, wurde zur Identifikationsfigur der klerikal-konservativen, manchmal auch nationalen Richtung im Land; Michael Gaismair hingegen, der zur Zeit der Bauernkriege um 1525 den Aufstand in Tirol anführte, wurde ab den 1970er Jahren zur geradezu symmetrischen Gegenfigur Hofers für die Linken, als der „Gaismair-Kalender" sozialkritischen Ideen und ebensolcher Literatur Raum gab und die Gaismair-Gesellschaft für ein „anderes Tirol", also ein sozialdemokratisches und später allgemeiner „alternatives" tätig wurde. Andreas Hofer, der Widerstandskämpfer für die Sache des Bauernvolkes, danach zum Nationalhelden im engeren Sinne hochstilisiert, und Michael Gaismair, der Sozialreformer und Revolutionär für die Sache der kleinen Leute – an den Spuren dieser beiden in Literatur- und Kulturgeschichte zeigen sich sowohl die Verquickung der kulturellen Traditionen mit dem politischen Geschehen als auch die Konfliktlage in Kultur und Politik, wie sie sich über die letzten 150 Jahre in immer ähnlichen Konstellationen bis in die jüngere Vergangenheit fortgesetzt haben.

Das kulturelle Selbstbild Tirols beinhaltet seit jeher das bewahrend Bodenständige ebenso wie das offen Rebellische. Autoren und Autorinnen fern der Heimat prägen dabei dieses Bild gleichermaßen wie Daheimgebliebene. Nicht selten waren es die kritischen Geister, die auszogen und aus der Ferne Spuren in der Literatur hinterließen, wie beispielsweise der 1790 im Südtiroler Tschötsch geborene und 1861 in München gestorbene Jakob Philipp Fallmerayer. Er ist mit seinen „Fragmenten aus dem Orient" bis heute als Reiseschriftsteller bedeutsam. Fern der Heimat eignete er sich aufklärerisches Gedankengut an, was ihn in Konflikt mit den konservativen Kräften des bayerischen Hofes brachte. Auch in Tirol war das 19. Jh. von konservativem, patriotisch-klerikalem Geist und dem Widerstand gegen alles Neue geprägt.

Ludwig von Ficker

Schlimm war es im Vormärz, in der Zeit bis 1848, um die Meinungsfreiheit bestellt. So wurde aus dem 1838 veröffentlichten einzigen Gedichtband des Dichters und Schubert-Freundes Johann Chrysostomus Senn ein harmloses Trinklied amtlicherseits gestrichen, weil es „zu Fraß und Völlerei" verleitet habe. Senn starb 1857, schließlich in Armut, Depression und Alkoholismus versunken.

Von bleibendem Wert ist die landeskundliche Literatur jener Zeit, wie sie Johann Jakob Staffler (1783–1868) und Beda Weber (1798–1858) in ihren soliden und oft nicht unironischen Landesbeschreibungen von hohem literarischen Niveau verfassten. An dieser Stelle müssen auch drei „Beinahetiroler" genannt werden: der Wiener Joseph Rohrer (1769–1828) mit seinem 1796 erschienenen Büchlein „Uiber die Tyroler", der Bayer Ludwig Steub (1812–1888), der mit „Drei Sommer in Tirol" (1846) die klassische Reisebeschreibung über das Land im Gebirge verfasst hat, und William Baillie Grohman (1851–1921), heute fast vergessener Jagdfreund von Teddy Roosevelt und Besitzer von Schloss Matzen, dazu

Wohltäter und Schriftsteller, dessen Bücher, wie „Tyrol and the Tyrolese", nicht wenig dazu beigetragen haben, Tirol in der Welt bekannt und beliebt zu machen.

Der „Kulturkampf", der in der zweiten Hälfte des 19. Jh. in ganz Deutschland und Österreich zwischen dem klerikalen und dem nationalliberalen Lager tobte, hinterließ auch in Tirol seine Spuren. Hier hielten die Alt-Tiroler die heilige Dreiheit von Gott, Kaiser und Vaterland hoch. Unzählige Heimat-, Dorf- und Berggeschichten aus jener Epoche, wie die der Volksschriftsteller Josef Praxmarer (1820–1883) und Rudolf Greinz (1866–1942), schildern in affirmativer Weise die bäuerlich-patriarchale Ordnung und lehnen den von außen kommenden liberalen, antiklerikalen und zunehmend deutschnationalen Zeitgeist ab, von dem wiederum vor Ort die Jung-Tiroler beflügelt waren. Diese widmeten ihren Almanach dem Vorkämpfer realistischen Schreibens, Adolf Pichler (1819–1900), der schon früh gegen engstirnigen Provinzgeist gewettert hatte. Wettern ist in diesem Fall die richtige Vokabel, denn, wie sein Freund Ludwig Steub in Bezug auf Pichler pointierte, „sich in den Alpen als Rüpel aufspielen, hieße Eulen nach Athen tragen".

Aus dem Kreis der Jung-Tiroler kamen Franz Kranewitter (1860–1938) und Karl Schönherr (1863–1943). In ihren naturalistischen Bauerndramen wurden die sozialen Konflikte im ländlichen Raum in zeitgemäßer Form dargestellt. Die von 1902 bis 1958 bestehende Exl-Bühne trug, nicht zuletzt durch Verfilmungen, zur Verbreitung und zum dauernden Ruhm des mittlerweile klassisch gewordenen Tiroler Volkstheaters bei. Wann immer ein Kabarettist irgendwo im deutschen Sprachraum einen „Tiroler" nachzuahmen versucht, ist es der Tonfall der Exl-Bühne, der unter der Entstellung hörbar wird, was seine Zählebigkeit unter Beweis stellt. Nicht wenige von Schönherrs und Kranewitters Stücken sind in ihrer unsentimentalen Sicht auf die Verhältnisse bis heute interessant. Sie werden auf Amateurbühnen im ganzen Land und allsommerlich bei den Tiroler Volksschauspielen in Telfs aufgeführt – gemeinsam mit neueren Stücken. Der 1948 geborene Felix Mitterer führt hier seit den 70er Jahren die sozialkritisch-moderne Volksstücktradition weiter.

Dem Kreis der Jung-Tiroler entstammt auch Ludwig von Ficker (1880–1967), der Herausgeber der bald weit über die Grenzen Tirols hinaus bedeutend gewordenen Kulturzeitschrift „Der Brenner". Von Ficker eröffnete in seiner Zeitschrift in den Jahren vor dem Ersten Weltkrieg einen Horizont der literarisch-philosophischen Auseinandersetzung, die die ideologisch immer engstirniger werdenden Jung-Tiroler weit hinter sich ließ. Texte von Autoren wie Carl Dallago (1869–1949), Anton Santer (1884–1979), Josef Leitgeb (1897–1952) und Friedrich Punt (1898–1969), um nur die einheimischen Beiträger zu nennen, wurden erstmals im „Brenner" veröffentlicht, wie auch die Gedichte von Georg Trakl (1887–1914), der in Tirol und bei Ludwig von Ficker seine literarische Heimat fand. Freilich beschränkte sich nach der Katastrophe des Ersten Weltkriegs das Streben des „Brenners" auf den Versuch, eine zeitgemäße Form des Katholizis-

Carl Dallago
Unten: Georg Trakl

mus zu finden. Bis heute beeindruckend und lesbar sind Josef Leitgebs Kindheitserinnerungen „Das unversehrte Jahr".

Die in der Zwischenkriegszeit immer mehr an Boden gewinnende nationalvölkische Ideologie verengte schließlich auch in Tirol das Spektrum auf eine Literatur, die sich mehr oder weniger offen einer Blut-und-Boden-Ästhetik verpflichtete. So konnten sich einige Autoren mit ihren Werken nach 1938 im nationalsozialistisch gleichgeschalteten Literaturbetrieb halten. Dazu zählten etwa jene des in Bozen geborenen, in Oberösterreich aufgewachsenen und später in Berlin ansässigen Franz Tumler (1912–1998) oder auch die historischen Romane der Osttirolerin Fanny Wibmer-Pedit (1890–1967), die allerdings 1939 wegen „politischer Unzuverlässigkeit" (wohl wegen der religiösen Ausprägung ihrer Werke) aus der Reichsschrifttumskammer ausgeschlossen wurde und nicht mehr publizieren durfte. Der Volksschriftsteller mit der breitesten Wirkung ist allerdings der nationaler Umtriebe ganz unverdächtige Priester Sebastian Rieger (1867–1953), der sich bis heute unter dem Pseudonym Reimmichl ungebrochener Beliebtheit erfreut, ebenso wie der von ihm seit 1920 herausgegebene und heute noch jährlich erscheinende Reimmichl-Kalender, der einst wohl in jedem Tiroler Haushalt gelesen wurde.

So konnte die Phase katholischer Rückbesinnung nach 1945 an eine im Land seit langem gewachsene Tradition anknüpfen. Sie geht genau genommen bis ins Spätmittelalter zurück, als erstmals die geistlichen Spiele der Tiroler Passion aufgezeichnet wurden, wobei eine Handschrift von 1391 aus dem Kloster Neustift bei Brixen als ältestes Beispiel gilt. Bis heute wird diese Tradition mit den über die Grenzen Tirols hinaus bekannten Passionsspielen in Erl und Thiersee gepflegt.

Felix Mitterer

„Glaube und Heimat" – um diesen Schönherr-Titel zu missbrauchen – war nicht nur in der Literatur die Formel für die restaurative Atmosphäre der Nachkriegsjahre, die sich ja durchaus nicht auf das Land im Gebirge beschränkte. Erst allmählich wurden Grenzen wieder durchlässiger, der Blick wurde offener. Die französische Besatzungsmacht hat durch die Tätigkeit des Institut Français, durch die Vermittlung der klassischen Moderne in der Malerei beispielsweise, viel dazu beigetragen. Auf die Autoren der Nachkriegsjahre, wie Walter Schlorhaufer (* 1920), Otto Grünmandl (1924–2000), Raimund Berger (1917–1954) und Lilly von Sauter (1913–1972), blieb diese Öffnung nicht ohne Wirkung. Durch die jährlich veranstalteten Österreichischen Jugendkulturwochen (1950–1969), die sich stetig zum Treffpunkt der Avantgarde entwickelten, wurde auch im Tiroler Literaturbetrieb der Umgang mit neuester Literatur geläufiger. Heinz Gappmayr (* 1925), ein seit den frühen 60er Jahren international beachteter Vertreter der visuellen Poesie, lebt und arbeitet in Innsbruck. Im Zuge der gesellschaftlich-geistigen Neuformierung, die man gerne mit dem Label „1968" versieht, veränderte sich auch in Tirol die Wahrnehmung der Welt und der Literatur. Autoren wie Felix Mitterer, Gerold Foidl (1938–1982), Hans Haid (* 1938) begannen falsche heimatliche Idyllen zu entzaubern und dogmatische Religiosität aus den Angeln zu heben, was selten ohne Skandale abging, die nicht nur im literarischen Leben Tirols oft schon erneuernde Impulse und insofern einen „heilbringenden Einfluss" ausgeübt haben. Es sei hier nicht verschwiegen, dass das beharrliche Anrennen gegen die oben genannten Feindbilder der literarischen Qualität oft abträglich war und der Kampf gegen das eine Klischee nicht selten zum symmetrisch entgegengesetzten führte. Der für die Tiroler Literatur seit alters charakteristische Mangel an Selbstironie bleibt meist ein schmerzhafter. Lediglich etwa in Mitterers viel beachtetem Fernseh-Vierteiler „Die Piefke-Saga", in der der zeittypische Widerspruch zwischen Sein und Schein am Gegenstand Tourismus reichlich satirisch behandelt wird, führt die Gesellschaftskritik zu befreiendem Gelächter.

Seit den 80er Jahren haben sich jüngere Autoren wie Norbert Gstrein (* 1961), Alois Hotschnig (* 1959) oder Raoul Schrott (* 1964) einen Namen in der deutschsprachigen Literatur gemacht. In dieser Generation ist erstmals eine Abwendung vom bisher zentralen Genre des Volksstückes zu beobachten. Wichtig für das Geistesleben waren in den 80er Jahren Kulturzeitschriften wie der von Johannes E. Trojer in Innervillgraten herausgegebene „Turnthaler" oder die in Innsbruck erscheinende „Gegenwart".

Irene Prugger
Unten: Raoul Schrott

Norbert Gstrein erlangte schnell Berühmtheit durch seine in Vent im Ötztal situierte Erzählung „Einer", die Geschichte des missratenen Sohnes einer um und um tüchtigen Hoteliersfamilie. In späteren Arbeiten wie „Anderntags" wagte er sich auch ins städtische Milieu vor.

Alois Hotschnig brillierte mit seinen Erzählungen „Aus" und „Eine Art Glück", die bei der Literaturkritik großes Echo fanden. Im zweiten Rang hinter den „überregionalen dreien" steht eine ganze Reihe von jüngeren Autoren, die – teils nicht ohne Erfolg – versuchen, die Aufmerksamkeit des anspruchsvollen Lesers auf sich zu ziehen. Es seien hier stellvertretend die Namen Hans Augustin („Die Anhänglichkeit des Reisenden an den Weg",

1990), Stefanie Holzer („Gumping", 1994), Walter Klier („Grüne Zeiten", 1998), Egon A. Prantl („Frauenmord", 1989), Irene Prugger („Mitten im Weg", 1997), Helmut Schiestl („Der Lotosblütenesser", 1992), Elias Schneitter („Pizza-Projekt", 1997), Helmuth Schönauer („Muff Teig Provinz Erzählung Roman", 1988) und Alois Schöpf („Heimatzauber", 1989) genannt.

Doch der erfolgreichste Tiroler Dichter unserer Zeit ist ohne Zweifel Raoul Schrott. Er begann mit Arbeiten über die Dadaisten, die um 1920 Tirol heimsuchten, und machte dann durch Romane wie „Finis Terrae" (1995) auf sich aufmerksam. Seit der Veröffentlichung der höchst ambitionierten Bände „Die Erfindung der Poesie" (1997) und „Tropen. Über das Erhabene" (1998) zählt er ohne Zweifel zu den maßgeblichen Lyrikern im deutschen Sprachraum. „Die Erfindung der Poesie" ist der Versuch, die „ersten viertausend Jahre" der Dichtung der ganzen Menschheit repräsentativ zusammenzufassen, daraus auszuwählen und nachzudichten, und mit „Tropen" werden auf experimentelle und doch für den Leser fassbare Weise die Grenzen abgeschritten, innerhalb deren man heutigentags Lyrik schreiben kann.

Walter Klier (Rezensionsbüro Gegenwart)
Christine Riccabona (Brennerarchiv)

Heinz Gappmayr, aus dem Katalog
„Zeichen II"

sindsindsindsindsind
sindsindsindsindsind
sindsindsindsindsind
sindsindsindsindsind
sindsindsindsindsind
sindsindsindsindsind
sindsindsindsindsind
sindsindsindsindsind
sindsindsindsindsind

Das Tiroler Musikleben

Tirol ein Musikland? Was weiß der Tourist? Dass in den Alpen gejodelt wird, dass im Zillertal die „Schürzenjäger" beheimatet sind. Vertreter der reinen Natur jodeln nicht nur bei „Tiroler Abenden", sondern auch in der Bergwelt. Sie signalisieren dadurch Vitalität und Lebensfreude. Was fällt Gästen auf, wenn sie in Tiroler Dörfer kommen? Dass an Feiertagen oder auch sonst Musikkapellen mit klingendem Spiel, recht farbig gewandet, mit Federhüten, die die Gestalten vergrößern, durch die Straßen ziehen oder auf Plätzen, in Musikantenstadeln oder postmodernen Musikpavillons, vorzugsweise mit Marschmusik, Charakterstücken und Potpourris, konzertieren.

In vielen Tiroler Orten gestalten an hohen Feiertagen Kirchenchöre die Messfeiern, obwohl die Kirchenmusikpolitik der römisch-katholischen Kirche und Jugendliche „rhythmische Messen" zu bevorzugen scheinen. Der Tourist kann mit etwas Glück in größeren Orten klassische Kirchenmusik in der Liturgie erleben. Die Kirchen sind meist die akustisch besten und optisch schönsten Gemeinschaftsräume im Lande. Sie werden von heimischen Chören und Ensembles ebenso wie von Gruppen auf Tournee zum Konzertieren bevorzugt, wobei nach alter Tradition Akteure und Veranstalter in ihrem Programm der Würde des Raumes zu entsprechen haben.

Tiroler Blasmusik
Unten: Ebert-Orgel, Hofkirche,
Innsbruck

Wer sich für die Kultur des Landes interessiert, stößt in Tirol immer auf Kirchen. Wenn man nicht nur zum Altar, sondern auch zum Gegenstück, zur Orgelempore, blickt, kann man besondere Exemplare entdecken, z. B. in Mariathal bei Kramsach eine Barockorgel von Andreas Putz; ein Schwesterinstrument ist die Zierde von St. Andrä in Lienz. Innsbruck nennt sich mit Stolz „Orgelstadt". In der Hofkirche prangt ein Weltinstrument, das „gewaltig scharpff Werckh", die Ebert-Orgel, von Jörg Ebert 1558 erbaut. Die „Silberne Kapelle" an der Hofburg in Innsbruck birgt als Schatz eine italienische Renaissanceorgel (1614). Der Orgelbau hat in Tirol eine lange Geschichte. Die Steinacher Firma Reinisch-Pirchner liefert Instrumente in den ganzen alpenländischen Raum.

Bedeutende neuere Instrumente findet man in Telfs, in Hall und in Innsbruck (in St. Nikolaus, Mariahilf und im Dom zu St. Jakob).

Tirol ein Musikland? Die Geschichte kann einige Namen nennen, mit denen sich auch international Staat machen ließe: Oswald von Wolkenstein (um 1377–1445) war Minnesänger, Dichter und Komponist von europäischem Rang, Leonhard Lechner (1553–1606) einer der ganz Großen der Wort-Ton-Kunst (Johannes-Passion); man könnte ihn auch einen Liederfürsten nennen. Die Hofmu-

Das Tiroler Musikleben

siker Kaiser Maximilians I., Heinrich Isaak, Ludwig Senfl und Paul Hofhaimer, sind bis heute große Namen in der Musik. Spaziert man in Innsbruck am einzigen imperialen Bau entlang, bei der Hofburg hinunter zur Dogana, steht man auf dem Platz, wo sich einst der älteste feste Theaterbau des deutschen Sprachraums befand. Hier wurden zu Zeiten der Landesherren Kaiser Leopold I., Leopold V. und Erzherzog Ferdinand Karl Mitte des 17. Jh. die prunkvollsten italienischen Barockopern Pietro Antonio Cestis aufgeführt. Im nahen Absam bei Hall arbeitete der Geigenbauer Jakob Stainer (1617–1683), dessen Handwerkskunst zum Besten auf diesem Gebiet zählt.

Diese und noch einige andere historische Gegebenheiten bilden die Voraussetzung dafür, dass die Tiroler Kulturpolitik der letzten 30 Jahre Innsbruck zu einer „Weltstadt der alten Musik" gemacht hat. Seit 1963 gibt es in den Monaten Juli und August „Ambraser Schlosskonzerte" im Spanischen Saal des Schlosses Ambras, seit 1968 mit international renommierten Ensembles und Solisten. Seit 1977 bilden in der zweiten Augusthälfte neben Konzerten Barockopern – Musik im Kleid ihrer Zeit – die Attraktion in Tirol. Besondere Bedeutung hat die Wiederentdeckung der Hofopern von Pietro Antonio Cesti. Wichtig waren auch die großen Produktionen wie Opern von Claudio Monteverdi, Georg Friedrich Händel, Christoph Willibald Gluck und, 1999, „Cosí fan tutte" von W. A. Mozart mit historischen Instrumenten.

Jesuitenkirche, Innsbruck, einer der Schauplätze des alljährlichen Osterfestivals „Musik der Religionen"

Tirol ein Musikland? Die neue Musik wird seit 30 Jahren systematisch von der Galerie St. Barbara in Hall gepflegt, die immer wieder historische Größen präsentiert hat, z. B. György Ligeti, Karlheinz Stockhausen, Dieter Schnebel und John White. Seit Jahren gestaltet sie einen von internationalen Medien stark beachteten Zyklus, das „Osterfestival" in Innsbruck und Hall. Das großstädtische, multikulturelle und umfangreiche Programm zieht mit seinen geistlichen Schwerpunkten zwischen Passions- und Ostersonntag ca. 14 Tage lang ein spezielles Publikum an. Im Land selbst ist die Bevölkerung um diese Zeit mehr mit der Tradition der Osterbräuche beschäftigt. Die Galerie St. Barbara war mit ihren Konzerten in der Jesuitenkirche Hall auch auf dem Gebiet der alten Musik bahnbrechend, lange ehe der große Konzertbetrieb bestimmte Kapazitäten entdeckt hat: In Hall konzertierten schon vor Jahrzehnten René Jacobs, die Brüder Kuijken, Jordi Savall und heute tritt dort „Il Giardino Armonico" auf.

Die neue Musik hatte seit 1972 monatlich ein Forum in der „Musik im Studio" beim ORF. Sie findet größere Möglichkeiten seit 1994 bei den „Klangspuren" in Schwaz. In der zweiten und dritten Septemberwoche gibt es täglich Aufführungen und Uraufführungen, Neuestes z. T. in historischem Kontext, Solo-, Ensemble- und Orchestermusik. Das Programm zielt auf die Gegenüberstellung des heimischen Musikschaffens mit internationalen Trends. Insgesamt gibt es in Tirol zu wenig Möglichkeiten, die Werke etwa von Günther Andergassen, Bert Breit, Florian Bramböck, Emil Berlanda, Kurt Estermann, Wolfgang Mitterer, Franz Schreyer, Johannes Maria Staud, Erich Urbanner und Peter Zwetkoff zur Diskussion zu stellen und ins Bewusstsein zu rücken.

Übers ganze Jahr hat die „andere Musikszene", auch Jazz und überregionale Populärmusik, ein Forum im Innsbrucker „Treibhaus". Auch im „Utopia" und z. T. bei verschiedenen Kulturinitiativen, z. B. in St. Johann in Tirol, finden einschlägige Veranstaltungen statt. Eine wichtige Jazz-Adresse ist die „Eremitage" in Schwaz; sie ist auch in New Yorker Jazzkreisen bekannt.

Probe des Tiroler Symphonieorchesters Innsbruck
Unten Mitte: Szenenbild, Tiroler Festspiele Erl
Ganz unten: Passionsspielhaus Erl

Tirol ein Musikland? Die Landeshauptstadt hat ein Mehrspartentheater mit Oper, Operette, Musical, Sprechtheater. Die große Opern- und Liedsängerin Brigitte Fassbaender leitet das Tiroler Landestheater. Es gibt ein leistungsfähiges, professionelles Symphonieorchester und einen klassischen Musikbetrieb mit Meister- und Kammerkonzerten. Für die Ausbildung der Jugend sorgen Musikschulen, das Tiroler Musikschulwerk, Volks- und Blasmusikvereine, das Landeskonservatorium und die Hochschulabteilung „Mozarteum". Eine Reihe größerer und kleinerer Veranstaltungen nicht nur in den Bezirksstädten, etwa in Kufstein und Reutte, erweitert das Angebot und bietet z. T. äußerst attraktive Schwerpunkte. Die größte Neuerung seit 1998 sind die „Tiroler Festspiele Erl", die von der zweiten Juliwoche an bis Anfang August große Klassik – Bruckner, Wagner, Verdi (Requiem), Brahms (Requiem), Kammermusik – und neue Tirolensien im Passionsspielhaus Erl und in nahen Orten unter der Leitung des Dirigenten Gustav Kuhn aufführen.

Allsommerlich bietet Innsbruck, wie viele andere Großstädte auch, internationales Tanztheater mit großem Publikumserfolg.

In der Tiroler Musikszene gibt es vielerlei und viel. Es ist hier nicht möglich, alles aufzuzählen oder gar zu würdigen. Die einen machen verdienstvoll Kulturarbeit in einem beschränkten, überschaubaren Bereich, andere bieten dem Publikum internationale Meister, Komponisten und Interpreten. Es gibt sogar multimediale Show-Star-Events in der Gletscherregion. Bei allen Veranstaltern ist natürlich auch Selbstdarstellung ein Kriterium bei der Programmerstellung, wobei das leichter Verkaufbare nicht selten den Vorrang vor dem unvermeidlich Anstrengenden neuer Kunst bekommt.

Othmar Costa, ehem. Spartenleiter für E-Musik des ORF Tirol

Das Unterland Reith im Alpbachtal

Schloss Matzen bei Brixlegg, Innenraum
Rechts: Schlosspark Matzen

ist es zu verdanken, dass heute im Tiroler Unterland eine romantische Sehenswürdigkeit (mit einem aus der Römerzeit stammenden Turmfundament) für Besucher offen steht. Sie renovierte das verfallene Schloss und richtete es mit wertvollen Möbeln ein, die sie in Klöstern und Schlössern in Österreich und Südtirol erwarb; diese Möbel sind bis heute in Verwendung. Nunmehr ist Matzen in amerikanischem Privatbesitz und wird im Sommer als Hotel (bed and breakfast) geführt. Fünf, was die Raumgröße, die Ausstattung und die Atmosphäre anbelangt, überaus herrschaftliche Zimmer sind der Kern dieser ungewöhnlichen Frühstückspension.

ter Jäger, der mit seinen Trophäen das Schloss schmückte, sondern auch Bergsteiger und Schriftsteller von Rang. Am 1. Jänner 1875 (vgl. Kals) stand er auf dem Gipfel des Großglockners – von Kals aus hatte er in diesem schneereichen Winter die erste vollständige Winterbesteigung des höchsten Berges von Österreich durchgeführt. Baillie Grohman verfasste, geschliffen und unterhaltsam, mehrere landeskundliche Werke über Tirol, die im angelsächsischen Raum große Verbreitung fanden. In der warmen Jahreszeit werden Führungen durch das Schloss veranstaltet.

Der spätromantische **Matzenpark** im Stil des englischen Landschaftsgartens wurde Ende des 19. Jh. gleichzeitig mit dem historistischen **Schlösschen Lipperheide/Neumatzen** (an der Bundesstraße) vom Berliner Verleger und Mäzen Franz von Lipperheide angelegt. Franz Freiherr

Fanny Grohmans Sohn, William Baillie Grohman (1851–1921) war nicht nur Schlossherr und begeister-

von Lipperheide und seine Gattin Frieda waren schnell wohlhabend geworden. Die von den beiden 1865 ge-

Alpbach — Das Unterland

gründete Zeitschrift „Modenwelt – Illustrierte Zeitung für Toilette und Handarbeiten" hatte in nur fünf Tagen nach dem Versand der Probeexemplare bereits 3 000 Abonnenten gewonnen. Nach einem Jahr hatte sich die Zahl noch einmal verzehnfacht. Bei einer Urlaubsreise verliebte sich das Ehepaar in die Gegend um Brixlegg und wollte Schloss Matzen kaufen. Als der Verleger einsehen musste, dass das Schloss nicht zu haben war, kaufte er nach und nach Bauernhöfe in der Umgebung, baute sich schließlich selbst ein Schloss und legte einen Park an. Auf 15 ha wandelt der Gartenfreund zwischen künstlichen Teichen, Denkmälern und Baumriesen, die ursprünglich aus Nordamerika, Asien und ganz Europa stammen. Die Lipperheides führten ein gastliches Haus: Hugo Wolf komponierte in dem zum Besitz gehörenden Jägerhäusl, die Schriftsteller Peter Rosegger, Ludwig Steub, Hoffmann von Fallersleben, Detlev von Liliencron und die Maler Franz von Defregger und Rosa Mayreder gingen in Neumatzen ein und aus.

Das der hl. Gertraud von Nivelles geweihte, im Kern gotische Kirchlein **St. Gertraudi** steht direkt an der Bundesstraße. Im barockisierten Inneren verdienen die Tafelbilder mit der volkstümlichen Darstellung des Lebens und Sterbens des hl. Nepomuk links und rechts vom Eingang besondere Aufmerksamkeit: „Wer Ihm veracht, der Gott verlacht, / wird Ihm auch nichts wohl glingen, / dem wird das glickh, / nur lauter dickh (= Tücke), / und alles unheill bringen."

Tipp:
● Schloss Matzen, 05337/62679: Schlossräume, nur mit Führung zugänglich.
Museum im Turm der Burg Matzen: Geschichte der Burg.
Öffnungszeiten: 1. 6.–30. 9.: tgl. 11–16 h, Führungen um 11, 12, 14, 15 u. 16 h
✱ Wachskunst Donaubauer Brixlegg, Innsbrucker Straße 42a, 05337/63678: handgeschnitzte Kerzen, bis zu 60 cm hoch, Wachsfiguren, Reliefbilder.
Öffnungszeiten: Mo.–Fr. 8.30–17 h, Sa. 8.30–14 h, Gruppenführungen auch ohne Voranmeldung
✚ Gasthof Dorfwirt, Kirchfeld 2, 05337/62230

Alpbach, 975 m, 2 349 Ew.

Das Ortsbild von Alpbach ist ungewöhnlich, denn hier werden Neubauten konsequent in Bezug zu den alten Bauernhöfen gesetzt: Die in Blockbauweise errichteten Bauernhöfe sind bis heute das Vorbild bei Fassadengestaltung von touristischen Bauten und privaten Wohnhäusern. Das neue Kongresszentrum (Paula-von-Preradovic-Haus) wurde, um dieser optischen Leitlinie gerecht zu werden, in den Hang, unter die Erde gebaut.

Beim „Europäischen Forum Alpbach" ist der Ort allsommerlich Treffpunkt für Intellektuelle, Wissen-

St. Gertraudi und Burg Kropfsberg, Reith im Alpbachtal

Das Unterland

Kramsach · Brandenberg

schaftler, Wirtschaftstreibende sowie Staatsmänner und -frauen aus aller Welt.
Tipp:
+ Gasthaus Roßmoos, Hochzeile 92, 05336/5305
+ Gasthof Wiedersberger Horn, Alpbach 206, 05336/5612

Kramsach, 528 m, 4 260 Ew.

Das **Museum Tiroler Bauernhöfe** versammelt in wunderschöner Lage auf einem 11 ha großen Areal 14 Bauernhöfe. Die Höfe wurden an ihrem ursprünglichen Standort abgebaut und in Kramsach originalgetreu wieder aufgestellt. Bei der Besichtigung der zum Großteil aus dem 16. und 17. Jh. stammenden Gehöfte wird augenfällig, in welcher Weise die bäuerliche Architektur auf wirtschaftliche Gegebenheiten reagierte.

Manche der Höfe sind so stattlich, dass sie auf einen gewissen Wohlstand der Erbauer schließen lassen. Die Gebäude sind wohlproportioniert, die Umgebung ist stilgerecht mit kleinen Bauerngärten, Brunnen, Backöfen und wunderschönen unterschiedlichen Zäunen gestaltet – und dennoch kommt kein romantisches Sichsehnen nach der guten alten Zeit auf: Das Museum Tiroler Bauernhöfe lässt erahnen, wie entbehrungsreich das Leben der Bauern, Bäuerinnen, Knechte und Mägde in den Tiroler Tälern bis vor nicht allzu langer Zeit war.

Typisch für das Tiroler Oberland ist die Realteilung, eine Erbregelung, die die Kulturlandschaft als Ganzes gestaltete. Nicht nur die Felder, sondern sogar die Häuser wurden aufgeteilt. Der imposante Trujer-Gregörler-Hof bot zwei Familien Platz; er war allerdings bereits im Hinblick auf diese Notwendigkeit erbaut worden.
Tipp:
● Museum Tiroler Bauernhöfe, 05337/62636: Freilichtmuseum mit Bauernhöfen aus ganz Tirol. Öffnungszeiten: 27. 3.–31. 10.: tgl. 9–18 h, im Winter reduzierte Öffnungszeiten
● Freunde zeitgenössischer Kunst Kramsach, Moosau, 05337/65656 (Brigitte und Alois Schild): Skulpturenpark.
Öffnungszeiten: ganzjährig zugänglich, Führungen auf Anfrage

Brandenberg im Brandenbergtal, 919 m, 1 538 Ew.

Die Gemeinde Brandenberg umfasst nahezu das gesamte Tal. Vom 15. Jh. bis 1966 wurde auf der Brandenberger Ache die Holztrift im großen Stil betrieben. Das Holz wurde in einem Stausee gesammelt und zwei-

Museum Tiroler Bauernhöfe, Kramsach

Ganz unten: Museum Tiroler Bauernhöfe, Kramsach

Rattenberg — Das Unterland

mal wöchentlich mit den Wassermassen nach Kramsach geschwemmt, wo es zum Betrieb der Schmelzhütten diente. Heute tummeln sich auf der Ache die Paddler.

Aus Brandenberg stammt die berühmte Brandenberger Prügeltorte, ein süßes und haltbares Mitbringsel, das nur über Holzfeuer gebacken das typische Aroma entwickelt (Auskunft über die bäuerlichen Hersteller dieser regionalen Spezialität beim TVB, 05331/5203).

Rattenberg, 521 m, 464 Ew.

Die Stadt Rattenberg entstand im Umkreis der als bayerische Zoll- und Grenzfestung gegründeten, 1074 erstmals erwähnten Burg, wo heute sommerliche Theateraufführungen stattfinden. Die Lage zwischen Inn und Burgfelsen setzte einer Ausdehnung der mittelalterlichen Stadt Grenzen, weswegen die mit rund 469 Einwohnern kleinste Stadt Tirols ihren historischen Charakter bis heute bewahren konnte. Von der Stadtmauer mit fünf Toren ist noch das turmartige Inntor erhalten. Gotische Fensterumrahmungen und Türstöcke aus rotem Marmor zeugen nicht nur vom einstigen Wohlstand der Rattenberger, sondern auch vom hohen Niveau der damaligen Steinmetzkunst.

Die Städte Hall, Schwaz, Rattenberg und Kufstein gehören wie Innsbruck zum Typus der **Inn-Salzach-Städte.** Sie entstanden an Rast- und Umschlagplätzen des Schiffsverkehrs. Innerhalb der Stadtmauern weisen die Innstädte gewöhnlich große Plätze auf, wo die Waren gelagert und weiterverkauft wurden. Die Häuser sind mehrstöckig und wirken durch die hochgezogenen Fassaden noch höher. Die so genannten „verborgenen Dächer" gehen auf eine Feuerverordnung Kaiser Maximilians I. zurück. Vor den nach innen geneigten Grabendächern schlossen zu Beginn die Stirnmauern oben waagrecht ab, mit der Zeit entwickelten sich getreppte und geschweifte Varianten.

Im Erdgeschoss und im Keller des Innstadthauses waren Geschäftsräume untergebracht, im ersten und im zweiten Stock die Wohn- und Schlafräume. Ursprünglich waren diese Städte aus Holz gebaut; wiederholte Hochwasser- und Brandkatastrophen ließen die Innstadt-Bewohner um 1500 zur stabileren und sichereren Steinbauweise übergehen. Nach verheerenden Feuersbrünsten empfahl Kaiser Maximilian I., die Städte Freistadt, Linz und Klagenfurt „innspruggerisch" oder in der „inntalischen Gewohnheit" aus Stein wieder zu errichten.

Die **Stadtpfarrkirche zum hl. Virgilius** wurde wie jene in Schwaz wegen der rasch anwachsenden Bevölkerung in ihrer Größe verdoppelt. Das linke Schiff mündet in den Bürgerchor, rechts sehen wir den künstlerisch wertvollen Knappenaltar mit Figuren des Mondseer Künstlers Meinrad Guggenbichler. Die Fresken im Chor hat der Kitzbüheler Simon Benedikt Faistenberger (1695–1759) ge-

Häuser in Rattenberg
Ganz oben: Stadtansicht von Rattenberg

Das Unterland — Rattenberg

Ecce-Homo-Kapelle im Augustinerkloster Rattenberg
Rechts: Messkelch, Augustinermuseum Rattenberg
Ganz rechts: Augustinermuseum Rattenberg, Schauraum
Ganz unten: Franz Offer, „Christus an der Geißelsäule", Augustinermuseum Rattenberg

malt, im Langhaus stellte der Augsburger Freskant Matthäus Günther u. a. Petrus und die hl. Katharina über dem Stadtbild von Rattenberg dar. Die zarten Stuckaturen stammen von Anton Gigl (vgl. Dom zu St. Jakob und Altes Landhaus in Innsbruck).

Das **Augustinerkloster** in Rattenberg wurde 1384 vom bayerischen Jägermeister Johann Kummersprucker gestiftet. Sein Andenken und das seiner Ehefrau bewahrt der in der Klosterkirche an der rechten Langhauswand aufgestellte Grabstein mit dem ersten Ganzfigurenporträt in der Tiroler Grabplastik.

In der Kirche beeindruckt das monumentale Kuppelfresko, der so genannte Augustinerhimmel, von Johann Josef Waldmann (1676–1712): im Zentrum die Hl. Dreifaltigkeit, darum herum schweben Engel, die wiederum umgeben sind von den Mönchen, die streng nach den Regeln des hl. Augustinus leben. Johann Josef Waldmann zählt neben seinem bekannteren Onkel, Kaspar Waldmann, zu den wichtigsten Tiroler Freskenmalern im Barock. Er starb mit nur 36 Jahren.

Das Kloster wird seit 1993 als Museum genützt und wurde prompt mit dem österreichischen Museumspreis ausgezeichnet, der an herausragende Museen vergeben wird. Neben sakralen Gebrauchsgegenständen wie kunstvollen Messkelchen, Prunkmonstranzen und Messgewändern sind im Kreuzgang gotische Skulpturen und im Obergeschoss Malereien und Plastiken aus dem 17. und 18. Jh. ausgestellt. In der Ecce-Homo-Kapelle steht die Skulptur des „Schmerzensmanns" (1515) im Zentrum des Altars. 1707 soll dieser Christus, dessen Arme und Kopf beweglich sind, die Zunge sichtbar bewegt haben, was als Wunder angesehen wurde, das die Bevölkerung in Notlagen besonders

zu dieser Figur beten ließ. In der als Grablege für den Gewerken Virgil Hofer 1496 errichteten Hofer-Kapelle sind zwei kunstvolle gotische Gewölbeschlusssteine zu sehen, die zwei anrührend-rätselhafte Frauengesichter darstellen.

Der Kanzler von Tirol, **Wilhelm Bienner** (1590–1651), wurde in Rattenberg enthauptet: Als Claudia von Medici nach dem Tode ihres Gatten

Kundl — Das Unterland

Leopold V. Regentin wurde, berief sie den aus Schwaben stammenden Bienner zum Kanzler. Der scharfzüngige Bienner war unnachgiebig in der Verfolgung der Interessen seiner Herrschaft und machte sich dadurch in Hofkreisen viele Feinde. Als Claudias wenig pflichtbewusster Sohn Ferdinand Karl die Regierung übernahm, wurde Bienners Rat nicht mehr geschätzt. Intrigen führten bald zu seiner Entlassung. Bienner zog sich enttäuscht auf Schloss Büchsenhausen in Innsbruck zurück. Seine Feinde waren damit aber noch nicht zufrieden gestellt. Man konstruierte eine fadenscheinige Anklage, die sich auf konfiszierte private Papiere des Kanzlers berief. Nichts Konkretes ließ sich während eines halben Jahres Festungshaft in Rattenberg beweisen, dennoch wurde nach einem schandbaren Prozess das Todesurteil gesprochen und sogleich vollstreckt. Man beschlagnahmte das Vermögen der Familie, woraufhin sich Bienners Frau das Leben nahm.

Tipp:
● Augustinermuseum, Pfarrgasse 8, 05337/65175 oder 6481: Tiroler Kunstschätze aus neun Jahrhunderten. Öffnungszeiten: 1. 5.–2. So. im Okt.: tgl. 10–17 h, Gruppenführungen auch außerhalb der Öffnungszeiten

✱ Glasbläserei Kisslinger, Südtiroler Straße, 05337/64142: Glasbläserei, -schleiferei, -malerei, Glasgravur. Öffnungszeiten: Mo.–Fr. 8.30–12 h u. 13–18 h, Sa. 8.30–17 h, So. 10–16 h. Voranmeldung erbeten, Gruppenführungen in Deutsch, Englisch, Französisch.

Kundl, 526 m, 3 680 Ew.

Direkt an der Bundesstraße zwischen Rattenberg und Kundl steht auf einer Wiese neben einem Gasthaus eine der schönsten Kirchen des Unterlandes, die spätgotische **Wallfahrtskirche St. Leonhard.** Nach der Legende wurde hier eine Leonhardsfigur an Land gespült. Kaiser Heinrich II. soll im Jahre 1004 vorbeigeritten sein und die Kirche gestiftet haben.

Auffällig ist neben der Marmorverkleidung des Chores, dass der Turm bündig mit der Westfassade abschließt und im Inneren Gewölbe und Empore anschneidet. Auf der Südseite prangt ein riesiger Christophorus. Eindrucksvoll gestaltet sind die beiden Portale. Im Inneren besticht die Leichtigkeit der floralen Malerei in den Feldern zwischen den Netzrippen im Gewölbe. Die Schlusssteine zeigen die Wappen von heimischen Gewerkenfamilien. Wunderschön sind die Beichtstühle und die mit Löwenköpfen verzierten Wangen der Kirchenbänke aus dem 17. Jh.

Jeweils am 1. Sonntag nach dem Festtag des hl. Leonhard (6. Nov.), des Schutzpatrons des Viehs, findet der Leonardiritt zur St. Leonhardskirche statt.

Vom Ort Kundl mit der barocken **Pfarrkirche Mariä Himmelfahrt** – Fresken von Josef Georg Höttinger, Stuck von Anton Gigl – empfiehlt sich eine etwa zweieinhalbstündige Wanderung vom Bahnhof Kundl in

Wallfahrtskirche St. Leonhard, Kundl

Das Unterland

Breitenbach · Mariastein

südliche Richtung zur berühmten **Kundler Klamm** hinauf nach Mühltal in der Wildschönau. Eine kürzere Variante ist die Fahrt mit dem „Bummelzug" (Information TVB Kundl).
Tipp:
✛ Gasthof Auerwirt, Biostraße 14, 05338/7245
✛ Landgasthof St. Leonhard, St. Leonhard 2, 05338/7435

Breitenbach, 510 m, 3 102 Ew.

Vom Inntal aus weithin sichtbar ist **die Filialkirche zum hl. Johannes dem Täufer** in Kleinsöll. Umgeben von einigen Bauernhöfen, ergibt das um 1460 über zwei Vorgängerkirchen aus dem 8. bzw. 12. Jh. errichtete gotische Kirchlein ein idyllisches Bild. Bemerkenswert sind im Inneren die farbkräftigen Malereien in den Feldern zwischen den Netzrippen. Zu sehen sind florale Motive, Evangelistensymbole und die hll. Magdalena, Margarete, Johannes der Täufer, Johannes Ev. und die Gottesmutter.
Tipp:
✛ Gasthof Schwaiger, Nr. 122, 05338/8184

Mariastein, 575 m, 265 Ew.

Die **Burg und Wallfahrtskirche Mariastein** ist an einem ganz besonderen Platz entstanden. Südwestlich des Ortes, auf einem isoliert aufragenden Felsblock errichteten die Freundsberger in der Mitte des 14. Jh. eine Burg, die im Lauf der Jahrhunderte mehrfach die Besitzer wechselte. Im obersten der fünf Geschosse – der Turm der Burg ist 42 m hoch und hat 2 m dicke Mauern – befindet sich die ursprünglich gotische Gnadenkapelle mit dem Gnadenbild, einer Madonna mit Kind aus der Zeit um 1450. Um 1500 wandelte sich der auf unregelmäßigem Grundriss eigenartig hochstrebende Bau zu einem sehr beliebten Wallfahrtsort, sodass der Schlossherr sich gezwungen sah, im Stock unter der Gnadenkapelle für sich noch eine private Kapelle, die Kreuzkapelle, zu errichten.

Im Rittersaal ist ein Museum eingerichtet, das Teile der einst großen Sammlung aus der Schatzkammer, darunter die Tiroler Fürsteninsigni-

Kirche St. Johannes der Täufer, Kleinsöll, Innenraum mit Chor
Ganz oben: Kundler Klamm
Rechts: Burg und Wallfahrtskirche Mariastein

Wörgl — Das Unterland

en, beherbergt. Im untersten Geschoss befindet sich die Kerzenkapelle mit unzähligen Sterbebildchen, die die vielen Wallfahrer hier anbringen. Den Turm ersteigt man über eine auf der Unterseite mit hübschen Engelsgesichtern verzierte steile Wendeltreppe.

Die eindrucksvolle Hundalm- oder Buchacker Eis- und Tropfsteinhöhle ist entweder von Mariastein oder vom Thierseetal aus in einer rund dreieinhalbstündigen Wanderung zu erreichen. Für diesen Ganztagesausflug sind festes Schuhwerk und warme Kleidung notwendig, da es in der Höhle auch im Sommer kühl bleibt.
Tipp:
● Buchacker Eis- und Tropfsteinhöhle, 0663/9657660 (Gasthof Buchacker) Öffnungszeiten: Mitte Mai–Ende Sept.: Sa., So. u. Feiert.; Mitte Juli–Ende Aug. auch an Wochentagen, Führungen
● Museum im Rittersaal von Mariastein, 05332/56376 (Prof. Rudolf Sandbichler): Gnadenbild aus der Zeit um 1450, Tiroler Fürsteninsignien. Öffnungszeiten: tgl. 9–17 h, Voranmeldung für Führungen erbeten.

Wörgl, 513 m, 10 774 Ew.

1932 beschloss Michael Unterguggenberger, der Bürgermeister von Wörgl, mittels „Schwundgeld" der wirtschaftlichen Misere der Zwischenkriegszeit beizukommen. Dabei handelte es sich um „eine Währung, die jeden Monat neu mit einer Marke, die 1 Prozent des Geldscheines betrug, freigemacht werden musste. Daraus resultierte am Jahresende eine Einnahme der Gemeinde von 12 Prozent des umlaufenden 'Kapitals', mit der öffentliche Anliegen finanziert wurden", erklärt der Heimatkundler Laurin Luchner. Dieses nach einem Jahr verbotene, durchaus erfolgreiche Experiment brachte Wörgl eine Würdigung in Ezra Pounds 74. Pisaner Canto ein: „... der Staat braucht nicht borgen,/wie Wörgls Bürgermeister nachwies,/der Milch ausfuhr/und dessen Frau Hemden und Lederhosen verkaufte/und auf dessen Bücherbord Henry Fords Leben stand/ und eine Ausgabe der Göttlichen Komödie/ und die Gedichte von Heine,/ein nettes Städtchen im Tiroler Land in einer flachen/Talsohle gelegen,/nicht weit von Innsbruck ..."

Wörgl wurde im Zweiten Weltkrieg wegen seiner Funktion als Verkehrsknotenpunkt schwer bombardiert, deshalb ist vom alten Ortskern fast nichts erhalten. In der modernisierten, im Kern barocken Pfarrkirche zum hl. Laurentius ist eine Madonna aus der Zeit um 1500 erhalten.

In der Nähe von Wörgl, am Grattenbergl, wurden bedeutende urgeschichtliche Funde entdeckt.
Tipp:
✚ Binders Zillertalstüberl, Simon-Prem-Straße 3, 05332/72133

Buchacker Eis- und Tropfsteinhöhle

Das Unterland

Wildschönau · Oberau

Hochtal Wildschönau

Wildschönau, 936 m, 3 926 Ew.

„Die Wildschönau", heißt es in der Sage, „war einst ein See, in dem ein fürchterlicher Drache hauste. Ein Bauer tötete ihn durch List. Im Verenden biss das Ungeheuer den Felsen nach Kundl durch und der See entleerte sich. So entstanden die Wildschönau und die Kundler Klamm."

Die Wildschönau ist ein Hochtal, das aus den Orten Oberau, Niederau, Auffach, Thierbach und einer Reihe weiterer Weiler besteht. Einst ähnlich schwer zugänglich wie das Alpbachtal, trifft man in der Wildschönau noch traditionelle, in Blockbauweise errichtete Bauernhöfe. Oft ist in die Firstpfette das Entstehungsdatum eingekerbt. Dem Holz, als typischem Baumaterial für die Region, ist in Auffach ein Museum gewidmet.

Oberau

Die Wildschönau unterstand großteils und lange Zeit dem bayerischen Kloster Seeon. Einmal jährlich kam der Abt aus Seeon nach Oberau in die heute als „Kellerwirt" bekannte Probstei, um die „Stift", den Naturalzins, zu holen, der in Form von Wein und Käse zu liefern war.

Die Rokoko-Pfarrkirche zur hl. Margareta wurde 1751/52, nach einem verheerenden Brand, von Johann Holzmeister aus Hippach erbaut. Sehenswert sind die vergoldeten Altarfiguren von Gregor Fritz aus Hall in Tirol, die Kreuzwegbilder von Christof Anton Mayr und die Deckenfresken von Josef Adam Mölk (1714–1794), den Gertrud Pfaundlers Tirol-Lexikon als „virtuosen Schnellmaler" beschreibt, „dem schon von seinen Zeitgenossen eine gewisse Schlamperei vorgeworfen wurde". Mölk blieb offenkundig nicht gern lange an einem Ort: Seine Kunstwerke schmücken Kirchen in der Steiermark, in Niederösterreich, in Nord-, Ost- und Südtirol.

Tipp:

● Bergbauernmuseum z'Bach, Oberau 3, 05339/8157 (Hr. Mühlegger): Wohn- und Arbeitswelt der Bergbauern, Religion und Aberglaube/Hexen. Öffnungszeiten: 22. 12.–31. 3.: Mi. 13–17 h; 1. 5.–30. 6.: Fr., Sa., So. 11–17 h; 1. 7.–26. 9.: tgl. 11–17 h; 1. 10.–26. 10.: Fr., Sa., So. 11–17 h.

Bergbauernmuseum, Wildschönau

Das Unterland

Auffach · Kufstein

✱ Schnapsbrennerei, 05339/2186 (Siegfried Kistl): während der Brennzeit Führung und Schnapsverkostung.
✱ Bauerngarten Holzalmhof, 05339/2131: u. a. Kräuter und Kräutermischungen.
Öffnungszeiten: Juni–Sept.: Führung einmal wöchentl., Verkauf ganzjährig
✚ Gasthof Kellerwirt, Oberau 72, 05339/8116
✚ Gasthof Thalmühle, Oberau 7, 05339/8919
✚ Sonnbergstüberl, Bergschwendt 218, 05339/2343

Auffach

Das Geläute der im Jahr 1800 von Andre Hueber erbauten **Pfarrkirche zum hl. Nepomuk** besteht u. a. aus einer 1556 von Gregor Löffler (vgl. Innsbruck) gegossenen Glocke. Löffler war einer der berühmtesten und gefragtesten Glocken- und Büchsengießer des 16. Jh. Sein Vater Peter Löffler goss für das Grabmal Kaiser Maximilians den ersten „der Schwarzen Mander": Ferdinand von Portugal.
Tipp:
● Erstes Tiroler Holzmuseum, 05339/8842 (Hubert Salcher): u. a. Schnitzereien.
Öffnungszeiten: Mo.–Fr. 8–12 h u. 14.30–17 h, Sa. 8–12 h, im Nov. auf Anfrage
✱ Schaukäserei Schönangeralm, 05339/8944;
Öffnungszeiten: Mai–Ende Sept.: tgl. 9–16 h, Gruppenführung nach Anmeldung
✱ Kräutergarten Salcherhof, 05339/2164: Besichtigung und Einkaufsmöglichkeit von Juni bis Ende September.

Zurück im Inntal

Kufstein, 499 m, 14 987 Ew.

Das Wahrzeichen der Grenzstadt Kufstein ist die hoch auf einem Felsen über dem Inn errichtete gleichnamige Festung. Sie gehörte zunächst zu Bayern und wurde 1504 von Kaiser Maximilian I. erobert. In der Volksüberlieferung sind die beiden dabei im Einsatz befindlichen Kanonen „Weckauf" und „Purlepaus"

Kufstein

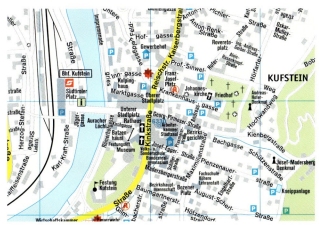

Das Unterland

Kufstein

Pfüllsee bei Kufstein

ebenso bekannt wie der Verteidiger Hans von Pienzenau, der, um die Belagerer zu verhöhnen, mit Besen die Mauern abkehren ließ. Nach der Eroberung der Festung wurde Pienzenau geköpft und Kaiser Maximilian ließ die Festung zur stärksten des Landes ausbauen. 1888 wurde die Festung aufgelassen, heute enthält sie ein modernes Heimatmuseum, das u. a. Skelette der Höhlenbären und Höhlenlöwen aus der Tischoferhöhle im Kaisertal zeigt. Ferner ist hier die berühmte „Heldenorgel" zu sehen, die jeden Tag um 12 Uhr (in den Sommermonaten Juli und August zusätzlich um 17 h) erklingt. Mit 4 397 Pfeifen und 46 Registern lässt die größte Freiorgel der Welt die Stadt erbeben. In einer Art Freilichtarena kann man am Fuß der Burg das Orgelspiel wie bei einem Konzert erleben. Das Gelände selbst wurde kürzlich für Open-Air-Veranstaltungen adaptiert.

Unterhalb der Festung ist das kleine Peter-Anich-Planetarium eingerichtet. Peter Anich (1723–1766) aus Oberperfuß westlich von Innsbruck war ein großer Kartograph, der im Auftrag von Kaiserin Maria Theresia die erste detailgetreue Landkarte von Tirol erstellte, den „Atlas Tyrolensis" in 20 Blättern. Anich ist auch Urheber eines Himmels- und eines Erdglobus (zu sehen im Innsbrucker Zeughaus). Das Planetarium in Kufstein zeigt verschiedene Programme, die dem Laien die himmlische Topographie näher bringen.

Der berühmteste Kufsteiner ist der Schneidermeister Josef Madersperger (1768–1850), der 1804 die erste Nähmaschine erfand (ausgestellt im Technischen Museum in Wien). Er wurde im Haus Kinkstraße, Nr. 16/18 geboren. Gebürtiger Kufsteiner war auch der Skipionier Franz Reisch, der sein Hobby um 1900 in Kitzbühel populär machte.

Unbedingt sehenswert auf der Südseite der **Pfarrkirche St. Veit** ist der Grabstein des Gewerken Hans Baumgartner: „Arm und reich bern all dem pild gleich", kommentiert das Schriftband den unteren Teil des Steins, der ein Skelett zeigt, durch dessen Kopf sich von einem Ohr zum anderen eine Schlange windet. Im Inneren der schlichten gotischen Kirche sind ein Leinwandbild von Hilarius Duvivier († 1643), eine Darstellung der Kreuzabnahme, zwei gotische Figuren am Chorbogen und Deckenfresken des Südtiroler Malers Rudolf Stolz aus dem Jahr 1929 beachtenswert. Die Aufmerksamkeit eines jeden Besuchers erregt am Oberen Stadtplatz das historisierende Gebäude der Sparkasse aus dem Jahr 1907. Dieser Bau, das Hotel Egger und die Schulen in der Kinkstraße zeigen den Einfluss des Münchner Heimatstils in Tirol.

Weintrinker in aller Welt wissen, dass es nicht egal ist, aus welchem Glas Wein getrunken wird. In Kufstein stellt die Firma Riedel Gläser her, die von Weinhändlern empfohlen werden.

Thiersee · Ebbs — Das Unterland

Tipp:
- Festungs- und Heimatmuseum, 0664/1818425: Verteidigungsanlage, größtes Bollwerk Europas, Gefängnis, Heldenorgel. Öffnungszeiten: Palmsonntag–Mitte Nov.: tgl. 9–17 h; Mitte Dez.–Ende Feb.: tgl. 11–16 h
- ✱ Riedel Glashütte, Weissach-Straße 28–34, 05372/64896-55 (Michel Geilen): Erlebnisgarten und Multivisionsshow. Öffnungszeiten: Mo.–Fr. 9–12 h u. 13–16 h.
- ✚ Gasthof Tirolerhof, Am Rain 16, 05372/62331
- ✚ Bräustüberl, Oberer Stadtplatz 5a, 05372/61090
- ✚ Zum Bären, Salurner Straße 36, 5372/62229
- ✚ Hotel Alpenrose, Weissachstraße 47, 05372/62122

Thiersee, 678 m, 2 714 Ew.

Westlich von Kufstein führt eine kurvige Straße hinauf auf die Marblinger Höhe und weiter nach Thiersee. Direkt am See steht das **Passionsspielhaus,** in dem alle sechs Jahre das Leiden und Sterben Christi von Laienschauspielern aus dem Ort aufgeführt wird. 1799 gelobten die Thierseer, auf dass sie den Nöten der napoleonischen Kriege entgehen mögen, die Passion jährlich aufzuführen. Seit 1970 spielt man nicht mehr ganz so oft, dafür sind immerhin mehr als 250 Laienschauspieler und Musiker aus Thiersee an der Erfüllung des Gelübdes beteiligt. Ein Passionsspiel ist keine gewöhnliche Theateraufführung: Das Spiel beginnt am Vormittag mit einer Messe, die eigentliche Aufführung ist kurz nach Mittag angesetzt, um schließlich am späten Nachmittag zu enden. Der nächste Termin ist im Jahr 2005.

Landschaftlich überaus reizvoll ist die Rundfahrt entlang der tief eingeschnittenen Thierseer Ache, weiter hinauf nach Hinterthiersee und wieder zurück zum See.

Tipp:
- ✚ Gasthof Pfarrwirt, Mitterland 33, 05376/5234
- ✚ Gasthaus Ritter, Bäckenbichl 7, 6335 Vorder-Thiersee, 05376/5420
- ✚ Alpengasthof Schneeberg, Schneeberg 50, 6335 Thiersee, 05376/5288

Ebbs, 475 m, 4 726 Ew.

788 n. Chr. wurde Ebbs als „ad Episas", was so viel wie „zur Pferdetränke" oder „Rossbach" bedeuten soll, erstmals urkundlich erwähnt. Pferde gibt es in Ebbs auch heute noch: Der berühmte Fohlenhof ist das Haflingergestüt in Tirol.

Eine der künstlerisch bedeutendsten Landkirchen Tirols ist die **Pfarrkirche zu Unserer Lieben Frau Geburt,** das Hauptwerk des bayerischen Baumeisters Abraham Millauer (1680–1758, vgl. St. Johann). Nur der Turm der Vorgängerkirche, die im Zuge des Spanischen Erbfolgekrieges (1701–1714) arg beschädigt wurde, ist in den Neubau integriert. Die außen reich gegliederte und innen helle, einheitlich barock ausgestattete Kirche wurde zwischen 1748 und 1750 erbaut. Sie kostete dreimal so viel, wie veranschlagt worden war. Damals hieß es, das Kirchenvermögen „sei in

Glasobjekte der Firma Riedel, Kufstein
Unten: Pfarrkirche zu Unserer Lieben Frau Geburt, Ebbs

Das Unterland — Niederndorf

Wallfahrtskirche zum hl. Nikolaus, Ebbs

den Boden hinein" verschwunden, tatsächlich aber wurde in spätbarocke Kunst von höchstem Niveau investiert. Die Deckenfresken von Josef Adam Mölk (1714–1794) stellen u. a. Szenen aus dem Marienleben und die Ebbser Pfarrkirche vor dem Zahmen Kaiser dar. Der eindrucksvolle Hochaltar, die Seitenaltäre und die Kanzel stammen vom Kitzbüheler Bildhauer Josef Martin Lengauer (1727–1728).

Die gotische **Wallfahrtskirche zum hl. Nikolaus** steht östlich von Ebbs auf einem Hügel, wo bis zu ihrer Zerstörung die Ebbser Burg aufragte. Der Kirchenbau stammt aus der Zeit um 1490. In einem Zwickel des rankenverzierten, sternrippengewölbten Gotteshauses ist das Mariensymbol eines Pelikans mit Menschengesicht dargestellt; aus seiner Seitenwunde nähren sich seine Jungen. Kostbar ist das mit Blumendekor in Flachschnitzerei verzierte gotische Chor- und Kirchengestühl aus der Zeit um 1500.

Eine schöne Wanderung führt in das Kaisertal, wo sich die bereits erwähnte Tischoferhöhle befindet. 1607 brachte man dem Kufsteiner Schlosshauptmann Karl Schurff von dort einen Oberschenkelknochen, der „wegen seiner außerordentlichen Größe keinem gewöhnlichen Menschen" gehört haben konnte. Er stamme, so hieß es in einem Begleitschreiben, „gewiss von einem Riesen her [...]". Erst in unserem Jahrhundert wurden die Knochen als die von urzeitlichen Bären und Löwen identifiziert (vgl. Heimatmuseum Kufstein).
Tipp:

✻ Bauernhof der Familie Osl, hauseigene Schnapsbrennerei und Käserei, Kaiserbergstraße 31, 05373/42100: Schnäpse, Milchprodukte, Marmeladen.
Öffnungszeiten: Voranmeldung erbeten.

✚ Gasthof Postwirt, Wildbichler Straße 25, 05373/42224
✚ Gasthof Sattlerwirt, Oberndorf 89, 05373/42203-0
✚ Gasthaus Zur Schanz, Schanz 1, 05372/64550

Niederndorf, 500 m, 2 357 Ew.

Der Schriftsteller Ludwig Steub setzte dem traditionsreichen Gasthof Sebi an der Abzweigung Richtung Sachrang, eigentlich aber der Schönheit der Wirtstochter, in der Erzählung „Die Rose der Sebi" ein Denkmal. Der Gasthof besitzt ein Porträt der schönen Niederndorferin.

In der **Pfarrkirche zum hl. Georg** wurden 1948 bei Restaurierungsarbeiten Fresken von Josef Adam Mölk freigelegt, die u. a. die hll. Georg, Martin und Margareta zeigen.

Direkt vor der Grenze zu Bayern findet sich der Wildpark Wildbichl mit einheimischen Tieren wie Luchsen und Hirschen, aber auch zugezogenen wie Mandarinenten aus China, die in Tirol auswildern.
Tipp:

✚ Gasthof Wildbichl, Gränzing 8, 05373/62233
✚ Gasthof Sebi, Sebi, 05373/61063

Walchsee · Söll   Das Unterland

Walchsee, 658 m, 1 690 Ew.

Walchsee wurde 1073 erstmals urkundlich erwähnt. Es handelte sich um eine romanische Siedlung aus der Zeit nach dem Ende des Römischen Reichs. Der Charakter des Dorfes ist durch den See bestimmt: Im Sommer wird hier gebadet, im Winter tummeln sich Eis- und Langläufer.
Tipp:
✛ Gasthof Alpenhof, Durchholzen 61, 05374/5260

Kössen, 589 m, 3 889 Ew.

Auftrumpfend bunt sind die Rokokomalereien an der Fassade des Gasthofs Erzherzog Rainer, der ein gotisches Spitzbogenportal aufweist.

Erl, 475 m, 1 379 Ew.

Das **Passionsspielhaus** wurde 1959 nach Plänen von Robert Schuler erbaut. Die Akustik dieses Hauses kommt nach Ansicht der Fachleute der des Wiener Musikvereinssaales gleich. Folgerichtig werden hier – neben den alternierend mit Thiersee (vgl. dort) im Sechsjahresrhythmus aufgeführten Passionsspielen – alljährlich im Juli die vom Dirigenten Gustav Kuhn ins Leben gerufenen „Tiroler Festspiele Erl" in Szene gesetzt.

Der nächste Passionsspieltermin ist im Jahr 2002. Das Passionsspiel in Erl wurde schon 1613 zum ersten Mal erwähnt, damals ging das „Osterspiel" über mehrere Tage. Heute beträgt die Aufführungsdauer vier Stunden, von 12.30 bis 16.30 Uhr. Knapp die Hälfte der Erler Bevölkerung ist an der Aufführung beteiligt.

Tipp:
● Tiroler Festspiele Erl, Winkl 25, Programminformation und Karten unter 00800/08072000
● Passionsspiele Erl, Mühlgraben 56, Programminformation und Karten unter 05373/8139
✛ Gasthof Blaue Quelle, Mühlgraben 15, 05373/8128

Die Route von Wörgl über Söll, Scheffau, Ellmau, Going, St. Johann nach Fieberbrunn gehört zu den reizvollsten im Land: Im Norden überragt der Wilde Kaiser in rauher Majestät die bäuerliche Landschaft davor.

Söll, 698 m, 3 415 Ew.

Die vom Kufsteiner Franz Pock in den Jahren von 1764 bis 1768 erbaute **Pfarrkirche zu den hll. Petrus und Paulus** ist eine der schönsten Rokokokirchen im Unterland. Das In-

Passionsspielhaus Erl
Unten: Stampfangerkapelle, Söll

Das Unterland

Ellmau · St. Johann

Söll mit der Ellmauer Halt
Unten: Der Wilde Kaiser

nere schmücken Deckenfresken von Christof Anton Mayr (vgl. u. a. Pill), die sich auf die Kirchenpatrone beziehen. Rokoko-Fensterumrahmungen und Bilder der hll. Anna, Florian und Josef, ebenfalls von Christof Anton Mayr, bestimmen auch das Erscheinungsbild des Gasthofs Post.
Tipp:
✚ Gasthof Post, Dorf 82, 6306 Söll, 05333/5221

Ellmau, 804 m, 2 617 Ew.

Vor der berühmten Ellmauer Halt im Kaisergebirge liegt das Dorf Ellmau mit der **Pfarrkirche zum hl. Martin**, die der aus Götzens stammende Jakob Singer über einer urkundlich im 14. Jh. bestätigten Vorgängerkirche um 1740 erbaut hat. Die feinen Stuckarbeiten werden dem Vater des Baumeisters, Johann Singer, zugeschrieben, die Fresken schuf Johann Georg Höttinger. Die Altäre stammen vom Kitzbüheler Meister Josef Martin Lengauer (vgl. Ebbs).

Going, 773 m, 1 656 Ew.

Abgesehen vom Wilden Kaiser ist in Going wahrscheinlich der Stanglwirt am berühmtesten. Sein Ruf als Urtiroler Gasthof hat ihn zu einer wahren Attraktion werden lassen.

Ebenso sehenswert, allerdings aufgrund ihres künstlerischen Wertes ist die von Andre Hueber erbaute **Pfarrkirche zum Hl. Kreuz** mit üppigen, für das Rokoko typischen muschelförmigen Ornamenten von Anton Gigl. Die Gewölbefresken stammen vom letzten bedeutenden Kitzbüheler Kirchenmaler Matthias Kirchner (1735–1805).
Tipp:
✚ Gasthof Lanzenhof, Dorf 23, 05358/3534

St. Johann, 659 m, 7 866 Ew.

Die Geschichte der Marktgemeinde geht zumindest ins 7. Jh. zurück,

Kirchdorf   Das Unterland

denn damals bestand bereits eine Urpfarre im St. Johanner Becken, in dem fünf Täler, oder wenn man will, fünf Verkehrsachsen aufeinander treffen, was St. Johann zu einem regionalen Zentrum gemacht hat.

Das Wahrzeichen des Ortes ist die doppeltürmige **Pfarrkirche Mariä Himmelfahrt.** In den Jahren 1723 bis 1728 setzte der bayerische Baumeister Abraham Millauer die Dekanatskirche mit einer für ihn typischen, stark gegliederten Außenfassade an die Stelle einer gotischen Kirche. Im Inneren sind der reiche Bandlwerkstuck und der Hochaltar aus bemaltem Stuck, beides in der Wessobrunner Manier, hervorzuheben.

Die Deckenfresken – u. a. Taufe Christi, Bergpredigt, Aufnahme Mariens in den Himmel – stammen von Simon Benedikt Faistenberger (1695–1759), der einer ganzen Reihe von Kirchen im Unterland seinen Stempel aufgedrückt hat. Er kommt aus der Kitzbüheler Künstlerdynastie Faistenberger, die elf Maler und vier Bildhauer hervorgebracht hat.

Die **Antoniuskapelle** hinter der Pfarrkirche ist ein achteckiger frühbarocker Zentralbau. Das Innere bestimmt das Kuppelfresko von Josef Schöpf (1754–1822) aus Telfs, das den hl. Antonius über der Landschaft um St. Johann mit dem Wilden Kaiser zeigt.

Östlich von St. Johann findet sich im Ortsteil Weitau die ehemalige **Spitalskirche St. Nikolaus.** Dieses 1262 gestiftete Kirchlein besitzt im Chor das einzige gotische Bildfenster in Tirol, das dort erhalten blieb, wo es ursprünglich eingebaut worden war. Mittelalterlich sind auch die dem bayerischen Bildhauer Erasmus Grasser (1450–1518) zugeschriebenen Gedenksteine des Kaplans Johann Strauß. Die Kirche wurde um 1740 zu einem Rokokojuwel umgestaltet: Reiche Stuckverzierungen, Gewölbefresken von Simon Benedikt Faistenberger und Wandgemälde von Josef Adam Mölk ziehen zusammen mit den künstlerisch wertvollen Altären die Aufmerksamkeit des Besuchers auf sich.

Tipp:
● Museum der Marktgemeinde St. Johann in Tirol, 05352/65888 oder 6900-13: Historische Entwicklung der Marktgemeinde.
Öffnungszeiten: Sommer: Mo.–Fr. 14–17 h und auf Anfrage
● Musik Kultur St. Johann, 05352/61284 (Hans Oberlechner): Jazz- und Avantgardekonzerte im Juni.
✚ Gasthaus Rummlerhof, Hinterkaiserweg 68, 05352/63650
✚ Gasthof Post, Speckbacher Straße 1, 05352/62230
✚ Angerer Alm, Almen am Kitzbühler Horn 3, 05352/62746 oder 62240

Kirchdorf, 641 m, 3 458 Ew.

Von Clemens Holzmeister (1886–1983) stammen einige jener Kirchenbauten des 20. Jh. in Tirol, die eine stimmige Ästhetik aufweisen. Oh-

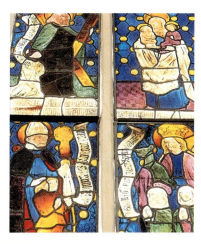

Gotische Bildfenster in der Kirche St. Nikolaus, St. Johann

Das Unterland

St. Ulrich am Pillersee

Kirche zur hl. Barbara, Kirchdorf
Unten: St. Ulrich am Pillersee

ne Zweifel ist die 1954/56 erbaute **Kirche zur hl. Barbara** modern und doch kein Fremdkörper im Ortsteil Erpfendorf. Ihre Architektur hat sich nicht an Zeitströmungen angelehnt, sondern aus einer eigenständigen Interpretation der Erfordernisse ländlicher Sakralarchitektur ergeben.
Tipp:
● Museum im Metzgerhaus, Litzelfeldnerstraße 3, 05352/63121 (Hr. Embacher): Bienenzucht, Geologie, Tracht, Schützenwesen.
Öffnungszeiten auf Anfrage
✚ Gasthof Neuwirt, Wengerstraße 10, 05352/63120
✚ Gasthof Furtherwirt, Innsbrucker Straße 62, 05352/63150

St. Ulrich am Pillersee, 847 m,
1 414 Ew.

Von Waidring nach Süden führt das Pillerseetal. Bevor man den lang gestreckten Pillersee erreicht, laden **Kirchlein** und **Gasthof St. Adolari** zu einem Stopp. Der heilige Adolari, auch Aethelheri, war Bischof von Erfurt. Er soll den hl. Bonifaz, den „Apostel der Deutschen", auf seinen Missionsreisen u. a. in die heutigen Niederlande begleitet haben und dort im Jahre 755 gemeinsam mit ihm und weiteren 50 Gefährten von Heiden erschlagen worden sein. Im Chor der kleinen Kirche, die aus dem frühen 15. Jh. stammt, ist der mit 34 Bildern größte, leider nicht mehr sehr klar zu erkennende gotische Marienzyklus in Tirol zu sehen.

In der **Pfarrkirche St. Ulrich** sind neben den in der Region fast üblichen barocken Deckenfresken von Simon Benedikt Faistenberger drei gotische Heiligenfiguren (Magdalena, Katharina und Florian) zu finden. Der unbekannte Künstler schuf eigentümliche, teils wegen des Missverhältnisses zwischen Körper und Kopf – oberflächlich betrachtet – nicht schöne Figuren, die jedoch einen ganz eigenen Reiz haben. Die Originale sind im Augustinermuseum in Rattenberg ausgestellt.

Fieberbrunn · Brixen im Thale   **Das Unterland**

Tipp:

✱ Latschenölbrennerei, Gries 27, 05354/88108 (Fr. Wurzenrainer): Badeöl- (Melisse, Latschenkiefer, Lavendel) und Badeextraktherstellung (Heublumen, Rosmarin).
Öffnungszeiten: Ende Apr.–Ende Okt.: Führung Mo.–Fr. 10 h u. 14.30 h, Sa. u. So. mit Voranmeldung

✚ Gasthof Sankt Adolari, Nr. 8, 05353/5221

✚ Strasserwirt, Strass 85, 05354/88102

Fieberbrunn, 790 m, 4 149 Ew.

Der im Kern aus der ersten Hälfte des 16. Jh. stammende Ansitz der Gewerken von Rosenberg, Schloss Rosenegg, bestimmt heute, zum Schlosshotel umgebaut, das Ortsbild von Fieberbrunn.

In der barocken **Kapelle zum hl. Nepomuk** unterhalb der Pfarrkirche sind Fresken von Matthäus Günther zu bewundern, die sich thematisch u. a. auf das Leben des Kirchenpatrons beziehen.

Die zweite Möglichkeit, Kitzbühel und den Pass Thurn zu erreichen, ist die Fahrt durch das malerische Brixental.

Itter, 703 m, 1 050 Ew.

In beherrschender Lage über der gleichnamigen Gemeinde ragt die Burg Itter auf. Sie wurde im 13. Jh. erbaut, verfiel in der Geschichte mehrfach und wurde schließlich in historisierendem Stil wieder errichtet. Die kleine barocke Pfarrkirche zum hl. Josef in Kirchdörfl – Itter besteht aus den Dörfern Itterdörfl und Kirchdörfl – ist eine Gemeinschaftsarbeit von Andre Hueber und Wolfgang Hagenauer (vgl. Brixen).
Tipp:

✚ Gasthof Ittererwirt, Itter 5, 05335/3591

Hopfgarten, 621 m, 5 277 Ew.

Mit seinem malerischen Marktplatz, den Fassadenmalereien an Gasthäusern und Geschäften heißt Hopfgarten den Besucher willkommen. Die imposante doppeltürmige **Pfarrkirche zu den hll. Jakob d. Ä. und Leonhard** ist das letzte und größte Werk Kassian Singers, der ein Jahr nach Baubeginn im Jahr 1759 starb. Sein Schwiegersohn Andre Hueber stellte den Bau fertig.

Die Fresken malte der aus Bayern stammende Johann Weiß. Der Hochaltar mit dem Altarbild (Madonna mit den Kirchenpatronen) von Caspar Jele stammt vom Rokoko-Bildhauer Petrus Schmid (1737–1787) aus Uderns. Er eröffnete in Mittersill eine Werkstatt, die im Tiroler-Salzburger-Raum große Aufträge bekam. Schmid sollte für die Pfarrkirche in Matrei in Osttirol einen Hochaltar ausführen. Auf dem Weg dorthin über den Felber Tauern ereilte den Meister ein grausames Schicksal: Zusammen mit seinem Gehilfen kam er in einem Schneesturm um.

Brixen im Thale, 794 m, 2 558 Ew.

Die doppeltürmige **Pfarrkirche Mariä Himmelfahrt** wurde nach Plänen des Salzburgers Wolfgang Hagenauer von Andre Hueber um 1790

Pfarrkirche Mariä Himmelfahrt, Brixen im Thale
Ganz unten: Pfarrkirche von Brixen im Thale, Innenraum

177

Das Unterland

Kirchberg · Kitzbühel

erbaut. Die geräumige Kirche ist der bedeutendste klassizistische Sakralbau Tirols. Das Altarblatt am Hochaltar stammt von Josef Schöpf aus Telfs, der auch die Hauptkuppel mit einer Darstellung der Krönung Mariä geschmückt hat.

Tipp:
* Brennerei Erber, Hauptstraße, 05334/8107: Obstler, Williamsbirne, Fruchtliköre, Eierliköre.
Öffnungszeiten: Mo.–Fr. 8–18 h, Sa. 8–13 h, Führung auf Anfrage

Kirchberg, 837 m, 4 869 Ew.

Bis ins 15. Jh. hieß Kirchberg „Sperten", wie das aus südlicher Richtung in den Ort mündende Tal, durch das schon in der Römerzeit der Weg nach Salzburg führte.

Die Klausenkapelle an der Straße zwischen Kirchberg und Kitzbühel ist das Ziel des jährlich stattfindenden „Antlassrittes": Ausgehend von Brixen im Thale nehmen Reiter aus Kirchberg, Westendorf und Brixen an dem Ritt teil, der aus Anlass der Abwehr der Schwedengefahr im Dreißigjährigen Krieg (1618–48) ins Leben gerufen wurde. Der Zug auf den festlich geschmückten Pferden endet bei der Klausenkapelle, die den Schriftzug „Bis hierher und nicht weiter kamen die schwedischen Reiter" trägt.

Tipp:
+ Gasthof Kirchenwirt, Neugasse 14, 05357/2852
+ Gasthof Falkenstein, Falkensteinweg 1, 05357/8116

Kitzbühel, 762 m, 8 620 Ew.

Die in den 20er Jahren des 20. Jh. als Wintersportort bekannt gewordene Stadt verdankt ihre Attraktivität dem historischen Stadtkern, der noch die mittelalterliche Anlage erkennen lässt. Die ehemalige Ringmauer mit Stadttoren im Osten und Westen (das Jochberger Tor im Osten ist noch vorhanden) wurde als „Steinbruch" ausgebeutet oder man baute Häuser direkt daran an.

Die Häuser selbst stammen durchweg aus dem 16. Jh. Wegen der vorgezogenen Dächer, der breiten Giebelfront und der Dachbodentüren, durch die Vorräte ins Dachgeschoss hinaufgezogen wurden, wirkt Kitzbühel bäuerlicher als die Innstädte. Die maximilianische Feuerverordnung bestimmte, dass Hausdächer ummauert werden mussten. Die Kitzbüheler allerdings zogen es vor, zwischen den Häusern nach bayerischem Vorbild geringe Abstände zu halten – so genannte Bauwichen –, die heute

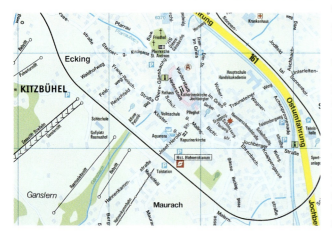

Kitzbühel — **Das Unterland**

großteils vermauert sind. Die unterschiedliche Färbelung der Haushälften ist durch die vertikale Besitzteilung begründet. Aufteilungen nach Etagen setzten sich erst im 19. Jh. durch.

Sakrale Kunst bietet Kitzbühel auf dem Kirchhügel nördlich der Altstadt in der **Stadtpfarrkirche zum hl. Andreas** und in der **Liebfrauenkirche**. Die herausragende Sehenswürdigkeit – neben Resten gotischer Wandmalereien – in der Pfarrkirche ist der Grabstein der Gewerkenfamilie Kupferschmid. Dieser vom Bildhauer Hans Frosch um 1520 geschaffene Stein ist das einzige Denkmal der bürgerlichen Renaissance in Kitzbühel. Die Familie Kupferschmid war um 1500 durch den Kupfer- und Silberbergbau sehr wohlhabend geworden. Sie stiftete auch den kleinen, dem Meister von Rabenden zugeschriebenen Flügelaltar (1515) in der gotischen **Katharinenkirche** mitten in der Altstadt.

Eine rührende Skurrilität in der von Jakob Singer barockisierten Liebfrauenkirche ist ein Votivbild aus dem Jahr 1981(!): Der Gerettete kniet in Lederhosen und Stutzen auf der Straße neben seinem Auto und dankt der himmlischen Helferin für ihren Beistand auf einer Sturmfahrt durch den Wald.

Unter den gebürtigen Kitzbüheler Künstlern von Rang sind der vor kurzem wieder entdeckte Barockkomponist **Benedikt Anton Aufschnaiter** (1665–1742) und der Maler **Alfons Walde** (1891–1958) besonders hervorzuheben. Letzterer entwarf auch Plakate für die Skiveranstaltungen des aufstrebenden Wintersportortes und war als Werbefachmann und Verleger tätig. Benedikt Anton Aufschnaiter wurde von der Kitzbüheler Adelsfamilie Lamberg gefördert. Er studierte zunächst in Wien und wurde später Hof- und Domkapellmeister in Passau, wo ein Lamberg Kardinal und Fürstbischof war. Das Tiroler Landesmuseum Ferdinandeum bietet CDs mit Einspielungen von Aufschnaiter-Werken zum Verkauf an.

Von Kitzbühel lohnt sich ein Ausflug zum Wildpark im südlichen Nachbarort Aurach. Auf dem Weg nach Westen in Richtung Brixental passiert man den überaus schön gelegenen Schwarzsee.

Tipp:
● Bergbahnmuseum, Bergstation der Hahnenkammbahn, 05356/69510
Öffnungszeiten: tgl. 10–16 h

Katharinenkirche, Kitzbühel, Innenraum

Das Unterland — Jochberg

- Heimatmuseum, Hinterstadt 32, 05356/64588 oder 67274: Gemäldesammlung des Tiroler Malers Alfons Walde.
Öffnungszeiten: Mo.–Sa. 10–12.30 h und auf Anfrage

* Goldstickerin Christine Unterrainer, Ehrenbachgasse 16, 05356/63644: Accessoires für Festtagstrachten und Abendtoiletten.
Öffnungszeiten: Mo.–Fr. 9–12 h u. 15–18 h

* Bildhauer Markus Erhart, Pass-Thurn-Straße 328, 05356/65296: Holz- und Steinplastiken, Krippenfiguren.
Öffnungszeiten: Mo.–Sa. 8–12 h u. 13–18 h

* Glasmacher Joseph Salvenmoser, Langau 16, 05356/73736: mundgeblasene Trinkgläser, spezielle Schnapsgläser.
Öffnungszeiten nach telefon. Vereinbarung

+ Wirtshaus Sonnbergstub'n, Oberaigenweg 103, 05356/64652
+ Gasthof Oberaigen, Oberaigenweg 104, 05356/62351
+ Restaurant Gusto, Aurach Nr. 366, 05356/64368
+ Gasthof Auwirt, Aurach Nr. 92, 05356/64512

Jochberg, 923 m, 1 563 Ew.

Das Innere der 1748 von Kassian Singer erbauten lichtdurchfluteten **Pfarrkirche zum hl. Wolfgang** ist mit Gewölbefresken von Simon Benedikt Faistenberger, die u. a. auf den Kirchenpatron Bezug nehmen, sowie Rokokostuck geschmückt. Dem gotischen Turm wurde ein achteckiger Glockenturm mit Zwiebelhelm aufgesetzt. Die Kirchenuhr ist in das Dach des Langhauses integriert.

An die Stelle des alten Saumweges trat 1835 die Straße über den Pass Thurn, der früher Jochberg hieß und dem Ort den Namen gab. Auch hier wurde seit urgeschichtlicher Zeit Bergbau betrieben. Der Gasthof Schwarzer Adler neben der Jochberger Pfarrkirche wurde 1482 von der Stadt Kitzbühel für die Knappschaft errichtet. Er ist eines der ältesten Wirtshäuser im Unterland und besitzt ein gotisches Portal.

Tipp:
- Schaubergwerk Kupferplatte, Bergwerksweg 10, 05355/5615 oder 5779
Öffnungszeiten: 1. 5.–31. 10.: 8–12 h u. 13–17 h
- Gasthof Bärnbichl, Bärenbühelweg 474, 05355/5347
- Restaurant Tiroler Stubn, Dorf 593, 05355/5220

Kitzbühel, Innenstadt
Rechte Seite: Alfons Walde, „Gipfelrast am Pengelstein"

Das Unterland

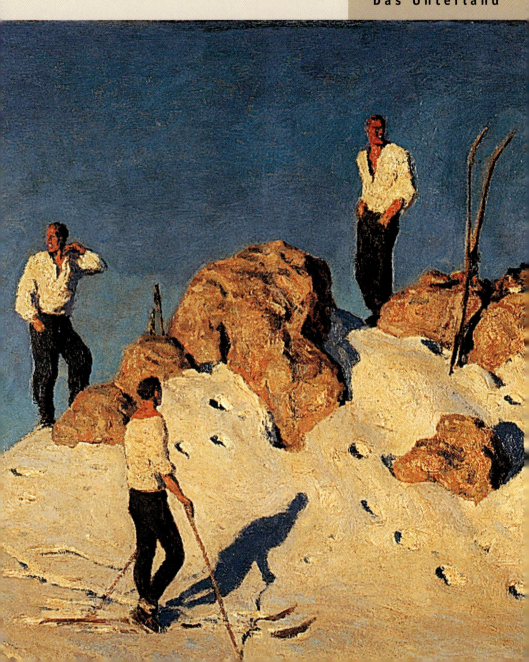

Osttirol — Topographie und Geschichte

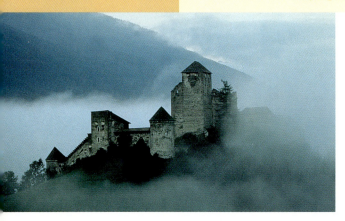

Burg Heinfels im oberen Pustertal
Unten: Burgruine Rabenstein

Osttirol wird üblicherweise in drei Regionen – Pustertal, Lienzer Becken und Iseltal – gegliedert. Über die Landesgrenzen hinaus bekannt ist der **Nationalpark Hohe Tauern,** mit rund 1 800 km^2 der größte Nationalpark im Alpenraum. Die Fläche verteilt sich auf die Bundesländer Kärnten (373 km^2), Salzburg (804 km^2) und Tirol (610 km^2). Zehn Osttiroler Gemeinden zwischen St. Jakob im Defreggental und Dölsach haben Anteil an dieser Schutzzone für Pflanzen und Tiere. Der Nationalpark ist allsommerlich ein Anziehungspunkt für Wanderer und Bergsteiger.

Seit dem Frieden von St. Germain im Jahre 1919, als Südtirol zu Italien geschlagen wurde, ist Osttirol von Tirol abgetrennt. Diese Tatsache sowie die Lage südlich des Alpenhauptkamms sind verantwortlich für die selbständige Entwicklung, die Osttirol genommen hat.

Entlang der Flüsse Drau und Isel, die in Lienz zusammenkommen, verlaufen die Hauptverkehrsachsen. Der Osttiroler reist entweder über das Pustertal durch Südtirol oder via Felber Tauern und das Bundesland Salzburg in die Landeshauptstadt Innsbruck. Seit Menschengedenken führte ein Saumpfad über den auch Kalser Tauern genannten Felber Tauern. Zu Beginn der 60er Jahre des 20. Jh. konkretisierten sich die Pläne zum Bau eines Straßentunnels. Der Spatenstich erfolgte 1962, fünf Jahre später wurde der 5,2 km lange Felber-Tauern-Tunnel eröffnet.

Durch das **Südtiroler Pustertal** betritt man Osttirol bei Sillian. Das Defereggengebirge im Norden und die Lienzer Dolomiten im Süden begrenzen die Sicht, wenn man der Drau nach Osten folgt. Dennoch hat das Tal nichts Abweisendes, im Gegenteil: Auf den sonnenbeschienenen Hängen über dem Talboden hat der Mensch für die Viehwirtschaft eine abwechslungsreiche Wiesenlandschaft geschaffen, die dem Hochpustertal (zwischen Arnbach und der Lienzer Klause) einen überaus freundlichen Charakter verleiht.

Von der Straße im Tal aus sind links und rechts am Hang kleine, wunderschön situierte Kirchen zu sehen. Die Stufe am hoch gelegenen Taleingang zum **Lesachtal** bewachen die Kirchen Hollbruck und St. Oswald. Das Lesachtal mit den Gemeinden Kartitsch, Obertilliach und Untertilliach wird auch Tiroler Gailtal

Topographie und Geschichte — Osttirol

genannt. Die Gail ist ein besonderer Fluss: Am Kartitscher Sattel entspringen zwei Bäche dieses Namens – der Gailbach fließt in die nördliche Richtung und mündet bei Strassen in die Drau, die Gail dagegen fließt nach Südosten in Richtung Kärnten, um sich schließlich bei Villach ebenfalls in die Drau zu ergießen.

Auf der Höhe der Einmündung des Lesachtals ragt am nordseitigen Hang, das Tal beherrschend, die **Burg Heinfels** auf. Der Sage nach soll sie in der Völkerwanderungszeit von den hier als Hunnen bezeichneten Awaren gegründet worden sein. Urkundlich erwähnt wurde sie jedoch erst im 13. Jh., als sie den Grafen von Görz gehörte. Heinfels ist in Privatbesitz.

Etwas westlich der Burg zweigt das **Villgratental** nach Norden ab. Das Siedlungsbild hat sich hier, im Gegensatz zu dem andernorts sehr rasch erfolgten Wechsel der Lebensgrundlage von der Landwirtschaft hin zum Tourismus, weitgehend in seiner ursprünglichen Form erhalten. Das Villgratental mit seinen wind- und wettergegerbten Bauernhöfen – Einhöfen in Blockbauweise – aus Holz ist einen Ausflug wert. Innervillgraten bietet überdies einen kulinarisch-ästhetischen Glanzpunkt: In einem ehemaligen Bauernhaus, dem Gannerhof, wird dem Gast in Bauernstuben das Beste der regionalen Küche aufgetischt.

Landschaftlich reizvoll ist eine Fahrt auf der Pustertaler Höhenstraße, die bei Abfaltersbach abzweigt und hoch über dem Tal in vielen Kurven aussichtsreich wieder hinunter nach Leisach führt.

Westlich vor Leisach – von der Bundesstraße in Richtung des Weilers Burgfrieden abzweigend – sind die eindrucksvollen Ruinenreste der **Lienzer Klause** zu besichtigen. Hier verlief die Grenze zwischen den Herzogtümern Bayern und Kärnten. Die Klause wird 1253 erstmals urkundlich erwähnt. Graf Leonhard von Görz und sein Erbe Kaiser Maximilian I. ließen sie nach und nach stärker befestigen. Angesichts der Türkengefahr im 16. Jh. galt für die Untertanen des in der Lienzer Klause untergebrachten Gerichtes folgende Regel: Die Männer „müssen in der Zeit der Not, so ein Geschrei von Ungläubigen oder sonsten von Feinden auskommt,

Innervillgraten

ihr Weib und Kind, Hab und Guet verlassen und also der Klausen zur Rettung und Beschützung derselben zulaufen, Hilf und Beistand tuen". Im 17. Jh., als die Türken wieder vor der Tür standen, bauten die Brüder Chri-

Osttirol   Topographie und Geschichte

Lienz, Hauptplatz
Unten: Römerstadt Aguntum im Lienzer Becken

stoph und Elias Gumpp aus Innsbruck die Burg noch einmal aus. Ein letztes Mal diente die Lienzer Klause ihrem eigentlichen Zweck, als es im Verlauf der napoleonischen Kriege 1809 hier gelang, die Franzosen aufzuhalten.

Die Bezirksstadt Lienz liegt, von Bergen umrahmte inmitten des nach ihr benannten Beckens. Das Klima ist hier merklich milder als in Nordtirol. Die Lage südlich des Alpenhauptkamms macht sich u. a. an den zahlreichen Straßencafés auf dem Hauptplatz bemerkbar. Lienz ist mit rund 12 000 Einwohnern das wirtschaftliche Zentrum Osttirols. Einer der größten Arbeitgeber der Region, der Kühlgerätehersteller Liebherr, hat in der Osttiroler Hauptstadt seinen Sitz.

Vorgeschichtliche Funde aus dem Virgental und die eindrucksvollen Ausgrabungen der **Römerstadt Aguntum** im Lienzer Becken belegen, dass Osttirol altes Siedlungsgebiet ist. Die Bundesstraße führt von Lienz in Richtung Dölsach direkt zur einstigen Römerstadt Aguntum mit Atriumhaus, Stadtmauer, Wohn- und Gewerbeviertel und Tempelbezirk.

Das Atriumhaus wird von der wissenschaftlichen Forschung als „Unikum im Alpenraum" bezeichnet: „Hier ließ sich wohl ein reicher zugezogener Römer in Unkenntnis der klimatischen Verhältnisse im Osttiroler Gebiet ein Haus mit offenem Dach und einem Marmorbecken für das Regenwasser bauen."

Aguntum wurde bis ins 18. Jh. oft als „Zwerglstadt" bezeichnet, weil man glaubte, dass die weniger als 1 m hohen Rundbögen Gewölbereste von ehemaligen Zwergenbehausungen seien. 1746 wurde der kaiserliche Hofhistoriker Anton Roschmann nach Lienz entsandt, um das „Zwergelegebäu" zu untersuchen. Tatsächlich handelt es sich hierbei um Heizungsgewölbe der in römischen Häusern und Thermen üblichen Fußbodenheizungen. Zum Archäologischen Park Aguntum gehört auch ein Museum, dessen Ausstellungsstücke römische Lebenskultur vor Augen führen.

Im 3. Jh. n. Chr. zogen sich die Bewohner der Römerstadt nach Oberlienz und Patriasdorf (in die Gegend um die heutige Lienzer Pfarrkirche) sowie „auf den heiligen Berg der Osttiroler", den Lavanter Kirchbichl, zurück. Aguntum und Lavant wurden im Zuge wiederholter Unruhen um 600 n. Chr. zerstört. „Lavant" soll übrigens „das jenseitige Agunt" bedeuten.

In nordwestlicher Richtung zweigt bei Huben das Defereggental und in nordöstlicher Richtung das Kalser Tal vom **Iseltal** ab. Kals am Großglockner auf 1 325 m Seehöhe war und ist Ausgangspunkt für anspruchsvolle Bergtouren auf den mit 3 797 m höchsten Berg Österreichs, den Großglockner, der in Österreich oft nur Glockner genannt wird.

Künstler   Osttirol

Hauptort des Iseltales ist die Marktgemeinde Matrei in Osttirol, am Fuß von Schloss Weißenstein. Von hier zieht das **Virgental** nach Westen. An seinem Eingang liegt der Weiler Ganz mit einer der herausragenden Sehenswürdigkeiten des Landes, dem romanischen Kirchlein St. Nikolaus.

Im bereits in der Bronzezeit besiedelten Virgental wurde früh Bergbau betrieben. Die Forscher stießen hier auf zahlreiche vorgeschichtliche Funde; ein repräsentatives Beispiel ist ein im Tiroler Landesmuseum Ferdinandeum ausgestellter seltener Bronzeeimer aus dem 6. Jh. v. Chr. Dieser mit Figuren verzierte getriebene Eimer lässt Rückschlüsse auf den einstigen Reichtum der Region zu, den man wohl dem prähistorischen Kupferbergbau verdankte. Die Schätze der Tauern haben die Grundlage für Dauersiedlungen gebildet.

Der zu Virgen gehörige Weiler Obermauern mit der **Wallfahrtskirche zu Unserer lieben Frau Maria Schnee** zieht mit den berühmten Fresken des Meisters Simon von Taisten eine große Zahl von Gläubigen und Kunstfreunden an.

Simon von Taisten wurde um 1450 geboren. Er ging bei Leonhard von Brixen in die Lehre. In Leonhards Werkstatt wurde auch Tirols bedeutendster Künstler der Spätgotik ausgebildet: **Michael Pacher,** dessen Werke nicht nur im Tiroler Landesmuseum Ferdinandeum in Innsbruck, sondern u. a. auch in Museen in München und Venedig zu sehen sind. Pachers Hauptwerk ist der Altar von St. Wolfgang in Oberösterreich.

Mit seinem Lehrer verbindet Simon von Taisten die malerische Erzählfreude und die intensive Farbigkeit seiner Fresken. Simon von Taisten stellte Menschen etwas „runder" dar als Michael und Friedrich Pacher. Seine Hauptwerke sind die Fresken in Obermauern und jene in der Kapelle von Schloss Bruck. In Schloss Bruck residierten die Landesherren, die Grafen von

Blick auf den Großglockner
Ganz oben: Kalser Bauernhöfe

185

Osttirol — Künstler

Görz. Mit dem Tod des Görzer Grafenpaars Paola und Leonhard um 1500 verlor der Künstler seine wichtigsten Auftraggeber. Simon von Taisten starb um 1515.

Weit über die Grenzen Tirols hinaus von Bedeutung sind die Arbeiten des Südtiroler Meisters der Gotik **Friedrich Pacher** (um 1440–1508) aus Bruneck. Von ihm stammt der Magdalenenaltar (ein Flügelaltar, der Szenen aus dem Leben der Sünderin und Heiligen zeigt) in der Wallfahrtskirche zum hl. Korbinian in Unterassling. Der Korbinianaltar an der Südwand derselben Kirche stammt ebenfalls von Friedrich Pacher und seiner Werkstatt. Am Unterbau dieses Altars sind fünf Szenen aus dem Leben des Heiligen dargestellt.

Der wohl berühmteste Sohn Osttirols aus dem 20. Jh. ist der Maler **Albin Egger-Lienz**. Er wurde 1868 in Dölsach als uneheliches Kind geboren. Bis zur Adoption durch seinen leiblichen Vater, den Kirchenmaler Georg Egger, hieß er Albuin Ingenuin Trojer. Später nahm Albin Egger den Zunamen „Lienz" an.

Ein Freund des Vaters gab ihm Zeichenunterricht, später besuchte er die Akademie in München. Nach seiner Heirat zog er 1899 nach Wien, wo 1911 Thronfolger Franz Ferdinand Einspruch gegen seine Berufung an die Akademie erhob. Egger-Lienz kehrte nach Tirol zurück, wo er den Ruf an die Akademie nach Weimar erhielt. Die bemerkenswertesten Bilder entstanden in den 1920er Jahren (zu sehen u. a. in Schloss Bruck und im Tiroler Landesmuseum Ferdinandeum). Albin Egger-Lienz starb 1926 in St. Justina bei Bozen.

Franz von Defregger (1835–1921) ist ein weiterer überregional bekannter Maler aus Osttirol. Defregger hatte einen großen Bauernhof von seinem Vater geerbt; er verkaufte ihn mit dem Vorhaben, nach Amerika auszuwandern. Diesen Plan gab er allerdings bald wieder auf und nahm statt dessen Zeichenunterricht in Innsbruck und München. Der Meister der Tiroler Genremalerei wurde für sein Bild „Speckbacher und sein Sohn Anderl", gemalt zur Silberhochzeit von Kaiser Franz Joseph und Kaiserin Sisi, in den Adelsstand erhoben. Franz von Defreggers Werk prägte dauerhaft die Vorstellung, die sich die Welt bis heute von Tirol macht.

Albin Egger-Lienz war ein großer Bewunderer Defreggers, den er als 17-jähriger in dessen Münchner Atelier besuchte. Dabei hatte Egger-Lienz „ungefähr das Gefühl, das der Katholik hat, wenn er vor dem Papst steht. Er war für mich ein Heiliger. Worte fand ich nicht, mein bewegtes Herz zu erleichtern, so griff ich in der Verwirrung nach seiner Hand und küßte sie ..."

Osttirol hat auch Freunden **zeitgenössischer Musik** Bemerkenswer-

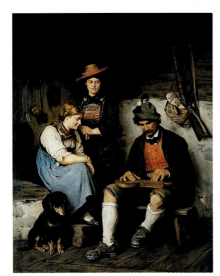

Franz von Defregger, „Der Zitherspieler"

tes und Eigenständiges zu bieten: Der 1958 in Lienz geborene Komponist und Orgelvirtuose Wolfgang Mitterer und die nach einem alten Flurnamen im Villgratental benannte „Musikbanda" Franui sind dabei, sich ein Publikum zu erobern, das gleichermaßen Freude an Schrägem wie an zeitgemäßer Weiterentwicklung von Bekanntem hat.

Hochpustertal

Zwischen Arnbach und der Lienzer Klause wird das Drautal Hochpustertal genannt. Ein besonderes landschaftliches wie kulturelles Erlebnis ist im Sommer die Fahrt auf der Pustertaler Höhenstraße, die bei Abfaltersbach den südseitigen Hang hinauf- und bei Thal-Assling oder vor Leisach wieder ins Tal hinunterführt.

Sillian, 1 109 m, 2 113 Ew.

Die Marktgemeinde Sillian ist der Hauptort des Hochpustertals. Um 1000 erstmals urkundlich erwähnt, wurde Sillian schon im 15. Jh. das Marktrecht verliehen. Die Prangersäule auf dem Marktplatz erinnert daran, dass sich in Sillian der erste Gerichtssitz der Region befand.

Die gotische **Pfarrkirche Unsere liebe Frau Maria Himmelfahrt** wurde im 18. Jh. barockisiert. Die Deckenfresken von Josef Adam Mölk stellen Szenen aus dem Marienleben dar. Hervorzuheben sind die Figuren an den Seitenaltären und die der 14 Apostel, die alle vom Lienzer Bildhauer Johann Paterer (1712–1785) stammen. Paterer-Skulpturen sind u. a. in Lienz, Matrei, Schlaiten, Lavant und Virgen anzutreffen, denn nach nur dreijähriger Lehre und einiger Zeit auf Wanderschaft in Italien arbeitete der Lienzer Bildhauer zeitlebens in seiner Heimat.
Tipp:
✚ Gasthof Sprenger, Nr. 201, 04842/ 6204 oder 6903

Arnbach, Ortsteil von Sillian

Im beschaulichen Grenzort Arnbach befindet sich Tirols einzige **Kutschen- und Schlittensammlung.** Zum Museum gehört auch ein Stall. Auf Anfrage bietet das Museum Fahrten mit den historischen Gefährten an.
Tipp:
● Kutschen- und Heimatmuseum, 04842/6657
Öffnungszeiten auf Anfrage

Kutschenmuseum, Arnbach
Unten: Unsere liebe Frau Maria Himmelfahrt, Sillian, Innenraum

Osttirol

Villgraten · Heinfels

Villgratental

Bis zum 12. Jh. war das Villgratental Almgebiet. 100 Jahre später wurden Schwaighöfe gegründet und Innervillgraten wurde bereits 1267 Pfarre. Die Innervillgrater **Pfarrkirche zum hl. Martin** am Rande des

Obstaller Alm im Villgratental

Ortskerns ist ein neuromanischer Bau, der unter Einbeziehung der „übereilten, schauderhaften und finsteren" barocken Vorgängerkirche 1894 errichtet worden ist. „Die Bewohner von Innervillgraten leben noch ärmlicher als ihre Nachbarn in der vorderen Hälfte", schrieb Beda Weber 1842 über die Innervillgrater, „nur ihre rastlose Arbeitslust und die äußerste Genügsamkeit ihres Wesens schützen sie vor drückender Noth."

Die der Hl. Dreifaltigkeit geweihte **Bachletkapelle** am sonnigen Hochberg, etwa 1,5 Fußstunden über Innervillgraten, besitzt ein Altarbild, das – eine ikonographische Besonderheit – die Dreifaltigkeit in Gestalt dreier Personen zeigt: „Jede hält das Herrscherzepter, jede setzt einen Fuß auf die Erdkugel und ist königlich gekrönt." Die Kapelle ist auch mit dem Auto erreichbar und tagsüber offen.

Zurück im Hochpustertal

Heinfels, 1 079 m, 995 Ew.

Die kleine Gemeinde wird von der gleichnamigen Burg dominiert. Die erste urkundliche Erwähnung der Burg stammt aus dem 13. Jh. Die Burg war Gerichtssitz und militärischer Stützpunkt. Für den Görzer Grafen Heinrich IV. war Heinfels, schildern die Landeskundler Egon und Beatrix Pinzer, auch Zufluchtsstätte. Heinrich IV. zog sich wegen „seiner zänkischen und ränkesüchtigen ungarischen Frau Katharina de Gara" in Gesellschaft seiner Zechkumpane in die Burg Heinfels zurück. „Fast täglich ließ er sich von seiner Residenzburg Bruck (bei Lienz) frische Fische, ein 'vassl guetts pier' und 'guetten mett' liefern." Eines Tages behielt allerdings die Gattin die Oberhand und setzte ihren Gemahl auf Heinfels gefangen, wo er 1453 schließlich verstarb.

Burg Heinfels ist in Privatbesitz. Instandsetzungen sind im Gange und eine Öffnung für Besichtigungen ist für die nahe Zukunft geplant. Knapp

Osttirol

südlich unterhalb der Burg steht die **Expositurkirche zu den hll. Petrus und Paulus,** die möglicherweise einmal Schlosskapelle war. Die zwischen 1470 und 1480 erbaute Kirche schmücken im Inneren ein spätgotischer Flügelaltar – Schnitzwerk von Meister Heinrich aus Villach und Malereien von Peter Peisch aus Lienz – und eine Petrusstatute aus der Mitte des 15. Jh. an der linken Langhauswand.

In **Panzendorf** unterhalb der Burg überspannt die 1781 von schwäbischen Zimmerleuten erbaute 66 m lange **Bunbrugge** den in die Drau

mündenden Villgratenbach. Die Bunbrugge ist eine der schönsten gedeckten Holzbrücken in Österreich. Direkt an der Bundesstraße in Panzendorf steht das **Antoniuskirchlein.** An der Decke des achtseitigen Zentralraums findet sich neben gemalten Szenen aus dem Leben des hl. Antonius ein gereimter, beinahe kritisch klingender Kommentar zum Wirken dieses Heiligen: „Wer Wunder Suecht Und Zaichen Will/Bei St. Antoni Findt er Vill."

Sehenswert in Heinfels ist die 1999 renovierte spätgotische **Wallfahrtskirche zu den hll. Johannes dem Täufer und Johannes dem Evangelisten** im Ortsteil Tessenberg in wunderschöner Lage am Sonnenhang östlich der Burg. Das Innere schmückt ein Sternrippengewölbe mit quadratischen und runden Schlusssteinen. Der Freskenzyklus im Chor aus der Zeit um 1500 zeigt Szenen aus dem Leben der beiden namengebenden Heiligen.

Der Blick von Tessenberg auf den gegenüberliegenden Hang ist höchst attraktiv: Links am Hang, wo das Gailtal in das Hochpustertal mündet, steht unübersehbar die gotische Filialkirche St. Oswald. Etwa auf gleicher Höhe grüßt vom rechten Rand des Lesachtals die kleine barocke Wallfahrtskirche Mariahilf in Hollbruck.

Lesachtal

Kartitsch, 1 353 m, 928 Ew.

Obwohl auf dem Konzil von Trient (1545–1563) die Taube als verbindliche Darstellungsform für den Heiligen Geist vorgeschrieben wurde, zieren die **Filialkirche St. Oswald** Seccomalereien aus dem 17. Jh., die die Heilige Dreifaltigkeit als drei Personen darstellt (vgl. Bachletkapelle in Innervillgraten). Am Triumphbogen hängt die prächtige Rosenkranzskulptur aus der Zeit Anfang des 17. Jh.: Maria mit dem Jesuskind im Zentrum, darüber Gottvater und Heiliger Geist; sechs Engel flankieren die Skulptur.

Filialkirche St. Oswald, Kartitsch
Links: Bunbrugge in Panzendorf mit Burg Heinfels im Hintergrund

Osttirol

Obertilliach · Strassen

Pfarrkirche St. Jakob, Strassen, Detail der Fresken
Ganz oben: Pfarrkirche St. Ulrich, Obertilliach

Aus der Ortschaft St. Owald stammt der 1922 als Sohn der Mesnerdynastie geborene Maler Oswald Kollreider. Im Zweiten Weltkrieg verlor er an der rechten Hand zwei Finger. Diese Verstümmelung verunmöglichte dem gelernten Maler und Anstreicher die Berufsausübung und ermöglichte paradoxerweise seine Hinwendung zur Kunst. Bei einer Studienreise nach Spanien im Jahr 1956 kam der Maler auch nach Mallorca, wo der weltberühmte Schriftsteller Robert Ranke-Graves – Autor von „Ich, Claudius", „Die weiße Göttin" und „Strich drunter" – zurückgezogen lebte. „Wachpersonal und Hunden zum Trotz" kletterte Kollreider „über die Umzäunung der Gravesschen Villa und konnte den bärbeißigen Schriftsteller überreden, sich malen zu lassen", berichtet Josef Sint in seinem Porträt des Künstlers. Kollreider-Sgraffiti sind an Privathäusern der Region ebenso zu sehen wie beispielsweise an den Kirchen St. Oswald und St. Leonhard in Kartitsch.

Obertilliach, 1 450 m, 794 Ew.

Das Gailtal war breits in vorgeschichtlicher Zeit besiedelt. Die erste urkundliche Erwähnung fand „Tilium" im Jahr 1060, als die Görzer Grafen und die kirchlichen Herren aus Brixen hier Schwaighöfe anlegen ließen.

Obertilliach besitzt einen überaus eindrucksvollen Ortskern, in dem die meist aus Holz gebauten Wohnhäuser und Wirtschaftsgebäude eng beisammen stehen. Besonders auffällig im Ort ist der imposante Gasthof Unterwöger.

An der Rückseite der von Franz de Paula Penz in den Jahren 1762-1764 erbauten prächtigen **Pfarrkirche zum hl. Ulrich** befindet sich als Teil des Kriegerdenkmals ein Fresko von Toni Kirchmayr (vgl. Weerberg) aus Innsbruck. Es entstand als Ausdruck des Dankes vonseiten der Gemeinde Obertilliach, weil die Kirche vom Ersten Weltkrieg, der bis an die Schwelle des Ortes herangerückt war, verschont geblieben war.

Tipp:
✚ Gasthof Unterwöger, Dorf 26, 04847/5221

Zurück im Hochpustertal

Strassen, 1 099 m, 901 Ew.

Das kleine Strassen verfügt gleich über zwei sehenswerte Sakralbauten.

Die Fresken (1458/60) im Altarraum der **Pfarrkirche zu St. Jakob** nördlich oberhalb des Ortes sind das Hauptwerk Leonhards von Brixen, dessen Herkunft nicht geklärt ist. Gesichert ist, dass er zwischen 1438 und 1475/76 in Brixen tätig war. Dieser Maler erlangte in der Tiroler Spätgotik große Bedeutung, weil er in Brixen eine renommierte Maler- und Bildschnitzer-Werkstatt betrieb, die für die Kirche und für Adelige in Süd- und Osttirol arbeitete.

An der Bundesstraße im Ort steht die kleine, dafür umso prächtigere

Abfaltersbach · Anras — Osttirol

barocke **Pfarrkirche zur Hl. Dreifaltigkeit.** Die sehenswerten Gewölbemalereien in dem harmonisch ausgestatteten Rundbau stammen von Franz Anton Zeiller.
Tipp:
+ Gasthof Strasserwirt, Nr. 6, 04846/63540

Abfaltersbach, 983 m, 624 Ew.

Eine pittoreske Sehenswürdigkeit ist das **Aigner-Badl.** Dieses typische Tiroler Bauernbad wurde 1772 aus Holz errichtet. Ohne Unterbrechung wird seither am südlichen Ortsrand auf der orographisch rechten Drauseite (bei einem Sägewerk) ein Schwefelbad betrieben. Nicht nur weil Badekuren im Aigner-Badl von den Kassen bezahlt werden – die Bäder wirken gegen Hautunreinheiten, Rheuma, Gicht, Ischias und noch einiges mehr –, sind die Wannenbäder empfehlenswert. Das Haus ist im Originalzustand erhalten. Von Juli bis September sind die bäuerlich ausstaffierten Badestuben mit je einer Lärchenwanne und einem Ruhebett geöffnet. Eine halbe Stunde wird in Wasser aus der Calzium-Sulfat-Mineral-Heilquelle gebadet und dann noch eine halbe Stunde geschwitzt. Wer danach der Labung bedarf, lässt sich im schattigen Gastgarten der angeschlossenen Jausenstation nieder.

Neben dem ebenfalls im Besitz der Familie Aigner befindlichen Gasthof Zur Post, der urkundlich um 1460 als „Wirtstaverne" erstmals erwähnt wurde, ist der westlich des Wirtshauses situierte Getreidespeicher aus dem 17. Jh. bemerkenswert.

Anras, 1 262 m, 1 335 Ew.

Grabungsfunde bezeugen, dass der Platz um die Pfarrkirche und den **Pfleghof** seit über 2 000 Jahren besiedelt ist. Die Bischöfe von Brixen verfügten hier seit 1020 über Grundbesitz und ab dem 13. Jh. übten sie auch die Gerichtsbarkeit im so genannten Pflegschaftsbezirk Anras aus; ein Pflegschaftsbezirk entspricht in etwa einem Verwaltungsbezirk.

Der im Inneren z. T. noch mittelalterliche Pfleghof (1757 barock umgestaltet) diente zeitweilig auch als

Pfleghaus, Anras
Unten: Pfarrkirche zum hl. Stephanus, Anras, Innenraum

Sommersitz der Brixner Bischöfe. Dieses Haus ist nach Schloss Bruck das kulturgeschichtlich bedeutsamste profane Baudenkmal in Osttirol. Im Volksmund heißt der Pfleghof wegen seiner Größe „das Schloss".

Heute besteht das **Ensemble aus dem Pfleghaus,** der barocken **Pfarrkirche zum hl. Stephanus** und dem dazwischen stehenden **Kirchenbau**

Osttirol — Thal · Assling

St. Korbinian, Assling
Unten: Wallfahrtskirche zum
hl. Korbinian, Assling, Innenraum

aus dem 13. Jh., der zu einem Teil in den barocken Neubau des Pfleghauses integriert wurde und zum anderen Teil als Friedhofskapelle und Sakristei dient. Die alte Kirche zum hl. Stephanus weist ein gotisches Sternrippengewölbe, einen Flügelaltar aus dem Jahr 1513 und u. a. romanische und gotische Fresken auf.

Die helle, saalartige Barockkirche wurde 1753 nach Plänen von Franz de Paula Penz (vgl. Innsbruck – Umgebung) erbaut. Für die Fresken – u. a. die vielfigurige Darstellung der Aufnahme des Kirchenpatrons in den Himmel – und Altarbilder wurden die hervorragenden Tiroler Maler Martin Knoller und Anton Zoller (vgl. Steinach, Neustift und Schmirn) engagiert. Die Pfarrkirche ist frei zugänglich, die Friedhofskapelle ist sonn- und feiertags geöffnet.

Aus dem Anraser Ortsteil **Asch** kommt der aus ganz einfachen Verhältnissen stammende und später als Berater Kaiser Maximilians I. berühmt gewordene Ritter Florian von Waldauf. Um seinen Aufstieg vom Bauernsohn zum Freund des Kaisers rankt sich folgende Legende: Weil ihm beim Hüten der Ochsen seines Vaters langweilig war, überlegte der Knabe, wie er sich der Aufsichtspflicht entledigen könnte. Da band er die Tiere kurzerhand an den Schwänzen zusammen, damit sie nicht weglaufen konnten. Die Ochsen allerdings stürzten alle gemeinsam in einen Abgrund, sodass sich der Knabe nicht mehr unter die Augen seines Vater wagte. So kam der nachmalige Ritter vom Bauernhof an den Hof von Sigmund dem Münzreichen. In der barocken Wallfahrtskirche zu Mariä Himmelfahrt in Asch ist an der Außenseite eine Grabplatte eingelassen, die an die posthum geadelten Eltern des Ritters erinnert.
Tipp:
● Pfleggerichtshaus, 04846/6595: bischöfliche Privaträume und wechselnde Ausstellungen.
Öffnungszeiten: Sommer: Mo.–Fr. 10–12 h, 16.30–18.30 h, So. 15.30–17.30h; Winter: Mo.–Fr. 10–12 h, 14–16 h, So. 15.30–17.30 h
✚ Gasthof Pfleger, Anras 15, 04846/6244

Thal-Assling, 1 128 m, 2 083 Ew.
Auf einem Hügel über dem Tal steht in der Ortschaft Unterassling die 1460 erbaute **Wallfahrtskirche zum hl. Korbinian.** Die bedeutendsten Kunstschätze in dieser kleinen Kirche sind die gotischen Seitenaltäre. Der linke stammt vom so genannten Meister von St. Sigmund. Er zeigt Szenen aus der Passion Christi. Den rechten schuf Friedrich Pacher (um 1440–1508) aus Bruneck. Pachers

Magdalenenaltar zeigt Szenen aus dem Leben der Sünderin und Heiligen. An der Südwand der Kirche ist der Korbinianaltar, ebenfalls von Friedrich Pacher und seiner Werkstatt, angebracht. Am Unterbau des Altars sind fünf Szenen aus der Heiligenlegende dargestellt: Auf einer Pilgerreise nach Rom zu Beginn des 8. Jh. zerriss ein Bär das Tragtier des Heiligen. Der Bär musste dafür tätige Reue üben und fortan das Gepäck des Heiligen tragen.

Korbinian starb in Südtirol, wohin er sich in Sicherheit gebracht hatte, weil ihm in Freising, wo er Bischof gewesen war, die rachsüchtige Plektrudis nachstellte: Korbinian hatte Plektrudis' Verbindung mit dem bayerischen Herzog Grimoald als unpassend kritisiert, weil die beiden zu nah verwandt miteinander waren (Schlüssel für die Kirche bei Aloisia Lach, Unterassling 7, 04855/8329 oder 0664/2743905).

Im Gemeindegebiet von Thal-Assling, in der Ortschaft **Burg-Vergein**, thront auf einem Felsstock über einer vorchristlichen Kultstätte an der Pustertaler Höhenstraße die Pfarrkirche **St. Justina**. Die im Kern gotische, später barockisierte Kirche besitzt ebenfalls einen gotischen Altar, der einem Pacher-Schüler, dem so genannten Barbarameister, zugeschrieben wird. Neben den hll. Laurentius und Helena sind Szenen aus dem Leben der hl. Justina dargestellt, die im Zuge der Christenverfolgungen unter Diokletian erdolcht wurde.

Tierfreunde seien noch auf den **Wildpark Assling** hingewiesen. Wer Glück hat, kann bei Spaziergängen auf dem 80 000 m² großen Wiesen- und Waldgelände des Pedretscher Hofes bis zu 30 heimische Tierarten wie Hirsch, Steinhuhn und Murmeltier sehen.

Tipp:
● Archäologieraum Assling im Gemeindezentrum, 04855/8209: archäologische Stationen vom 1. bis zum 13. Jh.
Öffnungszeiten: Mo.-Do. 7.30-13 h u. 13.30-18 h, Fr. 7.30-12 h
✚ Gasthof Walter Stub'n, Assling 87, 04855/8262

Lienzer Becken

Lienz, 675 m, 12 351 Ew.

In einem weiten Becken liegt Lienz, umrahmt von einem Kranz von Bergen. Nicht nur für Kletterer sind die hellgrauen spitz-schroffen Lienzer Dolomiten höchst beeindruckend.

Luchs im Wildpark Assling

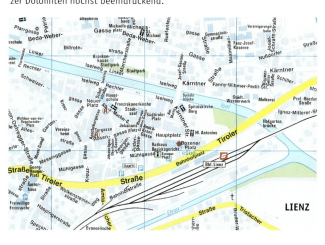

LIENZ

Osttirol — Lienz

Schloss Bruck, Lienz
Unten: Schloss Bruck, Rittersaal

Vor dem Hintergrund dieses Gebirgsstocks kommt der Reiz der Osttiroler Hauptstadt besonders gut zur Geltung. Die wunderschön türkise Isel mündet hier in die graugrüne Drau.

Lienz dürfte schon im Jahr 1242 Stadtcharakter besessen haben, da es damals bereits als „civitas" erwähnt wurde. Vom 11. Jh. bis 1500 war Lienz Residenzstadt der Grafen von Görz. Sie errichteten im 13. Jh. **Schloss Bruck,** das heute als Museum, u. a. mit einer bemerkenswerten Egger-Lienz-Galerie, genützt wird.

Mit der Ausgestaltung des Schlosses wurden einheimische Künstler wie die Maler Nikolaus Kenntner und Simon von Taisten beauftragt. Von Letzterem stammt der Großteil des Freskenschmuckes (1490/96) in der doppelgeschossigen romanischen Burgkapelle. Die Kunstwerke in der Kapelle zeigen neben sakralen Themen mehrfach das kinderlos gebliebene Stifterpaar, Graf Leonhard von Görz und seine Gemahlin Paola von Gonzaga aus Mantua.

Den Lienzer Hauptplatz umschlossen im Mittelalter die Ansitze der Adeligen in befestigter Verbauung. Erst später entstand am Johannisplatz die bürgerliche Siedlung und in der Schweizergasse die Vorstadt. Die heutige Beda-Weber-Gasse am anderen Iselufer lag außerhalb der Stadt. Dort fand traditionell der Rindermarkt statt.

1609 raubte ein Brand Lienz sein gotisches Gepräge. Anders als in den Innstädten Innsbruck, Rattenberg und Hall handelt es sich bei den Lienzer Häusern nicht um tief nach hinten reichende Bauten mit schmaler Straßenfassade und straßenseitigen, aneinander gefügten Giebel- oder Grabendächern; das typische Li-

enzer Haus ist mit einem oder zwei Stockwerken niedriger, lang gestreckt und hat eine straßenseitige Traufe.

Nach dem Aussterben der Görzer verlor die Herrschaft Lienz an Bedeutung. Selbst die Lienzer Pfarrkirche St. Andrä verwahrloste in dieser Zeit in dem Maße, dass sich der Gemeinderat im Jahr 1581 genötigt sah einzuschreiten: Der Mesner solle künftig kein Vieh mehr auf dem Friedhof hüten und auch keines mehr hineinlassen. Auch die Gebeine solle er in die Totengruft oder an einen gebührenden Ort legen.

Neue geistige Strömungen, wie sie sich im aufkommenden Protestantismus oder in den Bauernaufständen unter Michael Gaismair (um 1490–1532) manifestierten, hinterließen in Osttirol kaum Spuren.

Als nach 1500 die Habsburger das Erbe der Görzer antraten, hegte die Bevölkerung die Hoffnung, nun auch in den Genuss mancher im habsburgischen Tirol durchgeführten Reform zu kommen. Die stets hoch verschuldeten Habsburger verpfändeten jedoch die gerade erst geerbte Herrschaft Lienz an die Grafen von Wolkenstein-Rodenegg aus Südtirol. Diese errichteten als Amts- und Verwaltungssitz die **Liebburg** (1605), die mit ihren zwiebelhaubenbewehrten Ecktürmen den Hauptplatz dominiert. Später mehrmals umgestaltet, dient die Liebburg heute als Rathaus. Sie ist nur von außen zu besichtigen.

Der erste Vorgängerbau der **Stadtpfarrkirche St. Andrä** wurde in frühchristlicher Zeit errichtet. Die heutige, im Wesentlichen gotische Kirche, ausgestattet mit einer Vielzahl von Kunstwerken aus verschiedenen Stilepochen, wurde während der Herrschaft der Görzer Grafen erbaut. Damals hatte sich in Lienz eine eigene Bauhütte, ein Zusammenschluss von Bauhandwerkern nach dem Beispiel der Zünfte, gebildet. Bauhütten waren eine Art Berufsvertretung, die soziale und religiöse Aufgaben wahrnahm. Durch die Zusammenarbeit der Handwerker bildeten sich auch bestimmte gemeinsame Stilmerkmale heraus, die nicht selten eine ganze Region prägten.

Um die Mitte des 15. Jh. hatte sich unter dem Einfluss des Kunstzentrums Brixen auch in Lienz eine eigene Malschule entwickelt. Einige Künstler aus dieser Werkstatt sind namentlich bekannt, wie Nikolaus Kenntner, von dem der spätgotische

Pfarrkirche St. Andrä, Innenraum
Unten: Schloss Bruck, Kapelle

Über Flora und Fauna in Tirol

Almwiesen, blumenbunt, dicht bewachsen mit Gras und belagert von malmenden Kühen, sind zum Inbegriff alpiner Natur avanciert. Sie prägen Tirols Pflanzen- und Tierwelt wesentlich, denn immerhin ist fast die Hälfte des Landes, das sind ungefähr 550 000 ha, als Almfläche genützt, die von etwa 100 000 Rindern, 60 000 Schafen, 4 000 Ziegen und 3 000 Pferden beweidet wird. Dabei handelt es sich nicht um irgendein Vieh. Tiroler Braunvieh – der Zuchtverband wirbt mit „Top-Genetik aus dem Herzen der Alpen" –, Tiroler Fleckvieh – eine „ideale Zweinutzungsrasse für Tal- und Berglagen" –, Tiroler Grauvieh – eine „bewährte Zweinutzungsrasse" und wohl die häufigste

Tiroler Bergschafe
Unten: Platenigl (Alpenaurikel)
Rechts: Stengelloser Enzian

Almkuh – sowie Pinzgauer oder Holsteiner werden in Tirol gezüchtet und in größerer Zahl, etwa 15 000 bis 25 000 Rinder jährlich, in andere Regionen verkauft. Weiße oder braune Tiroler Bergschafe und Tiroler Steinschafe sind ebenso anzutreffen wie Ostfriesische Milchschafe, Merinolandschafe, Walliser Schwarznasenschafe, Suffolk- oder Waldschafe. Bei den Ziegen handelt es sich zumeist um Gämsenfarbige Gebirgsziegen, seltener um Saanenziegen, Bunte Edelziegen, Toggenburgerziegen oder Walliser Schwarzhalsziegen und bei Pferden fast immer um Haflinger.

Die Pflanzengesellschaften, die diese Tiere fressen, um Milch, Fleisch und Wolle zu produzieren, sind vielfältig und je nach Lage deutlich verschieden,

jedoch bis in eine Höhe von etwa 2 600 m vom Bürstling (Nardus stricta) geprägt. Zwischen 900 und 1 700 m liegt das so genannte Nardetum alpigenum, ein Bürstlingsrasen mit Alpenklee, Anemone, Arnika, verschiedenen Enzianarten, Borstigem Löwenzahn und Bärtiger Glockenblume, um nur einige der für Almwiesen charakteristischen Blütenpflanzen zu nennen. Zwischen 1 800 und 2 200 m breiten sich subalpine, beweidete oder gemähte Hochlagen-Bürstlingsrasen (Aveno-Nardetum) aus, die bereits zahlreiche arktisch-alpine Arten, wie Heidel-, Rausch- und Preiselbeeren, Gänseblümchen-Ehrenpreis, Berg-Hahnenfuß, Scheuchzers Glockenblume und Gräser wie verschiedene Seggen oder Schwingel enthalten. Zwischen 2 200 und 2 500 m dominieren zunehmend Zwergsträucher, z. B. die Bärentraube, die Gämsheide und die Alpenrose.

Alpenrose ist übrigens nicht gleich Alpenrose; man unterscheidet den auf Kalk vorkommenden Almrausch (Rhododendron hirsutum), auch Behaarte Alpenrose, Wimperalpenrose oder Steinrose genannt, der häufig mit Latschen vergesellschaftet ist, und die ausschließlich auf Silikat vorkommende Rostrote oder Rostblättrige Alpenrose (Rhododendron ferrugineum). Breiten sich Alpenrosen zunehmend aus, so ist dies ein Zeichen für nachlassende Beweidung. Der Bürstling wird in dieser Zone, die in der Fachsprache als Curvulo-Nardetum bezeichnet wird, immer mehr von der Krummsegge (Carex curvula) abgelöst. Oberhalb der Zwergstrauchheiden bis in etwa 3 000 m Höhe finden sich reine Krummseggenrasen (Curvuletum), Urwiesen, die auf Pyrenäen, Alpen, Karpaten und den Balkan beschränkt sind und von Schafen und Gämsen genützt werden.

Almen verdanken ihre Weitläufigkeit den teils exzessiven Rodungen seit dem Mittelalter – erst seit 1852 regelt ein Forstgesetz die Waldnutzung –, durch die v. a. Sonnenhänge oft zur Gänze entwaldet wurden. Dies trifft z. B. auf das Venterntal und das Taschachtal zu, die von Peter Anich 1774 noch als geschlossen bewaldet eingezeichnet wurden. Insgesamt wurde durch Almwirtschaft die Baumgrenze nachhaltig um etwa 200 m gesenkt. Auch der heute noch bestehende Wald ist größtenteils sekundär, also durch Waldwirtschaft in seiner Zusammensetzung verändert. Dem Typus nach handelt es sich um Bergmischwälder, die in verschiedener Ausprägung auftreten und v. a. im Herbst durch vielfältige Farbschattierungen auffallen. Je nach Standort unterschiedliche Mischungen aus Fichten, Tannen, Buchen, Bergahorn, Erlen und Lärchen gehen in höheren Regionen in Fichten-/Zirben- oder Lärchen-/Zirbenwälder, seltener in reine Zirbenwälder über. An trockenen Sonnenhängen der Kalkalpen oder in Hochmooren finden sich typischerweise auch Föhren, die als aufrecht wachsende Spirken, oder, oberhalb der Waldgrenze, als Legföhren (Latschen) ausgeprägt und solcherart auch im Silikatgebirge anzutreffen sind.

Bewimperte Alpenrose
Ganz oben: Milchlattich
Unten: Farbschattierungen des Herbstwaldes

Ein Stück ursprünglichen Waldes stellt der Stamser Eichenhain (Gemeinde Imst) dar. Es handelt sich hierbei um einen Rest jener ausgedehnten Laubmischwälder, die früher den gesamten Talboden des Inntales bedeckten. Untermischt ist der mehr als 400 Jahre alte Baumbestand mit Stieleichen, Winterlinden, Grauerlen, Silberweiden, Bergulmen und Eschen. Etwa 40 Vogelarten, darunter dem in

Über Flora und Fauna in Tirol

Mäusebussard

Tirol seltenen Fliegenschnäpper, dem Kleinspecht, dem Gelbspötter, dem Kernbeißer und dem Gartenbaumläufer, dient dieser Wald als Brutgebiet. Die typischen Lärchenwiesen, die auch in Tirol häufig zu finden sind, bilden hingegen eine reine Kulturlandschaft, ebenso der berühmte Ahornboden im Karwendel, wo etliche der Bergahorne zwischen 300 und 600 Jahre alt sind. Auch ein bemerkenswerter Baumwacholderbestand in Errach (Gemeinde Weissenbach am Lech), in dessen Unterwuchs zahlreiche Orchideen zu finden sind, wird als Weide genützt. Der Baumwacholder mit gedrehtem Stamm und reich verzweigter, dichter Krone ist eine Wuchsform des ansonsten buschigen Gemeinen Wacholder. Eine weitere Weide nahe der Ganalm im Vomper Loch (Bezirk Schwaz) weist einen ungewöhnlichen Baumbestand, nämlich Eiben auf. Eiben, die etwa 15 m hoch und über 1 000 Jahre alt werden können, waren bereits vor den Eiszeiten in Europa verbreitet und müssen sich nicht nur gegen Mensch und Tier, sondern auch gegen Buchen durchsetzen. Ihr besonders hartes, aber elastisches Holz wurde zur Herstellung von Bögen und Werkzeug verwendet; auch „Ötzi" besaß einen Eibenbogen und ein Kupferbeil mit Eibenholz-Schaft. Eiben stehen in ganz Österreich unter Naturschutz.

Was Bäume anbelangt, gibt es v. a. in Siedlungsräumen einige Exoten. So steht beispielsweise neben der Antoniuskapelle in Thaur (Bezirk Innsbruck Land) ein mächtiger Schwarzer Maulbeerbaum. In Imst ist nicht nur ein Vertreter des in China beheimateten Kaiser- oder Blauglockenbaumes, sondern auch ein etwa 25 m hoher, aus den Gebirgen im Westen Nordamerikas stammender Berg-Mammutbaum zu sehen, von dem es in Tirol, z. B. in Mühlau bei Innsbruck, weitere Exemplare gibt. Besonders schöne Edelkastanien finden sich in Karrösten sowie in Hart im Zillertal. Eine Rarität sind auch die bei der Ruine Fragenstein in Zirl vorkommenden Manna-Eschen aus der Familie der Ölbaumgewächse, die im Frühjahr durch ihre weißen Blüten auffallen.

Ob ursprünglich oder durch jahrhundertelange Bewirtschaftung geformt, die Natur wird in Tirol, wie auch sonst in den Alpen, z. T. stark bedrängt. Diverse Biotopinventare geben tabellarisch Aufschluss über die Artenvielfalt verschiedenster Lebensräume sowie über den Grad der Gefährdung durch menschliche Aktivitäten, der häufig hoch ist. Dies trifft besonders auf die ohnehin hochsensiblen Feuchtbiotope wie Moore, Sümpfe und Auwälder zu. Größere Gebiete sind unter Schutz gestellt, etwa der Alpenpark Karwendel, das Ruhegebiet Ötztaler Alpen, der Nationalpark Hohe Tauern oder das Naturschutzgebiet Valser Tal, die für das europäische Naturschutzprogramm Natura 2000 nominiert wurden. Eine Liste weiterer bemerkenswerter Landschaften, die hier nicht berücksichtigt sind, wurde vom World Wildlife Fund erstellt. Es handelt sich dabei um das Lechtal (das übrigens im März 2000 ebenfalls für

Natura 2000 nominiert wurde) als intakte Natur- und Kulturlandschaft mit dem letzten Wildfluss der Nordalpen sowie dem weltweit einzigen Vorkommen der Bilek Azurjungfer, einer Libellenart; um die Isel, einen Gletscherbach, mit inneralpinen Restbeständen von Erlen- und Eschen-Auwäldern sowie Tamariskenfluren; um die Trockenrasen mit weit über 1 000 Schmetterlingsarten bei Fließ und am Kaunerberg (Bezirk Landeck); um den Wilden Kaiser als wichtiges Brutgebiet etlicher Vogelarten wie Steinadler und Specht; um Feuchtgebiete wie die Moore bei Nauders, die Atemlöchermöser in den Ötztaler Alpen sowie die Schwemm bei Kufstein. Zusätzlich gibt es eine Reihe kleinerer Naturschutzgebiete. Bei Innsbruck sind dies u. a. der Patscherkofel, die Innauen bei Kranebitten, das Vogelschutzgebiet Ahrenwald bei Vill, einige Trockenrasen bei Arzl mit der stark gefährdeten berühmten Innsbrucker Küchenschelle sowie eine ansehnliche Liste von Naturdenkmälern, die einzelne Bäume oder komplexe Biotope wie der oben erwähnte Stamser Eichenhain sein können. Die Bemühungen um den Naturschutz sind also durchaus ernst gemeint. Dies sollte jedoch nicht darüber hinwegtäuschen, dass auch in Schutzzonen eine Gefährdung durch letzten Endes stets menschliche Einwirkung nicht unbedingt gebannt ist.

Eine etwas andere Einrichtung, die einen bedeutenden Beitrag zum Schutz sowie zur Zucht und Freisetzung bedrohter Arten leistet, ist der Innsbrucker Alpenzoo, in dem mehr als 140 Tierarten der Alpen zu sehen sind. Gerade zwei der typischen Alpentiere, nämlich der Steinadler, Tirols Wappentier, und der Steinbock, die beide vom Aussterben bedroht waren, konnten gezüchtet und erfolgreich wieder angesiedelt werden.

Tirol, das Almenland par excellence, weist eine äußerst vielfältige, in etlichen Aspekten fragile Pflanzen- und Tierwelt auf, die zu erkunden sich auf jeden Fall lohnt. Möglich, dass man dabei auch auf unerwartete Spezies trifft, die jedoch durchaus heimisch sind. So lebt an den Sonnenhängen der Kalkalpen, v. a. im Bereich Imst, der Skorpion Euscorpius germanus, der sonst noch in der Steiermark und in Oberitalien auftritt. Und bei einigem Glück begegnet einem beim Lanser Seerosenweiher nahe Innsbruck ein eher exotisches Tier: die Europäische Sumpfschildkröte (Emys orbicularis), die nicht aus irgendeinem Terrarium geflüchtet ist, sondern hier einen natürlichen Lebensraum hat.

Gabriele Werner, Dozentin am Inst. für Medizinische Chemie und Biochemie der Universität Innsbruck

Alpensteinböcke
Ganz oben: Schwalbenschwanz
Oben Mitte: Wollgras

Freskenzyklus über die Werke der Barmherzigkeit sowie die Darstellung des Himmels im rechten Seitenschiff der Stadtpfarrkirche St. Andrä stammen.

Besonderes Augenmerk in der Kirche verdienen die romanischen Portallöwen in der Vorhalle, die romanischen Freskenfragmente an der Westwand und an der Empore und eine um 1400 entstandene Pietà. Hervorzuheben sind weiters der spätgotische Kruzifixus von Hans Klocker am rechten Seitenaltar, um den sich eine aus Maria, Magdalena und Johannes bestehende Figurengruppe, geschnitzt vom Lienzer Barockbildhauer Johann Paterer, schart. Wunderschön ist der Orgelkasten aus dem 17. Jh. Reizend sind die kleinen Figuren, die im Hauptschiff die Konsolen tragen, auf denen das Netzrippengewölbe ruht. Das Altarblatt von Anton Zoller am barocken Hochaltar stellt den hl. Andreas dar.

Die beeindruckendsten Kunstwerke in der Stadtpfarrkirche stammen von Christoph Geiger, dem Schwiegersohn jenes Niklas Türing, der das Goldene Dachl (vgl. Innsbruck) gebaut hat. Geiger wurde von Kaiser Maximilian I. nach Lienz geschickt, um dort die **Grabplatte für Leonhard von Görz** anzufertigen. Die Platte zeigt den Landesfürsten selbstbewusst im Harnisch inmitten seiner Wappen und Waffen. Ganz anders ist Geigers Grabplatte für Michael von Wolkenstein-Rodenegg mit dessen Gemahlin Barbara von Thun gehalten: Hier stehen Motive der ehelichen Verbundenheit im Vordergrund der Darstellung.

Die von Clemens Holzmeister erbaute **Kriegergedächtniskapelle** auf dem ehemaligen Friedhof wurde 1925 im Inneren von **Albin Egger-Lienz** mit einem vierteiligen Freskenzyklus – Sämann und Teufel, die Namenlosen, Totenopfer und Auferstehung – ausgestattet. Nach der Fertigstellung der Kapelle wurde in einer lokalen Zeitung „Volkes Stimme" zitiert, die die Kapelle als „Waschküche" und die Fresken von Egger-Lienz insgesamt schmähten. Insbesondere der „Auferstandene" erregte die Gemüter: „Schwindsüchtiger" und „Indianerhäuptling, dem nur der Nasenring fehle" waren zwei der noch am ehesten zitierfähigen Beschimpfungen. Auf diesen Artikel hin meldeten sich wiederum die Befürworter. So ging es dahin, bis der Vatikan einen Schlussstrich zog: „Das in Frage stehende Bild soll zur Gänze aus der Kapelle, in der es angebracht wurde, entfernt werden. Wenn dies aber nicht sogleich geschehen kann, soll die Kapelle selbst dem Interdikt verfallen, so dass weder eine heilige Messe gefeiert noch so lange überhaupt irgendeine andere geistliche Handlung vorgenommen werden darf." Albin Egger-Lienz ist in dieser Kapelle begraben. Sein Vaterhaus steht übrigens westlich des Hauptplatzes in der Schweizergasse 33.

Grabplatte des Leonhard von Görz, Pfarrkirche Lienz

Lienz — Osttirol

Sehenswert ist das Netzrippengewölbe in der Kirche **St. Michael am Rindermarkt.** Der starke Eindruck dieses Gewölbes wird durch achtblättrige Blütensterne und feine Malerei zwischen den Rippen verstärkt.

Ebenfalls auf der orographisch linken Seite der Isel findet sich im Zwickel zwischen der Kärntner und der Nußdorfer Straße in einem kleinen, mit Äpfel- und Birnbäumen bepflanzten Garten des ehemaligen Siechenhauses der älteste, in seiner Massigkeit beeindruckendste **Bildstock** Tirols aus der Zeit um 1390. Die bemalten Nischen zeigen neben Heiligendarstellungen die Anbetung der Könige und die Kreuzigung.

Die außen schlichte spätgotische **Franziskanerkirche** ist in ihrem Inneren reich an gotischen Fresken. Bemerkenswert ist u. a. Sebastian Gerumers Marienkrönung hinter dem Hochaltar, die die Dreifaltigkeit in Gestalt dreier bärtiger Männer abbildet. Diese Form der Darstellung wurde auf dem Konzil von Trient (1545–63) verboten, um Vorstellungen von Geschöpfen mit drei Köpfen oder von Köpfen mit drei Gesichtern – der religiösen Erbauung offenbar gar nicht zuträglich – erst gar nicht mehr entstehen zu lassen. Dass sich trotz aller Verbote Zeugnisse des Drei-Personen-Typus aus späterer Zeit finden, gilt als kulturgeschichtliches Kuriosum (vgl. Innervillgraten, Kartitsch).

Der aus Osttirol stammende gefeierte New Yorker Architekt Raimund Abraham hat mit der neuen Hypobank auf dem Hauptplatz in Lienz einen modernen, ebenfalls nicht unkontroversen Akzent gesetzt.

Der bedeutende Tiroler Schriftsteller, Priester, Heimatkundler und Politiker **Beda Weber** (1798–1858) wurde in der nach ihm benannten Gasse in Lienz geboren. Eigentlich auf den Namen Chrysanth getauft, nahm er später den Ordensnamen Beda an. Er verfasste zahlreiche landeskundliche Schriften, darunter ein zweibändiges Werk über Tirol, das bis auf den heutigen Tag gern zitiert wird, um das Wesen des Landes zu veranschaulichen. Beda Weber war Mitglied der Akademie der Wissenschaften und nach Jahren der seelsorglichen Tätigkeit in Meran wurde er 1848 in die kurzlebige Frankfurter Nationalversammlung gewählt.

Berühmt über die Landesgrenzen hinaus war die aus Innsbruck gebürtige Schriftstellerin und Wahllienzerin **Fanny Wibmer-Pedit** (1890–1967). Ihre zahlreichen bäuerlichen und historischen Romane waren Bestseller. Wibmer-Pedit führte den Beinamen „die Tiroler Undset". Wegen „politischer Unzuverlässigkeit" wurde sie aus der Reichsschrifttumskammer ausgeschlossen und konnte so in der Zeit zwischen 1939 und 1945 nicht publizieren. Jüngst wieder aufgelegt wurde der Roman „Die Pfaffin", der das dramatische Schick-

Lienz, Stadtplatz, Hypo-Bank

Osttirol

Dölsach · Lavant

Pfarrkirche St. Ulrich, Lavant
Ganz unten: Pfarrkirche St. Ulrich, Innenraum

sal einer Pfarrersköchin erzählt, die im Dreißigjährigen Krieg mehrere uneheliche Kinder hatte und schließlich als Hexe verbrannt wurde.
Tipp:
● Museum Schloss Bruck, 04852/62580: Archäologie, Geschichte und Kulturgeschichte Osttirols, Gemälde von Albin Egger-Lienz.
Öffnungszeiten: 13. 5.–31. 10.: tgl. 10–18 h, So. 14–16 h Kinderführungen
✱ Glashütte Mara, Aguntstraße 17, 04852/71117-0 (Hr. Baumgartner): Glasblasen, Schauraum, Verkauf.
Öffnungszeiten: Mo.–Fr. 9–12 h u. 13–17 h, Sa. 9–12 h, Führungen auf Anmeldung
✚ Gasthof Haidenhof, Grafendorferstraße 12, 04852/62440

Dölsach, 700 m, 2 206 Ew.

Im Weiler Gödnach steht inmitten malerischer Obstgärten etwas erhöht über dem Drautal das im Kern romanische **Kirchlein zum hl. Georg**. Über dem Eingang ist das bemerkenswerteste Kunstwerk der Kirche, eine Kalksteinfigur des hl. Georg aus der ersten Hälfte des 15. Jh., zu sehen. Der Schlüssel ist im Pfarramt in Dölsach abzuholen.

Römische Spolien (aus einer Ruine oder einem nicht mehr benutzten Bauwerk entnommene Steine) wurden (wie auf dem Lavanter Kirchbichl) auch in den marmornen Rundbogeneingang des romanischen **Landkirchleins zur hl. Margaretha** (um 1200) in Dölsach eingebaut. An dieser auf dem Talboden an der Bundesstraße gelegenen rechteckigen Kirche mit Rundbogenapsis hat sich der Orginalputz erhalten. Der Schlüssel ist ebenfalls im Dölsacher Pfarramt abzuholen.

Im Weiler Stribach steht das Geburtshaus von Albin Egger-Lienz: das Haus Nr. 20 (vgl. Lienz).
Tipp:
● Archäologischer Park Aguntum und Museum Aguntinum, 04852/61550: Ausgrabung der Römerstadt.
Öffnungszeiten: Mai–Sept.: tgl. 9.30–17.30 h

Lavant, 675 m, 269 Ew.

Ein mit Kreuzwegstationen gesäumter Fußweg führt in einer guten halben Stunde, vorbei am kleinen, täglich geöffneten **Archäologischen Museum**, auf den so genannten **Lavanter Kirchbichl**. Auf diesem durch eine tief eingegrabene Schlucht und steile Abhänge geschützten Hügel wurde ein frühchristlicher Bischofssitz errichtet. Die Archäologen vermuten eine leider bis dato unauffindbare Verbindung zwischen dem Lavanter Kirchbichl und der Römerstadt Aguntum.

Es sind nur ein paar Schritte von den Fundamenten dieses Bischofssitzes zur Kirche St. Ulrich, die, auf gotischer Bausubstanz aufbauend, um 1770 einen einheitlich spätbarocken Charakter erhielt. Die dem hl. Ulrich geweihte Kirche ist zugleich die Wallfahrtskirche Maria Lavant: Die Überlieferung berichtet, dass die Mutter Gottes mehrfach an der Stelle, an der die Kirche steht, erschienen sei. Dort weidende Schafe seien auf die Knie gefallen, woraufhin man den

Matrei in Osttirol — Osttirol

Entschluss gefasst habe, die Kirche zu bauen. Während der Bauarbeiten sei ein Arbeiter vom überaus spitzen Turm in die tiefe Schlucht hinabgestürzt. Die Mutter Gottes habe jedoch ihre schützende Hand über ihn gehalten, sodass ihm nichts passiert sei. Weil aber dieser Arbeiter mit seiner Rettung geprahlt habe, sei er bestraft worden: Auf der Ofenbank schlafend soll er zu Boden gestürzt und auf der Stelle tot gewesen sein.

Noch ein Stück weiter oben auf dem Hügel steht die gotische **Kirche St. Petrus und Paulus** (nur sonntags geöffnet), in deren Außenmauern Fragmente römischer Reliefsteine integriert sind. Die gotische Ausstattung im Inneren umfasst drei Flügelaltäre. Schön ist die mit vergoldeten Nägeln geschmückte flache Holzdecke, die gotische Rippen nachahmt.

Iseltal

Matrei in Osttirol, 977 m, 4 837 Ew.

Vom Felber Tauern nach Süden fahrend, erreicht man als ersten Ort Matrei. Matrei ist der wirtschaftliche und verkehrstechnische Mittelpunkt des bereits in frühgeschichtlicher und römischer Zeit, danach von Slawen und Baiern besiedelten Gebiets.

Das Ortsbild prägt das nördlich von Matrei auf einem Felsen thronende Schloss Weißenstein. Erstmals urkundlich im 12. Jh. erwähnt, wurde das Schloss im 18. Jh. verlassen; auf der Burg, so hieß es 1745, wohnten „nur mehr die Mäuse". Heute ist Weißenstein, mehrfach restauriert, in Privatbesitz.

Abseits der Durchzugsstraße befindet sich am östlichen Ortsrand die dem hl. Alban geweihte größte Dorfkirche Tirols. Im Verein mit dem beeindruckenden Widum bildet die Kirche ein bemerkenswertes Ensemble: Die Schauseite des Widums zeigt freskierte Darstellungen der vier Kardinaltugenden aus dem 18. Jh. Der aus Steinen gefügte mächtige gotische Turm der Kirche wurde in die klassizistisch gestaltete Westfassade integriert.

Tirols bester Rokokomaler, der aus Reutte gebürtige Franz Anton Zeiller (vgl. Außerfern) malte die Deckenfresken in der riesigen und überraschend hellen klassizistischen **Pfarrkirche zum hl. Alban.** Dargestellt sind u. a. die wunderbare Brotvermehrung und Szenen aus dem Leben des hl. Alban, der nach seiner Enthauptung seinen Kopf selbst zur Begräbnisstätte getragen haben soll. Bemerkenswert ist das spätbarocke Orgelgehäuse von Michael Hueber aus der Zeit um 1800.

Westlich von Matrei steht im nahe gelegenen Weiler Ganz weithin sichtbar eine der wenigen in Tirol erhaltenen romanischen Chorturmkirchen. Dieser aus Süddeutschland stammen-

Widum in Matrei

Osttirol — Matrei in Osttirol

St. Nikolaus, Matrei in Osttirol
Ganz oben: St. Nikolaus, Innenansicht
Rechts: Kirche zum Heiligsten Herzen Jesu, Huben

de Bautypus trägt über dem Chor den Turm. Der Chor der **Kirche St. Nikolaus in Ganz** ist zweigeschossig und in beiden Stockwerken mit Fresken geschmückt: In der unteren, dem hl. Nikolaus geweihten Kapelle sind Geschichten um die Erschaffung der ersten Menschen und Fragmente der Nikolauslegende von einem einheimischen Maler (13. Jh.) abgebildet. Besonders einnehmend sind die von einem italienischen Wanderkünstler zwischen 1265 und 1270 – wesentlich qualitätsvoller – in byzantinisch anmutendem Stil gemalten Szenen aus dem Alten Testament in der oberen, dem hl. Georg geweihten Kapelle.

Anrührend ist auch die von einem heimischen Meister stammende Statue des sitzenden Nikolaus mit den drei goldenen Kugeln auf einem Buch: Nikolaus wird häufig mit diesen Attributen dargestellt, die sich auf die Legende von den drei Jungfrauen beziehen, die von ihrem Vater „in ein öffentliches Haus geschickt wurden, damit sie sich ihre Mitgift für die Heirat als Dirnen verdienen". Nikolaus warf den drei Jungfrauen eines Nachts, je nach Lesart, drei goldene Kugeln, Geldsäckchen, Goldbarren oder Brote zu, damit sie heiraten konnten. Im angelsächsischen Raum ist aus dem hl. Nikolaus Santa Claus geworden, der den Kindern seine Gaben bekanntlich durch den Schornstein hinunterwirft.

Der Schlüssel zur St.-Nikolaus-Kirche ist im nahe gelegenen Bauernhof abzuholen, das Auto lässt man auf einem Stellplatz beim Erbhof in Ganz 1 zurück und steigt das letzte Stück zu Fuß über einen idyllischen Wiesenweg zur Kirche hinauf.

In der Ortschaft **Huben** steht die nach Plänen des Innsbrucker Architekten Lois Welzenbacher (1889–1955) erbaute Kirche zum Heiligsten Herzen Jesu. Noch ein kleines Stück

weiter südlich, am Rand des Gemeindegebiets von Matrei, ragt auf der Westseite des Tals die Ruine Kienburg auf. Die Anfänge der Burg reichen bis ins 12. Jh. zurück. Heute ist sie in Privatbesitz.

Tipp:

✱ Bauernladen, Bichl 8, 04875/6701 (Hr. Prugger): Natur- und Handwerksprodukte von 16 Anbietern aus Matrei, u. U. Drechselarbeiten, Stick- und Strickereien aus heimischer Wolle, Filzhüte und -patschen, Ziegenkäse, Liköre.

Öffnungszeiten: Fr. 15–18 h, Sa. 9–12 h

Obermauern bei Virgen — Osttirol

Virgental

Virgen, 1 194 m, 2 137 Ew.

Bei Matrei zweigt man in westlicher Richtung ins Virgental ab.

1889/90 wurde im Weiler Welzelach in Virgen ein urzeitliches Gräberfeld entdeckt, in dem man Schmuckstücke wie Zierketten, Ringe, Knöpfe und Fibeln fand. Der bemerkenswerteste Fund, eine „Situla", ein „aus Blech zusammengenieteter und -gefalzter", mit Figurenfriesen geschmückter Eimer, ist im Tiroler Landesmuseum Ferdinandeum in Innsbruck ausgestellt.

Das Schmuckstück des Virgentals ist die **Wallfahrtskirche Unsere Liebe Frau Maria Schnee** in Obermauern bei Virgen. Vom Parkplatz steigt man ein paar Meter zwischen schön gepflegten Holzhäusern zur Kirche hinauf. Der ausgezeichnet erhaltene spätgotische Freskenzyklus, den der Görzer Hofmaler Simon von Taisten schuf, ist hinreißend. Simon von Taisten wird von Kunsthistorikern als „Maler für das Volk" bezeichnet. Mit seinem Marienzyklus, der vielteiligen Darstellung des Leidens und Sterbens Christi, insbesondere dem zu Herzen gehenden bethlehemitischen Kindermord und der anrührend schönen Darstellung der Verkündigung soll er dem analphabetischen Volk Glaubenswahrheiten näher gebracht haben. Die Spruchbänder auf den Fresken und der Umstand, dass Simon von Taistens wichtigste Auftraggeber das Görzer Grafenpaar in Lienz war, legen allerdings nahe, dass seine Kunst auch bei Gebildeten ankam.

Öffnungszeiten: tgl. 7–19 h; 10. 6.–1. 10.: Führung Fr. 17 h mit Frau Therese Fuetsch, 04874/5226, Treffpunkt bei der Kirche.

An einem steil abfallenden Hang auf über 1 400 m Seehöhe oberhalb von Virgen – zu Fuß braucht man von Virgen etwa 20 Minuten – ist die gewaltige Burgruine Rabenstein, erbaut im 12. Jh., zu besichtigen. Im reizvollen Ortskern von Virgen lohnt der imposante Gasthof Neuwirt einen Stopp.

Wallfahrtskirche Unsere liebe Frau Maria Schnee, Obermauern
Links: Wallfahrtskirche Unsere liebe Frau Maria Schnee, Innenraum

Osttirol — Kals

Blick auf den Großglockner
Unten: Kirchlein St. Georg, Kals am Großglockner

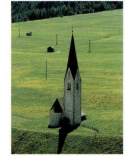

Kalsertal

Kals, 1 325 m, 1 352 Ew.

Aus dem Iseltal zweigt man bei Huben auf die Kalser Glocknerstraße ab, fährt, an dem wunderschönen Haslacher Wasserfall vorbei, hinauf in das Bergsteigerdorf Kals. Kals war schon zur Römerzeit, lange bevor die Bergsteiger kamen, besiedelt. Der Name „Chalz" ist 1244 zum ersten Mal erwähnt. Außerhalb des Ortes steht malerisch einsam auf einer Wiese mit einem kleinen Bach die Filialkirche zum hl. Georg, ein romanisches Landkirchlein aus der Zeit um 1200. Der gotische Turm wurde im 14. Jh. errichtet.

Kals selbst zählt zu den so genannten Urpfarren. Rupertisagen erzählen von der Missionsarbeit des ersten Salzburger Bischofs im heutigen Osttirol. Die Pfarrkirche St. Rupert in Kals ist eine frühe Kirchengründung, die man in der Zeit Karls des Großen (8./9. Jh.) vermutet. Eines der stattlichsten Häuser des Dorfes ist das gotische Widum mit dem steilen Satteldach.

Der höchste Berg Österreichs, der Großglockner (3 797 m) wurde am 28. 7. 1800 von der Kärntner Seite aus zum ersten Mal bestiegen. 62 Personen, darunter neben bergkundigen Führern und Trägern ein Bischof, zwei Pfarrer, ein Botaniker, ein Koch und drei Diener, sowie 16 Pferde machten sich auf, um die Ersteigung mit einem Fest zu feiern: „Die Anstalten zur Verpflegung der Gesellschaft waren ausserordentliche; Malaga, Tokayer, Melonen und Ananas" wurden allerdings nicht ganz auf den Gipfel geschleppt. Denn der Gipfelsieg blieb vier Zimmerleuten, die das Gipfelkreuz errichteten, und dem Pfarrer von Döllach vorbehalten.

Von Kals aus startete im Winter 1875 der irisch-österreichische Schriftsteller, passionierte Jäger und Besitzer von Schloss Matzen bei Brixlegg William Baillie Grohman (1851–1921) die erste **Winterbesteigung des Großglockner.** Von Huben führte damals nur ein Saumpfad nach Kals, von wo aus Baillie Grohman am Neujahrstag vier erfahrene Bergsteiger begleiteten. Die Lasten gleichmäßig auf fünf verteilt, kamen die Bergsteiger, einander im Vorstieg abwechselnd, bis auf etwa 600 m unterhalb des Gipfels, wo sie feststellen mussten, dass nun nicht mehr Schnee, sondern blankes Eis zu überwinden war: „Das hatten wir keinesfalls erwartet und darüber hinaus waren wir alle im Winterbergsteigen so uner-

St. Veit Osttirol

fahren, dass wir nicht einen einzigen Eispickel mitgebracht hatten und so gezwungen waren, mit dem scharfen Rand einer Schaufel Stufen in das Eis zu schneiden. Das war ein überaus ermüdender Vorgang …" Doch dann war es so weit: „Ein paar Minuten vor zehn am Vormittag des 2. Jänner 1875 standen wir fünf Sterbliche auf dem Gipfel des österreichischen Matterhorns, wo vor uns in dieser Jahreszeit noch nie ein Mensch gewesen war."

Tipp:

* Kalser Stockmühlen, Großdorf, 04876/8384 (Hr. Gratz): zwei Getreidemühlen in Betrieb; Mehl von Weizen, Roggen und selbst gebackenes Brot erhältlich.
Öffnungszeiten: Juni–Okt.: Do. 14–17 h, Führung jeweils Do.

* Handwerksladen, Ködnitz, 04876/8494 (Fr. Frogl): Lodenpatschen, Kerbschnitzereien, Kalser Strohhutflechten.
Öffnungszeiten: Juni–Mitte Okt.: Do. u. Fr. 16–18 h; Jan.–Mai: Fr. 15–17 h, zusätzliche Öffnungstermine sowie Führungen auf Anfrage

Defereggental

Vielleicht das beeindruckendste Tal Osttirols ist das bei Huben in westlicher Richtung abzweigende Defereggental. Das aus mehreren Ortschaften bestehende St. Jakob ganz hinten, St. Veit am südseitigen Hang in der Talmitte und Hopfgarten am Beginn sind die drei bäuerlich geprägten Gemeinden des Tals. Hohe Berge, Wiesenhänge, einzeln stehende Bauernhöfe und die tief eingeschnittene Schwarzach, die an den Abhängen der Venedigergruppe entspringt, ergeben nicht nur an Sommertagen ein unvergessliches Landschaftsbild. Einen besonderen Eindruck von der Osttiroler Bergwelt gewinnt man auf der Fahrt durch das Defereggental hinauf zum Staller Sattel an der osttirolisch-südtirolischen Grenze auf 2 052 m.

St. Veit, 1 495 m, 787 Ew.

Sehenswert ist die aus dem 14. Jh. stammende **Pfarrkirche zum hl. Vitus**, in deren Innerem Fresken aus dem 15. Jh. zu sehen sind. Besonders interessant ist ein Freskenstreifen, der die zwölf Apostel darstellt. Aus der Schar der Jünger Jesu springt der hl. Bartholomäus ins Auge. Der Märtyrer und Patron der Stadt Frankfurt verkündete als Wanderprediger im 1. Jh. das Evangelium. Er heilte Kranke und Besessene und bewirkte

St. Veit im Defereggental
Unten: Pfarrkirche zum hl. Vitus, St. Veit, Freskenstreifen mit den zwölf Aposteln

Osttirol

St. Jakob

St. Jakob
Unten: St. Jakob im Defereggental
Rechte Seite: Albin Egger-Lienz,
„Zwei Bergmäher"

so manche Bekehrung zum Christentum. Seine Feinde verurteilten ihn zur so genannten persischen Todesstrafe: Bei lebendigem Leib zog man ihm die Haut ab und kreuzigte ihn danach. Das Fresko in der Kirche zum hl. Vitus zeigt Bartholomäus, wie er seine eigene Haut auf einem Stock mit sich führt.

Der berühmteste Sohn der Gemeinde – er ist an der Fassade der Volksschule verewigt – ist der Volksschriftsteller Sebastian Rieger, besser bekannt unter dem Namen Reimmichl (1867–1953). In der ersten Hälfte des 20. Jh. war der später in Heiligkreuz bei Hall tätige Kaplan u. a. mit dem berühmten Reimmichl-Kalender der erfolgreichste Schriftsteller Tirols.
Tipp:
✱ Planner Judith, Görtschach 45, 04879/332: Kunsthandwerk, Krippenfiguren, Bilder und Gestecke aus Naturmaterialien.
Öffnungszeiten: tgl. 16–18 h, Führung nach Anmeldung
✱ Holzbildhauer Planner Hans, Görtschach 54, 04879/440: Krippen und Krippenfiguren, Schränke, Truhen; Teilnahme an Schnitzkursen möglich.
Öffnungszeiten: Voranmeldung erbeten.
✱ Holzer Wassermühle, 04879/6660 (Hr. Stemberger): Weizen-und Gerstenmehl.
Öffnungszeiten: Mitte Juni–Mitte Sept.: 9–11 h

St. Jakob, 1 389 m, 1 015 Ew.

Bevor sich die Menschen hier dauerhaft ansiedelten, wurde das Gebiet als Alm vom Virgental her genützt. St. Jakob besteht aus mehreren, auf den Schuttkegeln der Bäche entstandenen Ortsteilen.

Kurz bevor man St. Jakob erreicht, biegt man links in Richtung Feistritz zum gotischen **Kirchlein St. Leonhard** ab. In das mit Rankenmalereien verzierte Netzgewölbe der Kirche sind so genannte Vierpassfelder eingearbeitet, die Simon von Taisten (vgl. Obermauern bei Virgen und Schloss Bruck in Lienz) mit Heiligendarstellungen – u. a. mit der so genannten Jungfrauentrias Barbara, Katharina und Margarete – bemalt hat.
Tipp:
✱ Defereger Erlebnis-Schnapsbrennerei, Gasthof Bergkristall, Unterrotte 82, 04873/6363 (Heimo Macher) Besichtigung nach Voranmeldung
✱ Käserei Troger, Maria Hilf 38, 04873/5281 (Hubert Troger): Herstellung verschiedener Käsesorten. Besichtigung nach Voranmeldung
✦ Gasthof Tandlerstubn, Innerrotte 34, 04873/63550

Osttirol

Bücher über Tirol – eine Auswahl

Tirol Werbung (Hg.), **Das Tiroler Wirtshaus.** Eine Auswahl ausgezeichneter Gasthöfe 1998/99. 183 Seiten. Zum Preis von öS 110,- bei Tirol Info, Maria-Theresien-Straße 55, 6020 Innsbruck zu bestellen. Tel. 0512/7272, Fax 0512/7272-7

Tiroler Ausstellungsstraßen in drei Bänden:

Lukas Madersbacher (Hg.), **Gotik.** Mailand: Charta, 1994. 143 Seiten. Mit vielen Farbabbildungen.

Ludwig Tavernier (Hg.), **Barock & Rokoko.** Mailand: Charta, 1995. 169 Seiten. Mit vielen Farbabbildungen.

Alfred Kohler (Hg.), **Maximilian I.** Mailand: Charta, 1996. 171 Seiten. Mit vielen Farbabbildungen.

Franco Coccagna/Walter Klier, **Innsbruck.** Innsbruck: Edition Löwenzahn, 1999. 208 Seiten. Amüsanter und aufschlussreicher Bild-Textband mit mehr als 200 zum Teil großformatigen Fotos.

Hermann Delacher/Maria Grassmayr, **Unsere Stadt. 12 unbekannte Wege durch Innsbruck.** Wien: Pichler, (Edition Austria), 1997. 144 Seiten. Mit Farbfotos. Ein handlicher Führer durch Innsbruck.

Johanna Felmayer, **Das Goldene Dachl in Innsbruck. Maximilians Traum vom Goldenen Zeitalter.** Innsbruck: Edition Tirol, 1996. 155 Seiten. Die Bedeutung des berühmten Prunkerkers.

Monika Frenzel, **Gartenkunst in Tirol. Von der Renaissance bis heute.** Innsbruck: Tyrolia, 1997. 160 Seiten. Mit vielen Farbbildern. Ein Führer zu Gartenanlagen, Villen- und Prälatengärten in Tirol.

Pädagogisches Institut Tirol (Hg.), **Quellen, Texte, Bilder zur Tiroler Geschichte.** Wien: ÖBV Pädagogischer Verlag, 1996. 280 Seiten. Originaldokumente und Bilder zur Tiroler Geschichte.

Jutta Höpfel, **Innsbruck. Residenz der alten Musik.** Innsbruck: Tyrolia, 1988. 168 Seiten. Die Geschichte der Alten Musik in Innsbruck.

Robert Klien/Josef Walser, **Stanzertal, Paznaun und Region Landeck.** Kunstschätze und Baudenkmäler. Innsbruck: Tyrolia, 1998. 176 Seiten. Mit zahlreichen Bildern. Die Schönheiten des westlichsten Teils von Tirol.

Walter Klier/Lois Lammerhuber, **Tirol. Das Land im Gebirge.** Wien: Christian Brandstätter, 1994. 179 Seiten. Mit zahlreichen großformatigen Fotos. Prächtiger Bildband mit kurzweiligen Texten über Tirol.

Petra Köck/Michael Forcher, **Plakatkunst im Tourismus.** Innsbruck: Haymon, 1999. 191 Seiten. Viele Reproduktionen von künstlerisch wertvollen Plakaten und Texte zu Tourismus und Plakatkunst.

Eva Lechner, **Tiroler Almen.** Porträt der Nord- und Osttiroler Almenlandschaft. Innsbruck: Edition Löwenzahn, 1995. 287 Seiten. Mit vielen Fotos. Vergangenheit und Gegenwart des Almlebens am Beispiel von 34 Almen.

Beatrix und Egon Pinzer, **Burgen, Schlösser, Ruinen in Nord- und Osttirol.** Innsbruck: Edition Löwenzahn, 1996. 223 Seiten. Mit vielen Fotos und Abbildungen. Führer und Bildband zugleich: Schlösser, Burgen, Ruinen in Geschichte und Gegenwart.

Beatrix und Egon Pinzer, **Ötztal.** Innsbruck: Edition Löwenzahn, 1998. 343 Seiten. Alles, was es zum Ötztal zu sagen gibt.

Inge Praxmarer/Hermann Drexel, **Votivbilder aus Tirol.** Innsbruck: Tyrolia, 1998. 80 Seiten. Mit vielen Abbildungen. Das Votivbild vom Mittelalter bis zur Gegenwart.

Herbert Reisigl/Richard Keller, **Alpenpflanzen im Lebensraum. Alpine Rasen, Schutt- und Felsvegetation.** Stuttgart: Gustav Fischer, 1994. 148 Seiten. Gut aufbereitete Informationen und Bilder zum Bewuchs der Höhenlagen.

Martin Reiter, **Matzener Album. Bilder und Geschichten um 1900.** Innsbruck: Edition Tirol, 1998. 160 Seiten. Schloss Matzen, Schlösschen Lipperheide und die Gesellschaft um 1900.

Ortsregister

fett gedruckte Seitenzahlen geben Hauptfundstellen, kursiv gedruckte Bilder an

Abfaltersbach 183, 187, **191**
Absam .... 127, **128 f.**, *128,* 135, 137, 138, 143, 158
Achenkirch **150**
Aguntum (Römerstadt) **184,** 202
Aldrans 115, 120, *120,* 121
Alpbach .... 132, **161 f.**
Ampass **121,** *121*
Anras .... 100, *100,* 107, **191 f.**, *191*
Arnbach 182, *187*
Arzl bei Innsbruck *99,* 107, 199
Arzl im Pitztal 50, **66,** 72
Assling .... *192 ff.*
Auffach 132, 168, **169**
Aurach 179
Axams 49, *49,* 52, 86, **106,** *106*

Bach .... **20**, 21 f.
Baumkirchen 50
Berwang 17
Biberwier 34, **35**
Bichlbach 17, **33,** *33,* 39, 125
Boden 14, *16,* 23
Brandenberg .... *132,* **162 f.**
Breitenbach 52, **166**
Breitenwang 17, 19, *28,* **32**
Brixen im Thale ..... 51, **177 f.**, *177*
Brixlegg *116,* 132, *134, 151, 160,* 161
Bschlabs 14, *17,* 23

Dölsach 182, 184, 186, **202,** 206

Ebbs .... **171 f.**, *171 f.*
Eben am Achensee .. 51, 144, **149 f.**
Ehrwald .... 15, 34, *34 f.*, **35**
Einsiedeln 63
Elbigenalp .. 17 f., **20 ff.**, *20, 23,* 76

Ellmau 133, 173, **174,** *174*
Elmen .... 14, 17, **22 f.**, 39
Erl 154, 159, *159,* **173,** *173,*

Falterschein *65*
Feichten 57
Fendels 40, **56**
Fieberbrunn 173, **177**
Fiecht .... 77, *138,* 142 f., *142,*
Finstermünz 36, 39, 41, *42*
Fiss 43, 49, **54**
Flaurling **80,** *80*
Fließ ...... *36,* 37, 39, *40,* 54, **56 f.,** *56, 59,* 67, 199
Fügen **146**
Fulpmes 50, 107, 108, **110,** *110*
Füssen 32

Gallzein **145**
Galtür **64,** *64*
Ganz .... 185, 203 f.
Gemais *148*
Ginzling 131
Gnadenwald **127,** *127*
Going 173, **174**
Götzens .... 52, **106 f.,** *106,* 117
Grän **23**
Gries am Brenner **114,** *114*
Grins 35, **60,** *60*
Gschnitz im Gschnitztal **113,** *113*

Hägerau 21, *21*
Haiming 52, **77**
Hainzenberg .... **147 f.,** *147*
Hall in Tirol .. 10, 16, 26, 35, 44, 47, 50, 101, *101,* 115, **122 ff.,** *122 ff.,* 127, 134 f., 150, 157 f., 163, 194
Hart 51, 198
Häselgehr 14, 21
Heiligkreuz 124, 208
Heinfels .... 50, *182,* **188 f.,** *189,*
Heiterwang **33**

212

Hinterriß 149
Hintertux *148*
Hippach 131
Höfen 19, 20, **29,** 32
Hollbruck 189
Holzgau . . . . *16,* 17 f., *18,* **20,** *20,* 21
Hopfgarten im Brixental . . 135, *135,*
177
Hopfgarten im Defereggental . . . 207
Hörbrunn bei Hopfgarten 135
Huben 184, 204, *204,* 206, 207

Imst . 14, 34, 38, 40, 49, 64, **68 ff.,**
68 f., 71, 77, 79, 129, 197, 198 f.
Innervillgraten 155, *183,* **188,**
189, 201
Innsbruck (Altstadt) . . **87 ff.,** *87, 90 f.*
Innsbruck (Amras) . . . 34, **97 f.,** *97 f.,*
117
Innsbruck (Hötting) . . . . . . **94 ff.,** *97*
Innsbruck (Hungerburg) . . **94 ff.,** *129*
Innsbruck (Igls) . . . 52, **97,** 104, 120,
120
Innsbruck (Mariahilf) . . . . **94 ff.**
Innsbruck (Mühlau) **99,** *99*
Innsbruck (Saggen) 86, *86*
Innsbruck (St. Nikolaus) . . . . . **94 ff.**
Innsbruck (Vill) **97,** 199
Innsbruck (Wilten) 10, 77, 86,
96 f., *96, 102*
Innsbruck . . . . . 8, 10 ff., 15, 19, 26,
28, 36, 41, 47, 49, 50, 52, 73, 79,
82 ff., *82 ff.,* 102, 104, 105, 107,
111, 117, 118, *118,* 122, 124, 126,
129, 137, 150, 154, 155, 157 ff., *157 f.,*
163 ff., 167, 169, 182, 185, 186, 192,
194, 198 f., 200, 205
Ischgl . . . . 59, **63 f.,** *63*
Itter **177**

Jenbach . . . . 130 f., 135, **144 f.,** 149
Jerzens **67**

Jochberg 135, **180**
Judenstein 115
Jungholz **28**

Kals . . . . 160, *185,* **206 f.,** *206*
Kaltenbach 131
Kaltenbrunn . . 34, 40, 57, **58,** *58,* 125
Kappl *62,* **63**
Karrösten 198
Kartitsch . . . . . 182, **189 f.,** *189,* 201
Kaunerberg *38,* **58**
Kaunertal 34, 57, *57,* **58**
Kauns . . . . 39, **57 f.**
Kematen 105
Kirchberg 51, **178**
Kirchdorf . . . . **175 f.,** *176*
Kitzbühel . . . . 27, 133, 134 f.,
170, 177, **178 ff.,** *178 ff.*
Kleinsöll 166, *166*
Kolsass 122
Kössen **173**
Kramsach *26,* 37, 132, *132,*
134, 135, 157, **162 f.,** *162*
Kufstein 10, 12, 130, 133, *133,*
134 f., 159, 163, **169 f.,** *169 ff.*
Kundl . . . 52, 135, **165 f.,** *165 f.,* 168

Ladis *38,* 39, **43,** *43*
Landeck 26, 34, 36, 39, 41,
58 ff., *59,* 199
Längenfeld . . . . 40, **75 f.,** *75*
Lans 115, **120,** *120,* 199
Lavant . . . . 184, 187, **202 f.,** *202*
Leisach 183, 187
Leithen bei Seefeld 96, 104
Lermoos **34,** *34,* 35
Lienz 50, 157, 182,
184, 184, 187, **193 ff.,** *193 ff./200 f.,*
205, 208

Mariastein *50,* **166,** *166*
Mathon *63*

Ortsregister

Matrei am Brenner ...... **111 f.**, 115
Matrei in Osttirol .. 51, *52*, 101, *101*, 177, 185, 187, **203 f.**, *203 f.*, 205
Mayrhofen .... 131 f., 144, **148**
Mieders 107, **109**
Mieming 71, *71*
Mils 120, 129
Mittenwald 104
Mittersill 177
Mötz **72**
Mühlau 198
Mühlbachl .... **111 f.**
Mühltal 166
Münster **151**

Nassereith .38, 49, **70 f.**, *70*, 79, 80
Nauders .... **41 f.**, *41*, 199
Navis 96, 101, 107, **112**
Nesselwängle 23, *32*
Neustift im Stubaital 96, 107, **110**, *110*, 117, 192
Niederau 132, 168
Niederndorf **172**
Nößlach **114**

Oberau 132, **168**
Obergiblen 18, 22
Obermauern bei Virgen ... 185, **205**, *205*, 208
Obernberg .... **114 f.**, *115*
Oberperfuß **105**
Obertilliach .. 72, 107, 182, **190**, *190*
Obladis 54
Obsteig 71
Obtarrenz 17
Oetz 52, 72, **73**, *73*, 79

Panzendorf 189, *189*
Patsch 50, 115, 120
Pertisau **150**
Pettnau **80**
Pfafflar 14, **23**

Pflach, Hüttenbichl **29**
Pfons .... **111 f.**, *111*
Pfronten 23
Pfunds .... **42 f.**, *42 f.*
Pians 59, **61**
Pill .... **137 f.**, *137*
Plansee 17, *19*
Prägraten 50
Prutz **56,** 57

Rattenberg ...... 30, 133, 134, 140, *147,* **163 ff.**, *163 f.,* 176, 194
Reith bei Seefeld **104,** 121
Reith im Alpbachtal ... 51, 132, **151**, *151, 161,*
Reutte .... *15, 17,* 27, **30 ff.**, *30 ff.,* 50, 147, 159
Ried *37,* 39, **43**
Rietz .... 40, 72, **78 f.**, *78 f.,* 125
Rinn 115
Rofen 38
Roppen **72**, *72*
Rum 129

Sautens **72**, *72*
Scharnitz 104
Scheffau 133, 173
Schlaiten 187
Schmirn .... 107, 112, **113 f.**, 192
Schnann *48,* 60
Schönberg ..... 50, 107, **108 f.**, 120
Schönwies .... **65 f.**, *65*
Schwaz ...... 44, 47, 50, 77, 133 ff., 138, **139 ff.**, *139 ff.,* 144, 145, 151, 158 f., 163, 198
Schwemm 199
See im Paznauntal ..... 39, 40, **62 f.**
Seefeld in Tirol .... **103 f.**, *103*
Sellrain **105**, *105*
Serfaus .... 43, **54 ff.**, *54 f.*
Sillian (Arnbach) **187**
Sillian 182, **187**, *187*

Sistrans 115
Sölden 38, **76**
Söll . . . . 133, **173 f.**, *173 f.*
St. Anton am Arlberg . 60, **61 f.**, *61 f.*
St. Jakob im Defereggental 182, 207, **208**, *208*
St. Johann in Tirol . . . 109, 133, *133*, 159, 173, **174 f.**, *175*
St. Leonhard im Pitztal **67**
St. Oswald 190
St. Ulrich am Pillersee . . . **176 f.**, *176*
St. Veit . . . . **207 f.**, *207*
Stams . . . . 17, 33, 39, 40, 56, *76 f.*, **77 f.**, 84, 125, 197, 199
Stans . . . . 51, 138, **142 f.**, *143 f.*
Stanz **60**, *60*
Steeg **19**, 21
Steinach am Brenner . . . **112 f.**, *112*, 114, 192
Strass im Zillertal . . . . **145 f.**
Strassen . . . . 183, **190 f.**, *190*
Strengen **61**, *61*

Tannheim **28**
Tarrenz 39, **70**
Telfes 96, 107, **109**, *109*
Telfs . . . . 39, 49, *49*, 71, **79 f.**, *79*, 109, 153, 157
Terfens **137**
Thal-Assling . . . . 187, **192 f.**
Thaur *49*, 52, 101, *101*, 128, **129**, 137, 198
Thierbach 133, 168
Thiersee 154, **171**, 173
Tobadill **61**
Tulfes 115, **120**
Tux 112, **148**

Uderns . . . . **146 f.**, *146*
Umhausen . . . 38, 40, 50, **73 f.**, *73 f.*
Unterassling 186, 192
Untertilliach 182

Vals *27, 111*
Vent **76**, *76*, 110, 155
Vils 12, 17, **30**
Vinaders 114
Virgen 50, 187, 205
Volders . . . . . 40, 121, **124 ff.**, *124 f.*
Völs . . . . **105 f.**, *105*
Vomp **138**, 140

Waidring 176
Walchsee **173**
Wald 50
Wängle . . . . 17, *28 f.*, **29**
Wattens . . . . **126 f.**, *126 f.*, 135
Weer . . . . 130, **135 f.**
Weerberg . . . . . . 72, 107, **136 f.**, *136*,
Weißenbach 14, 23, 198
Wenns . . . . 50, *66 f.*, **67**
Westendorf 178
Wildermieming 71
Wildschönau . . . . 46 f., 132, 166, **168 f.**, *168*
Wörgl . . . . 132 f., **167**, 173

Zams . . . . 37, 39, *39*, **64 f.**, *64*
Zell im Zillertal **147**
Zirl . . . . **104 f.**, *104*, 120, 198

Harald Krassnitzer empfiehlt ...

die sportlich-eleganten Produkte der Kollektion Tirol, wenn Sie ein nützliches Mitbringsel für Freunde daheim oder für sich selbst einen verlässlichen Urlaubsbegleiter mit Erinnerungswert suchen.

Ob Rucksack, Poloshirt oder Schildkappe in smartem Design - wertvolle Wander- und Sportausrüstung, die Sie Ihren Urlaub in Tirol nie vergessen läßt.

Den aktuellen Katalog sowie alle Tirol-Geschenke erhalten Sie bei:

Wolfgang Eder
A-6200 Buch 16
Tel. +43.5244.62792
Fax: +43.5244.64217
E-mail: info@kollektion.tirol.at
oder
am Empfang des Tirol Hauses
Maria-Theresien-Straße 55 in Innsbruck

Persönliche Anmerkungen

Persönliche Anmerkungen

Persönliche Anmerkungen